디지털 트렌드 2024

디지털 트렌드 2024

초판 1쇄 발행 · 2023년 10월 31일

지은이·김지혜
펴낸이·김동하

편집·최선경
펴낸곳·책들의정원
출판신고·2015년 1월 14일 제2016-000120호
주소·(10881) 경기도 파주시 산남로 5-86
문의·(070) 7853-8600
팩스·(02) 6020-8601
이메일·books-garden1@naver.com

ISBN·ISBN 979-11-6416-174-4 (03320)

혁신과 변화, 당신에게는 위기인가 기회인가

디지털 트렌드 2024

책들의정원

들어가며

디지털산업의급류에서살아남기위해

"2024년, 우리는 혁신적인 변화의 시대에 놓여있습니다. 이번에 소개된 10 가지 디지털 트렌드는 우리의 삶과 사회를 근본적으로 변화시키고 있습니다.

TREND 1 '캐시리스 사회'와 초협력 금융:

지금은 현금 없이도 생활이 가능한 시대입니다. 전자결제와 모바일 금융 서비스는 우리의 지갑을 가벼워지게 하고 편의성을 높여줍니다. 더불어, 금 융 시스템은 초협력을 통해 더욱 연결되어 가며, 더 효율적이고 안전한 금융 서비스를 제공합니다.

TREND 2 배터리로 움직이는 시대, 사물배터리(BoT):

2024년, 우리의 일상은 배터리로 가득 차 있습니다. 사물배터리 기술의 발전은 우리의 모든 것을 전기로 가동하고, 환경친화적인 에너지 솔루션을 모색합니다.

TREND 3 챗 GPT가 촉발한 생성형 AI 르네상스:
챗 GPT와 같은 언어 모델의 발전은 AI의 새로운 시대를 열었습니다. 이제 우리는 AI를 사용하여 콘텐츠를 생성하고, 문제를 해결하며, 창의적으로 표현할 수 있습니다.

TREND 4 재계가 로봇에 눈독 들이는 이유 (feat. 초거대 AI와 로봇의 융합):
로봇 기술의 진보와 AI의 융합은 산업 현장에서의 혁신을 가속화시키고 있습니다. 재계는 이를 통해 생산성을 높이고 비용을 절감하며 경쟁력을 확보하고자 합니다.

… (중략) …

이 10가지 트렌드들은 우리의 미래를 형성할 중요한 요소들입니다. 혁신과 변화에 대한 끊임없는 탐구는 우리를 미래로 이끌 것입니다.”

아마 '중략' 표시를 보기 전까지는 글에서 이상한 점을 발견하지는 못했을 것 같다. 챗 GPT에 올해 집필 중인 《디지털 트렌드 2024》 초고의 목차 10가지를 넣고 서평을 써달라고 넣었더니 위와 같은 글을 전달해 줬다. 매일 같이 글을 다루는 기자 입장에서 봐도 사람 요약보다 나아 보인다.

누군가는 기술이 인간의 자리를 대체한다고 걱정하지만, 그래도 챗GPT는 실체가 눈에 보이지 않으니 그러려니 했다. 챗GPT에 기반한 생성형 AI의 발전은 오히려 반갑다. 기자들이 업무에 많이 활용하고 있는 네이버 AI 클로바노트를 많이 활용해 봐서 그런 것 같다. 녹음된 음성을 텍스트를 풀어주고 요약메모까지 해 줘 능률을 높였다. 그래서 챗GPT 같은 변화는 어찌 보면 시대와 기술의 변화에 따른 것이라 이해할 수도 있었다.

그런데 최근 테슬라가 공개한 옵티머스 로봇 영상을 보고는 기분이 살짝 나빠졌다. 그동안 우리가 지켜본 많은 로봇은 '로봇다운' 존재였지만 테슬라의 그것은 사람의 형상과 너무 비슷했기 때문이다.

영상 속의 로봇 옵티머스는 손가락 마디마디를 이용해 파란 블록과 초록 블록을 각각의 접시에 옮겨 담는다. 한 팔은 앞으로, 한 발은 뒤로 뻗는다. 요가 동작이다. 이 로봇은 한 발의 발바닥을 다른 발 종아리에 붙인다. 그리고 두 손을 모은다. '나마스테'다.

지난해 말부터 이어져 온 챗 GPT 현상에서 소름 돋는 테슬라 로봇까지 딱 1년이다. 디지털 트렌드가 무섭게 변화하고 있다. 지난 2년간 이 책을 써오면서 사실 내년 트렌드를 예측하는 것도 두려워지기 시작했다. 디지털 트렌드라는 게 과연 1년 단위로 예측을 할 수 있는 건지에 대해서 자문을 해보기도 했다. 어쩌면 6개월, 3개월로 책 내는 단위를 단축하는 게 맞는 것 아닌가 싶기도 할 정도로 빠르게 세상은 변화하고 있다.

일상이 곧 트렌드가 되는구나 일깨워주기도 한다. 상온 초전도체는 그저 테마가 아니다. 남 일도 아니다. 일생에서 MRI를 한 번이라도 찍어보지 않은 사람이 있을까? MRI 찍는 게 비싼 이유는 상온에서 초전도체 기술이 개발되지 않은 탓이다. 막대한 비용이 들어가는 냉각 기술이 이를 보완해주고 있는 것일 뿐. 우리 일상에서 벌어지고 있는 일이고 진행형이다. 한편으로는 주식 시장에서 테마주로 초전도체가 부상한 점은 우리네 사람들이 트렌드에 정말 밝고 민감하다는 반증 아닐까 싶기도 하다.

혹자는 이 책이 고른 디지털 트렌드 10가지가 정답이냐 꼬집기도 한다. 이 책의 취지는 로또의 숫자를 맞추듯 '내년 핫 키워드가 이것이었어' 하며 정답을 맞히는 것이 아니다. 적어도 이 같은 트렌드는 알아야 뒤처지지 않을 것. 지금 있는 현상을 다시 들여다보는 것의 의미를 지닌다. 너무나도 빠른 변화 속에서 우리네 일상은 어쩌면 평온해서 변화가 지나갔다 왔다 하는 것을 모를 때도 있으므로.

《디지털 트렌드 2023》을 낸 이후 지난 한 해 동안 많은 강연을 다녔다. 현장에서 정말 배움의 욕구는 컸다. 반응도 뜨거웠다. 독자들의 깊은 배움의 바람들이 이 책을 쓰는 동력이 됐다. 나도 공부하며 성장하는 느낌을 받는다. 아무쪼록 2024년에도 이 책을 읽는 단 한 사람이라도 도움이 됐으면 하는 바람이다.

2023년 10월

김지혜

차례

2부 디지털 트렌드 2024 전망

1부
디지털 트렌드
2023 리뷰

메타버스와 NFT의 결합에 드디어 문호를 연 구글

메타버스를 구현한 회사가 아니더라도 누구나 자산을 만들어 메타버스에서 팔 수 있는 구조로 발전 중이고, 덩달아 메타버스 내 자산은 다양해지고 규모도 더 커지리라 본다. 디지털 자산과 관련된 파일 정보 또한 회사 서버가 아니라 탈중앙화된 방식으로 저장되기 때문에, 메타버스와 NFT는 탈중앙화 플랫폼의 발전을 빠르게 앞당길 가능성이 크다.

더 나아가 발 빠른 글로벌 빅테크 기업들과 국내 ICT 기업들은 MBN(Metaverse-Block chain-NFT) 결합 비즈니스 준비에 돌입했다. 페이스북은 사명을 '메타'로 변경, NFT마켓플레이스 사업에 착수했다. 네이버는 운동화 스타트업과 메타버스 '제페토'를 접목해 글로벌 대상의 '웹 3.0 기반 네이버 월드' 구축에 나섰다. 이용자가 달리거나 걷는 등 운동을 통해 보상으로 얻은 운동화 NFT를 제페토 내의 아바타가 착용해 메타버스로 무대를 확장하는 전략이다. 카카오는 자회사 그라운드X를 통해 NFT가

《디지털 트렌드 2023》의 전망처럼 메타버스가 새로운 인터넷 플랫폼으로 진화하며, NFT와 웹 3.0, 인공지능AI 전반의 융합 플랫폼으로 부각되는 모양새다. NFT나 메타버스 등이 단일 전략으로는 성장 동력이 다소 저하된 것은 사실이지만, 이들 기술이 융합될 경우 다양한 가능성을 타진할 수 있다. CES 2023에서 메타버스 등 기존 키워드가 여전히 중요하다는 것이 입증된 상태에서 초연결이라는 화두가 부상한 것은 우연이 아니다. 이를 바탕으로 융합 NFT 로드맵 등장 여부에 업계가 주목하는 분위기다.

또 안드로이드 앱 마켓 운영사인 구글이 NFT에 호의적인 정책을 발표하면서 관련 업계가 큰 기대를 보이고 있다. 구글이 NFT를 사용하는 게임에 대한 광고를 2023년 9월 15일부터 허용했다. 다만 NFT를 도박 수단으로 사용하거나, 스테이킹에 따른 보상으로 지급하는 방식의 게임은 광고를 제한했다.

실제로 구글은 가상자산 채굴 앱 등록 금지하는 등 부정적인 정책을 고수해왔다. 블록체인 게임 '비트코인 블래스트'가 별다른 이유 없이 앱 마켓에서 삭제

되기도 했다. 그러다 보니 P2E 게임이나 NFT 마켓, 가상자산 지갑 등 블록체인 앱 서비스 업체들은 많은 어려움을 겪었다. 앱 마켓에서 갑자기 삭제되거나 앱 출시를 위해 앱 마켓과 장기간 협의해야 하는 등 난관이 적지 않았기 때문이다. 가장 유명한 P2E 게임인 '엑시 인피니티'만 해도 구글 플레이 스토어 등록을 위해 1년간 심사를 거쳐 2022년 말 심사를 통과했다.

이렇듯 대형 플랫폼인 구글이 NFT에 대한 문호 개방 쪽으로 입장을 선회했다는 점에서 향후 관련 시장이 개화할 수 있다는 분석이다. 안드로이드 마켓에 NFT 관련 콘텐츠가 증가하면서 시장 규모가 확대될 것이란 관측이 나온다.

금융 유목민 사로잡던 마이데이터, 의료·교육·부동산까지 넘보다

2023년은 마이데이터가 금융뿐 아니라 의료, 공공, 제조 등 다양한 분야에서 성장하며 '금융 유목민 시대'가 도래할 전망이다. 금융사뿐 아니라 다양한 ICT기업들이 마이데이터를 접목하면서 본격적인 이종산업이 결합한 혁신적 서비스가 나올 것으로 기대된다.

2022년 1월 마이데이터가 본격적으로 시행됐고 초기 적응 단계를 거쳐 2023년 비로소 도약기를 맞이할 것으로 보인다. 여러 정보가 공개되고 이동하면서 마이데이터의 폭발적 성장이 예상된다. 더 좋은 금융상품과 서비스로 이동하려는 유목민 고객을 붙잡기 위해서는 차별화한 데이터 분석 능력이 승부처가 될 것이다.

금융시장은 정보 비대칭이 허물어지는 등 어느 때보다 급변하고 있는데, 마이데이터 서비스가 고도화하면 소비자 요구사항을 더 잘 해결해 주는 곳을 찾아 헤매는 '금융 유목민' 시대가 본격적으로 열릴 것이다.

또한 금융 패러다임 자체가 바뀔 것으로 전망된다. 예컨대 보험은 과거에 가족이 추천한 설계사를 통해 가입했지만 이제는 데이터 분석에 따른 맞춤형 보험 설계가 가능하기 때문에 향후에는 소비자가 원하는 경험을 주는 사업자만 살아남을 수밖에 없다. 특히 금융사 경쟁을 넘어 빅테크, 핀테크, 커머스, 시스템통합 기업까지 마이데이터를 매개로 경쟁적인 데이터 기반 사업에 뛰어들면서 데이터 무한경쟁 시대가 도래할 것이다.

— 《디지털 트렌드 2023》 pp.74~75

《디지털 트렌드 2023》이 전망했듯이 금융 마이데이터는 기반을 다졌고 보건의료, 복지, 통신·인터넷서비스, 에너지, 고용노동, 부동산, 교육, 유통, 여가 등 10대 중점부문으로 마이데이터 사업이 확대된다. 정부는 2023년 7월 관계부처 합동으로 '국가 마이데이터 혁신 추진 전략'을 발표했다. 2023년까지 마이데이터 관련 법·제도를 수립한 뒤 2024년 선도 서비스와 기반 시설을 구축하고, 2025년부터 마이데이터를 본격 시행한다는 것이 골자다. 정부 주도로 단계적으로 개인정보 전송 범위 및 전송 의무 대상자를 확대해 나가며, 국민이 스스로 마이데이터 권리를 행사할 수 있도록 지원하는 플랫폼을 구축할 예정이다. 그렇게 되면 플랫폼을 통해 본인의 모든 개인정보 전송 이력을 투명하게 확인할 수 있고, 원치 않는 전송을 즉시 중단하거나 기존 전송 데이터의 파기도 요청할 수 있게 된다. 정보 주체로서 개인정보에 대해 그동안 수동적 권리만 행사했던 관행을 깨고, '마이데이터'란 이름에 걸맞게 각 개인이 개인정보에 대한 자기결정권을 가질 수 있도록 돕겠다는 취지다. 《디지털 트렌드 2023》이 예측한 대로 데이터 무한경쟁 시대가 열린 것이다.

정부는 2021년 23조 원 규모였던 국내 데이터 산업을 2027년까지 58조 원으로 성장시키겠다고 밝혔다. 마이데이터 전문기업 역시 500개를 육성할 계획이다. 빅데이터 활용이 늘어날 경우 맞춤형 서비스를 이용할 수 있어 개개인의 편리성은 극대화될 전망이다. 예컨대 자신이 구매한 문화콘텐트 이용기록과 SNS에 올린 사진을 결합해 맞춤형 콘텐츠를 추천받을 수 있고 청약 신청 내역을 대출현황 · 신용정보, 관심 매물 정보와 결합해 부동산 매물을 추천받을 수 있는 날이 머지않았다.

X(트위터)·스레드·틱톡···
SNS를 넘어 슈퍼앱으로

애플리케이션 하나로 메시징, 예약, 쇼핑, 금융, 차량 호출 등 다양한 생활 서비스를 이용할 수 있는 '슈퍼앱Super App' 간 경쟁이 갈수록 더욱 치열해질 전망이다. 슈퍼앱은 완벽한 사용자 경험을 통해 다양한 소비자 맞춤형 서비스를 제공하는 단일 디지털 플랫폼이다. 슈퍼앱은 그 자체가 하나의 생태계로, 택시 호출에서부터 전기 요금 지불까지 다양한 상거래를 할 수 있는 단일 창구를 제공한다. 소비자와 다수의 공급업체 간의 교환을 위한 플랫폼으로서의 역할을 하는 셈이다. 한 ICT 기업의 슈퍼앱을 예로 들면, 단일 앱에서 호텔 예약, 영화 티켓 구매, 중고 명품 거래 등 서드파티third party[1] 기업이 개발한 100만 개 이상의 다양한 서비스를 제공하는 식이다.

국내 대형 인터넷 포털 기업인 네이버와 카카오뿐 아니라, 글로벌 기업과 유니콘 기업까지 핵심 서비스를 중심으로 사업 전반을 확장하며 슈퍼앱으로 진화하고 있

---

1   다른 회사 제품에 이용되는 소프트웨어나 주변 기기를 개발하는 회사.

다. 슈퍼앱 등장은 필연적이라 볼 수 있다. 모바일 환경에서 성장을 추구하는 기업과, 수많은 앱이 넘치는 시대에 피로를 느낀 소비자 욕구가 맞아떨어진 결과인 셈이다. 앞으로 개인의 자격증, 인증서, 신분증까지 모바일로 인증할 수 있게 되면 그야말로 슈퍼앱의 위력은 더욱 강해질 것으로 예상된다.

— 《디지털 트렌드 2023》 pp.93~94

《디지털 트렌드 2023》의 전망처럼 슈퍼앱 경쟁은 전 산업으로 확산되고 있다. 특히 글로벌 사회관계망서비스SNS 기업들의 '슈퍼앱'을 향한 경쟁도 치열해지는 분위기다. 메시지 중심인 엑스X·옛 트위터와 스레드는 동영상을 강화하고 동영상 플랫폼인 틱톡은 텍스트 서비스를 출시했다. 틱톡은 슈퍼앱으로의 전환에 속도를 내고 있다. 틱톡 뮤직은 지난 7월 인도네시아와 브라질에서 음악 스트리밍 서비스를 시작했고 호주 등에서도 테스트 서비스를 진행하며 음원 플랫폼인 스포티파이와 애플뮤직의 자리도 위협하고 있다.

틱톡은 미국에서 온라인 쇼핑 서비스도 준비 중이다. 틱톡이 중국의 제조사와 유통사에서 제품을 공급받아 미국에 팔고 보관·물류 서비스 등을 제공하는 것으로 과거 아마존의 직판 방식과 유사하다. 틱톡은 영국과 동남아시아에서 숏폼 콘텐츠에 물건 판매 기능을 추가한 틱톡숍 서비스를 운영하기도 한다. 페이스북과 인스타그램은 이미 쇼핑몰 역할을 하고 있고 엑스도 쇼핑과 전자상거래 기능을 추가하려고 준비 중이다. 글로벌 SNS 기업들은 맞춤형 광고를 중심으로 수익을 내던 사업 모델이 한계를 보이자 슈퍼앱으로의 진화를 통해 영역을 넓혀 수익 다각화에 나선 것이다.

국내에서도 슈퍼앱을 표방해 온 카카오모빌리티와 쏘카에 이어 티맵모빌리티까지 국내 1위 내비게이션에서 정체성 확장을 선언하며 모빌리티 플랫폼 업계에서도 슈퍼앱 전쟁이 본격화됐다.

주력 분야를 넘어 쇼핑·결제·콘텐츠 등 다양한 곳에서 영향력을 행사하는 국내 1위 포털 네이버와 국민 메신저 '카카오톡' 운영사 카카오의 슈퍼앱 전환 성공 사례를 따르는 것이다. 야놀자와 배달의민족 등 서로 다른 시장에 몸담은 정보기술IT 기업들 역시 너도나도 슈퍼앱이 되겠다며 연계 플랫폼사社를 인수하고, 타 기업과 협업해 앱 내 새로운 서비스를 잇달아 추가하는 등 외연 확장에 힘을 쏟는 이유도 마찬가지다. 모두가 슈퍼앱을 외치는 상황에서 각자가 어떤 차별화를 보여줄 것인지도 관건이 될 전망이다.

한국은행의 '코인' 발행 가시화되다

한국은행은 코로나19로 비대면 결제가 늘어나며 현금 사용이 줄어드는 것을 계기로 디지털화폐 도입에 속도를 내고 있다. 물론 CBDC는 디지털 형태의 중앙은행 화폐가 되기 때문에 CBDC에 대한 법정화폐성 부여와 관련 한국은행법 개정이 필요하다. 한국은행이 CBDC 추진에 속도를 내면서 지급수단이 변화하는 환경에 대응하면서도 한편으로는 지급수단의 중심축이 디지털화폐로 옮겨가는 것인데, 현금 사용이 어려워져 불편을 겪는 새로운 소외계층이 생기는 부작용에도 미리 대응할 필요가 있다.

CBDC 발행이 구체화되면서 긴장하는 곳은 지급서비스 산업이다. CBDC가 도입될 경우 우선 송금서비스 부문에서는 CBDC와 은행의 인터넷뱅킹 및 모바일 뱅킹, 전자금융업자의 간편송금 서비스 사이에 경합이 불가피할 것으로 예상된다. CBDC 시스템의 단순한 결제 프로세스 등을 배경으로 직접적인 경합관계에 있는

한국은행이 시중은행과 함께 중앙은행디지털화폐CBDC 사용성 테스트를 준비
하면서, 향후 실제 국내 시장에 CBDC가 도입됐을 때 어떤 사업 모델이 등장할
수 있을지 관심이 쏠리고 있다. 한은은 시중은행 및 인터넷전문은행 등과 함께
연계된 환경에서 CBDC 모의시스템 주요 기능 정상 동작 여부를 확인하고 거래
처리 성능 등을 테스트 한 바 있다.

연결성 테스트에서 CBDC 발행·환수, 기관용 지갑 생성 등을 비롯해 CBDC
지급·수납, 이용자 간 CBDC 송금 등의 기능을 확인했고 사용성 테스트에서는
시중은행과 사업모델을 실증함으로써 CBDC 사업 모델이 보다 구체화될 수 있
을 것으로 보인다.

시중은행들은 각각 2~3개의 사업 모델을 한은에 제출했고 CBDC를 활용한
결제모델에서부터 CBDC 시스템 도입 시 시중은행 간 거래 처리 절차 간소화,
CBDC 지갑 관리, CBDC를 활용한 기부 모델 등 다양한 아이디어를 낸 것으로
알려졌다.

한국은행 CBDC가 상용화되면 홀세일과 리테일로 사업 모델이 나누어질 것

으로 예상되는 가운데 중앙은행이 국가 간 지급이나 대규모 결제 등 홀세일 분야를, 일반 시중은행이 CBDC 지갑 운영이나 소액 결제 등 리테일 분야를 담당할 것으로 예측된다.

CBDC 인프라 구축에 대해서는 가상자산투자자보호법과 전자금융거래법, 은행들의 예금 토큰화와 관련해서는 은행법 등이 모두 얽혀있지만 법 개정 논의는 시기상조로 본격적인 상용화까지는 시간이 걸릴 것이라는 전망도 나온다.

'저장소'가 아니라 'AI 창작소'로 변신하는 클라우드 서비스

클라우드 시장이 급성장하고 있는 것은 코로나 사태를 계기로 전 세계 기업들이 앞다퉈 디지털 전환에 나서고 있고 인공지능, 메타버스, 자율주행차 같은 미래 기술 구현에도 클라우드가 필수적인 인프라이기 때문이다. 유통, 물류, 제조뿐 아니라 금융 등 다양한 사업군에서 서버를 기업이 직접 유지·보수하고 주기적으로 교체하는 것보다, 일정한 금액을 주고 최고의 서버와 소프트웨어까지 빌려 쓰는 쪽이 경제적이고 효율적이라는 인식이 확산된 영향도 있다.

전 세계 기업들의 클라우드 전환율이 15~20% 수준으로 추정되는데, 앞으로 성장 여력이 크기 때문에 글로벌 기업들이 열을 올리고 있는 이유기도 하다. 글로벌 시장조사업체 가트너에 따르면 전 세계 클라우드 시장 규모는 2022년 4,820억 달러약 593조 원에서 2025년 8,375억 달러약 1,032조 원로 2배 가까이 커질 전망이다.

— 《디지털 트렌드 2023》 pp.156~157

가트너^{Gartner}는 2023년 전 세계 퍼블릭 클라우드 서비스에 대한 최종 사용자 지출액이 5,974억 달러, 한화 790조 원을 웃돌 것이라고 전망했다. 이는 2022년 2,910억 달러에서 21% 넘게 증가한 수치다. 《디지털 트렌드 2023》이 예측했듯이 전 세계 기업들은 인공지능, 메타버스, 자율주행차 같은 미래 기술 구현에 클라우드를 필수적인 인프라로 인식하면서 관련 시장이 더 커지는 모양새다. 특히 클라우드 기업들은 생성형 AI 출현에 주목하고 있다. 《디지털 트렌드 2023》에서 언급했듯 코로나 팬데믹 기간 전 세계 기업들이 앞다퉈 디지털 전환에 앞장서면서 클라우드 사업은 매 분기 전년 대비 30% 넘는 매출 성장세를 나타냈다.

다만 거리두기 해제 등으로 코로나가 엔데믹 국면에 접어들면서 다소 주춤하던 클라우드 업체들은 시장 판세를 바꿀 기회로 생성형 AI를 바라보고 있다. 글, 그림을 그려주는 생성형 AI는 슈퍼컴퓨터 수준의 연산력과 막대한 용량의 데이터 센터가 필요한데, 클라우드 업체들은 직접 생성형 AI 개발에 나서며 새 시장을 개척하는 분위기다. 실제 AWS가 지난 4월 생성형 AI 기반 시스템을 쉽게 구축할 수 있는 '베드락'을 시범 출시하고, MS도 생성형 AI 기능을 탑재한 'MS 365 코파일럿'을 출시한 것이 그 예이다.

무빙·더 글로리·파친코, 한 플랫폼에서 공짜로 볼 수는 없을까?

지금까진 넷플릭스를 필두로 한 유료 구독형 OTT 서비스가 각광받았지만 앞으로 무료 OTT 서비스로 이용자들의 이동이 본격화할 것으로 전망된다. 광고 기반 무료 OTT는 별도 구독료 없이 이용 가능하다. 스마트폰, 스마트TV 등 인터넷이 연결된 매체를 통해 감상할 수 있다. 대신 시청자가 일반적인 TV를 이용할 때와 마찬가지로 콘텐츠가 시작되기 전에 광고를 봐야 한다. (…중략…) 심지어 유튜브, FAST 플랫폼 등 AVOD 광고 매출이 실시간 TV 채널을 넘어설 것이라는 전망이 나왔다.

시장조사업체 옴디아OMDIA는 유튜브와 로쿠·삼성TV플러스 등 FAST 플랫폼 이용 확대에 힘입어 2025년 AVOD 광고 매출 규모가 실시간 채널을 넘어설 것으로 내다봤다. 소비자 접점이 확대되고 광고 도달률이 높은 플랫폼으로 광고가 옮겨갈 것이라고 본 것이다.

—《디지털 트렌드 2023》 pp.195~196

《디지털 트렌드 2023》이 예측한 대로 광고기반 무료 콘텐츠 스트리밍 TV 서비스인 FAST$^{Free Ad-supported Streaming TV}$가 새롭게 떠올라 국내외에서 주목받고 있다.

FAST는 유튜브처럼 돈을 지불하지 않고 광고 시청 후 콘텐츠를 무료로 볼 수 있고, 원하는 시간에 원하는 콘텐츠를 시청하는 것도 가능할 뿐 아니라 TV 기반으로 시청하다 보니 기존 유선TV의 역할도 가능하다. 유료 방송 서비스 비용이 비싸다는 이유로 상대적으로 저렴한 OTT의 급성장세가 나타났던 미국의 경우, 현재 OTT 비용까지 지불하는 데 부담을 느낀 이용자들이 FAST 서비스로 옮겨가는 추세다.

현재까지는 미국을 중심으로 FAST가 본격 시작됐지만, 앞으로는 한국 등 콘텐츠 경쟁력이 있는 나라로 열풍이 확대될 것으로 예상된다. 시장조사기관 디지털 TV 리서치$^{Digital TV Research}$는 2028년 한국의 FAST 시장이 1조 1,800억 원에 달할 것으로 예측했다.

한국에서 FAST는 구독형 OTT 서비스와 보완적 관계로 성장할 것으로 보인다. 유료 방송 요금이 저렴하고, 구독형 OTT 시장이 성숙 단계에 들어섰기 때문에 FAST가 단독으로 성장하기 보단 유료 방송, OTT가 결합되는 구조로 시장이 확대될 것으로 전망된다.

또 《디지털 트렌드 2023》이 전망한 것처럼 OTT들의 게임 시장으로 이종산업 진출이 본격화됐다. 넷플릭스는 일본의 게임 제작사 세가^{SEGA}의 '풋볼매니저

2024' 모바일 버전을 출시할 예정으로 2023년에 게임 40종을 선보일 예정이다. OTT를 구독하면 게임도 무료로 즐길 수 있도록 해 이용자 이탈을 막겠다는 전략으로 풀이된다.

데이터의 소유자는
'포털'이 아니라 '나'

웹 3.0에서 강조하는 탈중앙화는 주로 블록체인과 연관돼 있다. 블록체인의 분산화 기술을 활용해 서비스 참여자들이 수익을 공유하는 형태로 데이터, 개인정보 등이 플랫폼에 종속되지 않고 개인이 소유하고 보호하는 것이 핵심이다. 개인정보를 포함한 개인 이용자 데이터가 플랫폼 사업자 등 특정 사업자가 제공하는 중앙집중형 서버에 저장되는 것이 아니라 개인 온라인 데이터 저장소나 클라우드 서비스 등에 저장되는 방식이다.

웹 3.0은 상황 인식과 개인 맞춤형 추천 서비스 중심이고 '우리'보다 '나'에 맞는 정보와 지식을 제공한다는 것이 특징이다. 따라서 웹 2.0이 데이터와 정보 중심의 상호 작용이라면 웹 3.0은 맥락이나 상황에 맞는 추천과 개인화에 초점이 맞춰졌다.

웹 3.0에서는 오픈 네트워크상 다양한 사용자와 개발자의 참여에 따라 토큰을 배분받고, 해당 네트워크에 대한 소유권과 경영에 관한 의사결정권을 취득하는 동시

《디지털 트렌드 2023》이 언급한 것처럼 블록체인 기술로 사용자에게 소유권을 제공하는 '웹 3.0' 시대가 본격화됐다. 웹 3.0은 분산화 기술을 이용해 서비스 참여자들이 수익을 공유하는 새로운 형태의 웹 모델로, 개인의 창작물과 데이터가 플랫폼에 종속되지 않고 개인이 소유하고 보호되는 탈중앙화된 차세대 디지털 자산 생태계다. 웹 3.0은 특정 플랫폼에 종속되지 않아 개인들의 자율성과 소유권이 보장되기 때문에 디지털 자산 거래가 더 증가할 것으로 전망된다. 탈중앙화된 블록체인은 디지털 자산 거래의 기술적 지원이 가능해 개인 간 거래도 확대될 것으로 예상된다.

국내뿐 아니라 해외에서도 웹 3.0에 대한 관심이 커지고 있다. 미국 소비자기술협회CTA는 2023년 핵심 키워드로 웹 3.0을 선정한 바 있고, 맥시마이즈 마켓 리서치는 글로벌 웹 3.0 시장 규모가 2021년 56억 9,000만 달러이며, 2022년에서 2029년까지 35% 성장한 643억 8,000만 달러를 웃돌 것이라고 전망했다.

미국·EU에 뒤지지 않는 표준 모델 만들겠다는 한국 정부

전 세계에서 대표적인 제조강국 중 하나인 우리나라도 스마트 제조 혁신에 대한 철저한 준비가 필요하다. 그간 한국 경제 발전 과정에서 제조업은 가장 주요한 역할을 했고 핵심 산업으로 여겨졌다. 특히 코로나19 위기 속에서 타 OECD 국가 대비 경제적 타격을 완화할 수 있었던 이유 중 하나는 제조업 비중이 높았기 때문이다. 포스트 코로나로 빨라진 디지털 전환에서 한국 제조업의 대표적 수출 품목인 반도체의 중요성도 다시 한번 확인됐다.

스마트제조는 제품의 기획·설계·생산·유통·판매 등 전 과정에 ICT를 적용해 제조 전반과 연관된 비즈니스 등을 혁신하고 디지털 작업환경을 구현하는 것을 뜻한다. 단순 자동화나 정보화와는 다른 개념이다. (…중략…)

스마트 제조 생태계는 가상의 공간에서는 공정 최적화가 이루어져야 하고, 물리적 공간에서는 생산 최적화를 실현하는 소프트웨어나 설비, 서비스로 구성되어 제품 개발부터 양산, 그리고 시장수요 예측 및 기업의 주문에서부터 완제품 출하까지 모든 제조 관련 과정을 포함하게 된다.

— 《디지털 트렌드 2023》 pp.232~233

기술 발전과 함께 데이터 활용 중요성이 높아지면서 상대적으로 디지털 전환DX이 느렸던 제조업 분야에서도 디지털 전환 요구가 커지고 있다. 특히 우리나라는 전체 국내총생산GDP에서 제조업이 차지하는 비중이 27.8%로, 선진국에서 가장 높은 비중을 차지한다. 특히 디지털 기술이 접목된 스마트 제조에서 혁신이 더뎠지만, 《디지털 트렌드 2023》의 전망대로 전통 제조 현장에서 AI, 빅데이터, 디지털트윈, 사물인터넷IoT 등 디지털 신기술을 결합하는 혁신 시도가 증가하고 있다.

정부의 재정지원도 마중물 역할을 하고 있다. 중소벤처기업부는 2023년 9월 '신新 디지털 제조혁신 추진전략'을 발표했다. 민간·지역, 대·중소기업이 협업할 수 있는 협력 연계망을 구축하겠다는 내용이 담겨 있다. 기존의 스마트공장 사업을 보다 고도화·체계화해 2027년까지 스마트공장 2만 5,000개를 육성한다는 방침이다. 인공지능AI·디지털 트윈 기술이 적용돼 작업자 개입을 최소화하는 자율형 공장, 또는 가치사슬 내 기업이 서로 협업하는 디지털 협업공장 등이 주요 사례다. 정부는 이와 함께 미국·EU 등 제조 강국의 데이터베이스와 호환

될 수 있는 한국형 제조데이터 표준 모델을 마련하고, 민간·지자체가 기술 공급기업, 대기업과 협업할 수 있는 협력 네트워크를 구축한다는 계획이다.

네이버·카카오도 뛰어든 디지털 헬스케어

과거 헬스케어는 병원 중심의 사후적 대응이나 치료에 머물렀다. 그러나 디지털 헬스케어로 인해 사전예방, 건강관리, 맞춤형 헬스케어로 패러다임이 전환되고, 사회경제적 부담을 가중시키는 의료비 부담을 해결할 수 있는 대안으로서 시장의 요구가 반영되면서 더 고도화할 것으로 전망된다.

전 세계적으로 생활수준이 향상되고 기대수명도 높아지는 등 건강한 삶이 중요한 가치로 떠올랐다. 헬스케어의 패러다임이 진단이나 치료에서 예방이나 관리 중심으로 축이 이동한 이유이기도 하다.

원격의료가 불법인 한국에서도 코로나19 팬데믹 시기 의사와 환자 간의 원격의료가 한시적으로 허용됐는데, 디지털 헬스케어가 환경 변화에 적응하는 거스를 수 없는 시대적 흐름이 됐다고 볼 수 있다. 비대면 의료 서비스가 허용된 2020년 2월 24일부터 2022년 6월 초까지 510만 건의 원격진료가 발생했고, 의원이 80% 이상을 차지했다.

　디지털 헬스케어는 유전정보, 생활습관 등 건강정보, 의료정보 등 개인의 특성을 나타내는 데이터를 수집, 저장하고 관리하는 기술을 기반으로 한다.[1] 네트워크 인프라의 고도화를 바탕으로 다양한 데이터 생산 그리고 활용 등 뿐 아니라 정밀의료를 위한 다양한 기술개발이 진행되고 있다. 유전체정보, 비정형 의료데이터의 디지털화, 생체정보$^{life\ log}$ 축적 등으로 의료데이터 양이 폭발적으로 증가하고 있어 향후 분석 및 활용분야에서 다양한 서비스 창출이 기대된다. 특히 의료 사물인터넷을 포함한 네트워크 고도화, 헬스케어 디바이스의 대중화 등을 통해 건강 · 의료 데이터 생산과 수집방법이 다양화됐다.

—《디지털 트렌드 2023》 pp.264~265

　디지털 헬스케어 플랫폼의 핵심역량은 데이터와 AI 역량으로, 고객의 데이터를 바탕으로 맞춤형 건강관리를 할 수 있어야 한다. 또 디지털 헬스케어 플랫폼은 의료 · 건강데이터 인프라와 건강상태 예측 솔루션을 내재화해 분석 역량을 고도화하고, 운동이나 식단 등 개인 맞춤형 코칭으로 차별화된 가치를 제공하는 것이 핵심이다. 국내 대기업들도 잇따라 헬스케어 분야를 신성장 동력으로 삼고 사업을 확대하고 있다. 전 세계 IT 기술을 한눈에 볼 수 있는 세계가전전시회^{CES}

1　한지아 · 김은정, 〈스마트 헬스케어〉, 한국과학기술기획평가원, 2020. 10. 27.

2023에선 처음으로 '디지털헬스' 섹션이 신설됐는데, 모더나와 같은 신약개발 회사뿐 아니라 마이크로소프트, 보험사인 유나이티드 헬스 등 다양한 해외 기업이 해당 세션에 참가했다.

국내 대형 IT기업인 카카오는 디지털 헬스케어 자회사와 사업부 등을 설립하고, 네이버는 사내에 네이버 헬스케어 연구소를 설립했다. 일본 라인에서는 앱을 통해 병원 예약부터 진료와 결제까지 원스톱으로 가능한 서비스를 이미 2019년 출시한 바 있어, 네이버가 국내에서 유사한 서비스를 출시할 가능성도 있다.

한편 정부의 제도적 기반도 마련되고 있다. 비의료 건강관리서비스 가이드라인 개정에 이어 올해 의료 마이데이터 도입 등 디지털 헬스케어 시장 활성화를 위한 제도가 준비를 마쳤다. 개인 의료데이터 국가 중계플랫폼 '마이헬스웨이My Healthway'가 정식 가동을 했는데, 의료기관 등 여러 곳에 흩어진 개인 의료데이터를 본인 동의를 거쳐 손쉽게 조회ㆍ저장ㆍ전송할 수 있는 서비스다. 과거 진료ㆍ투약, 건강검진, 예방접종 정보를 비롯해 진단 검사, 수술 내역 등의 정보를 한눈에 확인할 수 있다. 마이헬스웨이에서는 860개소 의료기관의 진단 내역, 약물처방내역, 진단ㆍ병리검사, 수술 내역 등 12종 113개 항목 상세 정보를 확인할 수 있다.

테크 기업의
ESG 경영 가속화

나이키, 이케아, BMW, 코카콜라 같은 기업 뿐 아니라 애플, 구글, 페이스북 등 글로벌 ICT 기업들이 참여를 알리고 있다. 애플은 이미 100% 재생에너지 사용을 달성한 것으로 알려졌다. 애플은 100% 재생에너지 사용을 위해 2013년 미국의 전 환경보호청장 출신인 리사 잭슨을 환경·정책 및 사회적 이니셔티브 담당 부사장으로 영입했다. 오바마 행정부에서 청정에너지 관련 정책을 기안한 리사 잭슨의 지휘 아래, 애플은 몇 년 안 돼서 RE100을 달성한 것이다.

애플은 사람들이 그들을 떠올릴 때, 환경을 보호하는 친환경적 기업의 이미지로 브랜딩을 하고 있다. 이러한 움직임은 애플의 협력사에도 영향을 줬고, 애플에 발맞춰 100% 재생에너지 기반으로 생산한다고 밝힌 협력사가 수십 곳이 넘는다.

자연스레 애플과 거래하는 삼성전자, LG디스플레이 등도 장기적으로는 친환경 에너지 전략 수립을 할 수밖에 없다. 국내 대기업이 친환경 에너지 전략을 수립하게 기후 변화와 지속 가능 경영이 키워드로 부상하면서 동시에 기업들이 ESG 경영에 대해 관심을 갖기 시작했다. 기업들이 온실가스를 배출한 만큼 상쇄하는 대책을 세웠는지, 폐기물 재활용법을 논의하고 있는지 등에 따라 소비자들의 평가는 물론 투자자들로부터 지원을 받는지 반발을 받는지가 결정되자 기업들이 ESG 경영을 주목하게 된 것이다. 또 코로나 팬데믹으로 시작된 경기 침체는 지속 가능 경영에 대한 경각심을 일으켰고, ESG 요소 중 환경에 대한 중요성을 부각시켜 포스트 코로나의 중요한 요소로 떠올랐다.

또한 《디지털 트렌드 2023》이 예측한대로 ICT 기업들이 ESG 경영을 적극적으로 도입하고 있다. ICT기업의 경우 전력 에너지 사용이 많고, 복잡한 공급사슬에서 인권이나 환경 문제가 발생할 수 있어 ESG 경영을 적극 받아들이기 시작했다. 예컨대 코발트 광산은 아동 노동 착취나 인권침해 등 다양한 불법 행위를 저지른 것으로 알려졌는데, 코발트를 채굴하고 유통한 채광 기업뿐 아니라 이를 공급 받는 ICT 기업도 책임이 있다는 비판을 받고 있으며 이러한 공급사슬에서 발생하는 노동이나 인권 등의 이슈로 생산 차질 위험이 발생할 수 있다. 이에 전기차 업체 테슬라의 경우, 코발트 프리를 선언하고 전기차 배터리에 코발트를 사용하지 않도록 연구개발을 진행하고 있다. 또 책임 있는 원자재 소싱이나 공급망 관리를 위해 RMI 협의체에 가입했다. 아마존도 친환경 제품에 인증마크를 부여하는 'Climate Pledge Friendly' 프로그램을 실시하고 있다.

2부
디지털 트렌드 2024 전망

캐시리스가 불러온
계산대 없는 마트

① 30대 주부 김신아 씨는 스마트폰으로 온라인 쇼핑몰에 접속해 딸이 사용할 어린이용 크레용과 자외선 차단제를 검색한 뒤 장바구니에 넣고 곧장 주문 버튼을 눌렀다.

'지금 구매하고, 다음에 납부하세요!'

결제 팝업창에서 위와 같은 문구와 함께 지불 방법 중 하나로 '후불 결제'를 안내했다. 조만간 목돈 지출이 예상돼 현금흐름이 우려스러웠던 차였기에 낯선 방식이지만 후불 결제를 써 보기로 마음먹었다.

1초, 2초, 3초…. 후불 결제 이용 가능 여부를 판단하는 여신 심사가 10초도 안 돼 끝났다. 구매 이력 등 이용자 데이터를 인공지능^{AI}이 분석해준 덕분이다. 이름과 주소, 전화번호, 이메일주소 등을 추가 입력한 뒤 결제 비밀번호를 누르니 구매 절차가 완료. 김 씨는 신용카드처럼 연회비가 들지 않고 다음 달에 통장에서 돈이 빠져나간다는 점에서 매력을 느꼈다.

② 인도 뭄바이로 5년 만에 여행을 간 신리혜 씨. 뭄바이의 주후 해변을 걷다가 2개 국어를 하는 홈리스들의 적극적인 구걸 행위에 손사래 치며 지나가려다 눈에 띄는 점을 발견했다.

"1,000원만."

두 손을 벌리는 대신 태블릿PC를 들이밀며 QR코드 송금을 요구한 것이다. 현지인들은 익숙한지 홈리스의 QR코드를 스캔해 돈을 주기도 했다. 기존 여행 때는 상상도 못 했던 일. 돌이켜보니 곳곳의 포장마차에 QR코드들이 비치되어 있었다. 돌이켜보니 뭄바이 메트로 1호선의 모든 12개 역에서 캐시리스의 일환으로 QR코드를 사용해 티켓을 사거나 충전할 수 있었다.

애플 금융생태계 확장

"연 4.15% 금리를 제공합니다."

2023년 4월, 애플의 글로벌 결제 및 커머스 담당 부사장인 제니퍼 베일리의 말 한마디 한마디에 전 세계 뱅커들은 "특이점이 왔다"며 식은땀을 흘린다. 반년 전 애플이 글로벌 투자은행 골드만삭스와 손잡고 저축성 예금을 내놓는다는 소식은 전한 바 있어 짐작은 하고 있었지만 실제 들고나온 서비스는 은행권에서는 선뜻 제공할 수 없는 파격적인 형태였다.

월스트리트저널WSJ 등 외신은 애플이 고금리 상품을 내놓으며 사실상 은행들과 예금 경쟁에 뛰어들었다고 평가했다. 미 전국의 저축성 예금 평균 금리0.37%보다 무려 10배 이상 높게 책정한 점에 주목한 결과다.

하지만 높은 금리는 시장의 시선을 끄는 호객용에 불과했다.

사실보다 높게 평가받아야 할 부분은 계좌 생성 수수료, 최소 예금 조건을 없앤 점이었다. 한국과 달리 미국 등 많은 국가에서는 금융기관이 고객 계좌를 열어주는 데 일종의 대가를 받고 있다. 계좌 개설 행위 자체도 인간이 제공하는 서비스로 보고 돈을 받아야 한다는 의미로 접근해온 것이다. 미국, 유럽의 식당에 가면 당연하듯 요구하는 일종의 팁처럼 말이다.

애플 금융 서비스는 애초에 '금융맨'들의 관여를 없애다 보니 불필요한 비용을 초래하는 관행들을 손쉽게 지워나갈 수 있었다. 일종의 패러다임의 전환으로. 아래의 워딩처럼 자신들의 정의하는 금융의 본질에 집중하기로 한다.

"금융 앱 그리고 은행에 갈 필요 없이 아이폰과 애플 워치로 돈을 쓰고 저장하는 원스톱 금융생태계를 만들어야 한다."

아이폰이나 애플워치 이용자가 아니더라도 혹하게 만드는 금융 서비스에 열

흘도 안 돼 10억 달러가 몰렸다. 실리콘밸리은행SVB 파산 이후 은행들의 건전성 우려가 커진 상황에서, 전 세계 시가총액 1위 애플의 재무적 견고함 또한 소비자들에게 큰 매력으로 다가왔다.

사실 애플은 10년 전부터 금융업에 대한 경계선을 조금씩 허물며 진격해 왔다. 2012년에는 디지털 지갑 '애플월렛'을 선보였고, 2014년에는 한국에서도 사용 가능한 모바일 결제 '애플페이'를 선보였다.

또한 2017년에는 메시지를 통한 개인 간 송금서비스인 '애플캐시'를 내놨다. 애플의 아이메시지iMessage를 통해 무료로 개인 간의 송금을 지원하는 것이다. 미국 연방예금보험공사FDIC의 회원인 그린닷뱅크Green Dot Bank에 의해 연동되는 계좌를 통해 한 메시지 당 1~1만 달러 금액대의 돈을 보낼 수 있다. 한 번에 약 1,000만 원을 송금할 수 있는 셈이니 어지간해서는 불편함을 느끼지 않을 만큼의 액수다.

2019년에는 골드만삭스와 제휴한 신용카드인 '애플카드'를 공개했다. 이용금액의 일정 비율1~3%을 캐시백 형태의 리워드인 데일리 캐시Daily Cash로 지급하는 것이 골자이다.

결과론적인 해석일 수 있으나 이미 이때부터 애플은 '금융산업의 메기' 포지션을 이미 넘어섰다고 보여진다. 그린닷뱅크든, 골드만삭스든 과거에는 고객들과의 접점에서 금융 서비스를 제공하던 핵심 공급자였는데 애플이라는 압도적인 브랜드와 손을 잡게 되자 하청 업체처럼 취급받을 정도로 존재감을 잃어버리고 만 것

애플의 금융 서비스 현황

	주요 서비스	제휴사	자회사	서비스 지역
애플페이(2014)	온오프라인 결제	은행, 카드사		전 세계
애플캐시(2017)	결제, 개인 간 송금 등	그린닷은행, 비자카드	Apple Payments, Inc. (개인정보 관리)	미국 한정
애플카드(2019)	신용카드	골드만삭스, 마스터카드		미국 한정
애플페이 레이터 (23.03)	선구매·후결제 (BNPL)	골드만삭스, 마스터카드	Apple Financing, LLC. (대출 승인 등)	미국 한정
애플통장 (23.04)	저축계좌	골드만삭스		미국 한정

출처: 〈애플社의 금융업 진출 현황 및 시사점〉, 한국은행, 2023.05

이다. 이렇듯 금융산업에 금융회사가 안 보이는 현상은 가속화될 것으로 전망된다. 간편결제 서비스 애플페이를 이용해 '선구매 후지불buy now, pay later' 할 수 있는 '애플페이 레이터Apple Pay Later'를 2023년 3월 시범 출시한 것이 대표적인 사례다. 단기간 금융 플랜으로, 애플페이 고객이 구매대금을 6주간 4회에 걸쳐 무이자로 분할 지급할 수 있도록 한 것이다. 애플은 이용자로부터 연체료를, 가맹점으로부터는 정산 수수료를 수취하는 구조다.

애플페이 레이터는 그마저 있던 기성 금융기관과의 제휴조차 얽혀 있지 않다. 자회사인 Apple Financing LLC를 통해 자체적으로 금융서비스 공급을 진행해 신청applications, 신용평가credit assessments, 대출lending 등의 절차를 자체적으로 처리한다. 미국 내 주州별 적합한 라이선스예: California Finance Lenders Law에 따라. 일정 이자를 내는 장기 대출인 '애플페이 먼슬리 페이먼트'도 준비 중이다.

애플페이 레이터가 애플의 일명 '탈출Breakout'이라는 내부 프로젝트의 대표적 결과물이라는 점도 이와 같은 주장에 근거를 더한다. 이 프로젝트는 금융 서비스를 제공하는 데 있어 금융파트너에 대한 의존도를 줄이려는 노력을 뜻한다.

애플은 10여 년의 기간 동안 천천히 고객들의 라이프사이클을 바꿔왔다. 회사 출근길에 애플월렛의 교통카드로 이동 비용을 결제하고, 회사에 도착해 애플월렛 사원증으로 출입을 하도록 하고, 점심시간에 식당에서 애플월렛으로 결제하고 할인받고 포인트를 적립 받도록 했으며, 퇴근 후 여가를 보낼 때 애플월렛 운전면허증을 들고 다니는 게 이상하지 않도록 만들어 놓은 것이다.

그 결과 애플 금융서비스 매출 비중은 2012년 8.2%에서 2022년 19.8%로 10년 새 두 배 넘게 늘었다.

현금 사랑 일본도 캐시리스 '코드결제' 확산

현금의, 현금에 의한, 현금을 위한 나라라고 해도 과언이 아닌 일본. 카드 결제가 익숙한 한국과 달리 이웃 나라 일본은 대부분약 80%의 사람들이 현금 결제를 한다. 고령화된 나라로 새로운 지급결제에 대한 비선호, 변화를 싫어하는 지극히 보수적인 경향성 등이 반영된 결과일 것이다.

그러던 일본 정부가 2025년 오사카 엑스포 개최를 계기로 전향적 결정을 내린다. 현금을 사용하지 않는, 이른바 '캐시리스' 결제 비중을 40%까지 늘린다는 목표를 세운 것이다.

통상 새로운 결제 수단을 제시하는 제공처에서 금융소비자들의 결제 습관을 바꾸기 위해 부단히 노력하기 마련이다. 신용카드 사용을 늘리기 위해 신용카드사가 가맹점을 늘리고, 앞서 살펴본 애플페이 사용을 늘리기 위해 애플이 금리와 같은 유인책을 대거 부여하는 식으로 말이다.

마찬가지로 일본 정부는 엑스포를 보러 오는 외국인 손님의 결제 편의 증진이라는 명분 하에 금융망 인프라 고도화 투자를 통해 목표를 달성하려 한다. 2019년 10월부터 2020년 6월까지 시행된 '캐시리스 환원 제도'가 대표적인 사례다. 현금 외 결제를 하는 이용자에게 2~5% 할인을 해주는 정책인데, 당시 일본 정부는 소비세율을 8%에서 10%로 인상하면서 전 국민적 반발을 누그러뜨리고자 이 제도를 추진했다. 그런데 결과적으론 카드, 간편결제의 일상화에 역할을 했다. 대중들이 점심 식사 또는 쇼핑을 할 때 현금 대신 카드나 스마트폰을 꺼내 들기 시작했고, 제도 시행 기간 동안 총 3,290억 엔의 환급액이 발생했다.

이용자 유인책뿐만 아니라 사용처 유인책도 있었다. 카드를 쓸 수 있는 가맹점인 중소사업자 약 115만 곳이 참여했다. 참여 대상이 200만 개였으니 절반 넘는 곳에서 호응을 보인 것이다.

중소 가맹점들이 참여에 적극적이었던 이유는 낮은 수수료율 정책 때문이었다. 일본 신용카드사 가맹점 수수료율은 대략 결제액의 1~5% 수준인데, 중소 소매점의 경우 결제액의 4~5%인 경우가 많아 가맹점에선 물건을 팔면 적자라면서 카드 결제를 기피해 왔다. 또 점포의 경우 빈번하게 교체되는 전용 단말기 구입비가 수만~수십만 엔까지 되다 보니 부담으로 작용했던 것이다.

캐시리스 환원제도 시행으로 정부는 신용카드사에 대해서 가맹점 수수료율을 3.25% 이하로 낮춰 가맹점 확대를 꾀했다. 신용카드 건당 평균 결제금액은 2019년 2월 5,588엔에서 2020년 2월 5,055엔으로 감소하는 등 소액거래에서도 비현금 결제의 보편화가 진행됐다.

아울러 예상치 못한 변수 또한 일본의 캐시리스 사회를 가속화 하는 데 일조했다. 신종 코로나바이러스 감염증코로나19 얘기다. 위생 문제에 특히나 예민한 사람들이 바로 일본인들인데 남의 손을 많이 탄 오염된 현금을 들고 다니는 걸 부담스럽게 만들었다. 일본은행에 따르면 2023년 2월 동전 유통량은 코로나19 유행 전인 2019년도 말보다 2% 감소했다. 돌이켜보면 지갑 속에 현금을 넣고 다닌다는 건 코로나19 뭉텅이와 함께한다는 의미와 같았다. 남에게 피해를 입히는 걸 극도로 꺼려하는 문화 또한 반영됐다.

덕분에 2022년 일본의 신용카드, 교통카드 등의 간편 결제액은 111조 엔1,095조 원으로 사상 첫 1,000조 원을 돌파했다고 한다. 지난 2021년보다 17% 증가한 수치다.

2018~2020년 일본 내 QR코드 연간 송금 금액 및 송금 건수 추이

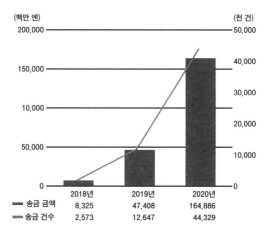

	2018년	2019년	2020년
▬ 송금 금액	8,325	47,408	164,886
▬ 송금 건수	2,573	12,647	44,329

출처: 캐시리스추진협의회 'QR코드 결제 이용 동향 조사'

신용카드나 QR코드를 활용한 캐시리스 결제가 전체 결제액에서 차지하는 비율은 2022년 36%로 나타났다. 이제 일본인 세 사람 중 한 명은 캐시리스한 삶을 살고 있다는 거다. 이 비율은 2010년 13.2%에서 2021년 32.5%까지 매년 꾸준히 높아졌다.

항목별로 보면 2022년 신용카드 결제액이 전년 동기 대비 16% 늘어난 93조 7,926억 엔약 925조 원으로 가장 많았다. QR코드를 활용한 결제액은 7조 9,000억 엔약 78조 원으로 전년 대비 50% 증가했다. 체크카드는 같은 기간 19% 증가한 3조 2,000억 엔약 31조 원이었다.

QR코드 사용이 체크카드보다 많다는 점도 눈에 띄는 부분이다. PC보다 스마트폰이 더 빠르게 진화 발전한 것은 PC 시대에 PC 보급이 덜 된 탓이다. 중국, 인도, 베트남 등이 대표적인 예다. 일본은 지급결제에 있어서 실물 카드 결제를 한 단계 뛰어넘어 스마트폰 결제 방식이 빠르게 보편화될 수 있음을 짐작해볼 수 있는 지점이라는 얘기다.

2023년 4월부터 시행하는 '디지털 급여' 정책은 현금 없는 사회를 가속할 것으로 전망된다. 은행 계좌를 거치지 않고 스마트폰 결제 앱 등으로 임금을 지급받을 수 있게 한 것이다.

현재 일본 근로기준법상 근로자의 임금은 현금 지급을 원칙으로 하고 있으며 예외적으로 은행, 증권 계좌 이체를 허용하고 있다. 여기에 모바일 결제 앱 등을 통한 '디지털 화폐'를 추가하겠다는 구상이다. 예외 대상에 '페이페이PayPay'와 '라쿠텐페이' 등 페이 사업자를 추가하는 식으로 말이다. 후생노동성은 노동자의 동의를 얻는다는 전제 하에 스마트폰 결제 앱 등을 이용한 급여 지급을 가능하도록 하는 법령을 개정했다.

사실 디지털 급여 제도는 은행 계좌 개설이 어려운 외국인 근로자를 위해 페이롤 카드Payroll Cards로 입금지급을 가능하도록 한 규제 완화에서 시작됐다. 페이롤카드는 근로자에게 임금을 지급할 목적으로 은행 등이 발행하는 충전식 선불카드다. 물건을 구입하거나 자동현금지급기ATM에서 현금 인출이 가능하다.

근로기준법에서 규제하고 있지 않은 프리랜서나 개인사업자에 대한 급여는 이미 모바일페이 등의 디지털 머니 형태로 지급이 이뤄지고 있다. 근로기준법의 규제에 속하는 근로자의 경우에도 경비나 교통비의 정산 등에는 모바일페이

일본에서 디지털머니를 통한 임금 등의 지급 가능 여부

	근로자	프리랜서, 개인사업자
임금, 각종 수당, 성과급 등	불가(근로기준법에서 규제)	가능
경비·교통비 등의 정산	가능	가능

출처: 〈일본의 디지털 급여 도입 논의와 영향〉, 한국금융연구원, 2021.05

이용이 가능하고, 실제 일부 기업들은 해당 경비 정산을 할 때 은행 계좌 이체가 아닌 모바일페이로 송금하고 있다.

다만 '페이 월급 계좌'는 사업자가 파산했을 때 고객의 자산을 보호하는 방법이 과제로 지적됐다. 페이 사업자는 예금보험제도의 도움을 받을 수 없기 때문이다. 일본의 일반적인 금융회사들은 예금보험료를 내는 대신 고객 예금자산을 1,000만 엔까지 보호하는 예금보험제도의 적용을 받는다.

그래서 일본의 행정기관인 후생노동성은 페이 사업자가 파산해도 4~6영업일 이내에 계좌잔고 전액을 이용자에게 돌려주는 보증 제도를 만들기로 했다. 일정 수준의 보험료를 내면 민간 보험회사가 계좌잔고의 지급을 보증하는 구조다. 페이 사업자가 재무상황 등을 후생노동성에 보고하는 감독 체계도 갖추기로 했다.

페이 월급 계좌의 잔고는 최대 100만 엔이며 이용자는 현금을 1엔 단위로 뽑을 수 있다. 월 1회 자동현금지급기에서 수수료 없이 인출할 수 있도록 제도를 갖출 계획이다. 이용자는 자신이 자주 이용하는 페이로 급여를 받으면 은행 계좌를 통해 매번 충전을 하지 않아도 된다. 은행들이 ATM의 현금인출 수수료 우대를 줄이는 추세이기 때문에 소비자의 수수료 부담도 경감되는 효과가 있다. 은행 계좌를 만들지 못하는 일부 외국인 노동자가 급여를 받기도 간편해진다.

코로나19 직전 일본 여행을 갔을 때를 돌이켜보면 사전에 현금 환전은 필수였는데, 주변을 보니 최근에는 환전 수수료 없는 카드를 만들어서 현지에서 많이들 활용하는 것 같다. 활용처가 그만큼 넓어졌다는 뜻이다. 몇 해 뒤에는 일본도 한국만큼 현금 안 쓰는 나라가 되어있을 듯하다.

캐시리스의 신 조류, 카드가 불필요한 후불 결제 'BNPL'

"지금 사고, 나중에 내세요! 30초면 바로 이용할 수 있어요!"

국내 한 빅테크 기업이 자신들의 후불 결제 서비스를 광고하는 문구다. '선구매 후지불Buy Now Pay Later'을 말하는데 해외에서는 줄여서 BNPL이라 부른다. 후불 결제는 복잡한 신용평가를 거치지 않아도 되는 빠르고 간편한 결제 방식이어서 국내외에서 주목받고 있다.

실제로 이 빅테크의 후불 결제 서비스에 직접 가입하는 데 걸리는 시간은 1분 남짓이다. 매달 이용액이 빠져나갈 출금 계좌를 지정하고 생년월일 등의 개인정보를 등록하면 이용 가능한 금액을 조회하고 있다는 문구가 뜨고 몇 초 만에 20만 원 한도의 후불 결제 서비스를 이용할 수 있다. 서비스에 가입한 뒤에는 별도의 신용카드 정보 입력 없이 간단한 지문 인증만으로 인터넷 쇼핑이 가능하다.

새로운 방식의 결제 사업 모델로 가파르게 성장하고 있는 후불 결제는 일종의 '외상 거래' 서비스다. 온라인 쇼핑몰에서 한 달에 30만 원가량을 한도로 상품을 구입한 뒤 다음 달에 갚으면 된다. 후불 결제는 기존에 고객이 보유한 신용등급이 필요치 않기 때문에 이른바 씬파일러Thin Filer·금융 이력 부족자라 불리는 금융 소외계층인 학생이나 주부, 무직자 등에게 대안이 될 수 있다. 대금을 갚지 못하면 연체 이자를 내야 하지만 연회비 등 별도의 이용 수수료는 없다. 국내에서는 금융위원회가 '혁신금융서비스'로 지정하면서 네이버파이낸셜이 2021년 4월 첫 서비스를 시작했다.

후불 결제의 결제 한도는 일반적인 신용카드에 비해 훨씬 적은 금액인 30만 원이 부여되어 있는데, 간편한 사용이 무분별한 사용으로 이어지는 것을 막기 위한 정부 차원의 조처다. 또 신용카드와 달리 할부 결제는 허용하지 않고 일시 납부만 가능하도록 했다.

이 후불 결제엔 빅테크, 온라인 쇼핑몰, 카드사 등 결제와 관련된 사업자들은 너나 할 것 없이 다 뛰어들고 있다. 다만, 그 세부 유형은 조금씩 다 다르긴 하다.

슈퍼 앱을 가진 빅테크 토스는 2021년 11월 자사의 간편결제 서비스에 접목하기 위한 목적으로 후불 결제를 도입했다. 이에 반해 쿠팡은 고객에게 돈 받는 기간을 늦춰주는 외상의 개념으로 접근했다. 이 회사의 BNPL 서비스인 '나중결제'는 쿠팡이 직매입한 상품만 대상으로 한다. 해당 서비스 이용자는 한도를 20만~130만 원까지 쓰고 할부를 할 수 있고, 연체가 없는 일부 고객에게는 무이자 할부, 4개월 차부터 11개월 차까진 할부 이자를 부과하기도 하고 있어 신용카드 서비스와 유사한 형태로 운영된다.

현대카드는 온라인 패션플랫폼 무신사가 운영 중인 하위 플랫폼 앱인 '솔드 아웃'을 통해 후불 결제 서비스를 제공하는데, 서비스 이용자는 분할 결제한 금액 중 3분의 1을 구매 시점에 결제하고, 나머지 금액을 이후 2개월간 나누어 낸다. 이는 10만~50만 원 이하의 단일 상품 결제 건에 적용된다. 또한 롯데카드의 베트남 현지 법인인 롯데파이낸스 베트남은 현지 이커머스 기업 티키Tiki와 함께 무이자 또는 비교적 낮은 금리로 2~3개월에 걸쳐 대금을 분할 상환할 수 있도록 하는 서비스 제공하며 카카오페이는 15만 원 한도 내에서 버스, 지하철, 택시, 하이패스에서 사용할 수 있는 후불 결제 교통카드 서비스를 제공 중이다.

후불 결제 서비스 제공 기업들은 소비자가 아니라 판매자나 기업에게 수수료를 받는데, 보통 매출의 4~6% 정도다. 판매 기업들이 꽤 높은 수수료를 내면서 후불 결제를 도입하는 이유는 무엇일까. 바로, 구경만 하던 고객들이 후불 결제을 계기로 구매에 나서기 때문이다. 마진은 적지만 파이는 커지니 수익은 느는 식이다. 소비자 입장에서 수수료나 이자를 부담하지 않아 소비에 보다 적극적으로 나서고, 가맹점은 소비자에게 소액 신용 공여를 제공함으로써 구매력을 높여 매출 상승과 고객 유입을 기대할 수 있다.

이용자들의 반응은 뜨겁다. 2022년 말 기준 후불 결제 서비스 가입자는 토스 153만여 명, 네이버파이낸셜 66만여 명에 이른다. 또 양사의 누적 결제 잔액은 약 3,146억 원으로 집계됐다. 그렇다면 어떤 고객들이 이 서비스를 주로 이용하고 있을까. 토스, 네이버파이낸셜의 서비스에 한정한다면 이용자의 절반가량이 20대 청년층이라고 한다.

해외에서도 후불 결제가 MZ세대의 새로운 결제 방법으로 떠오르고 있음을 확인해볼 수 있다. 이용이 간편하고 연회비도 없으며, 서비스 수수료나 이자를 따로 별도로 내지 않아도 된다는 이점 때문이다. 신용 이력이 없는 MZ세대나 코로나19 사태로 소득이 감소한 소비자를 중심으로 후불 결제 서비스가 급증하고 있다는 분석도 있다.

삼정KPMG가 지난달 발간한 '핀테크 산업 투자 동향과 주요 10대 트렌드' 보고서에 따르면 2019년 340억 달러약 44조 원 규모였던 글로벌 전자상거래 후불 결제 거래액은 2020년 600억 달러약 78조 원, 2021년 1,200억 달러약 156조 원 등으로 계속 불어나는 추세다. 2022년엔 2,140억 달러약 278조 원, 2026년엔 5,760억 달러약 749조 원에 이를 것으로 예상된다.

BNPL은 앞서 살펴봤듯 고객 니즈를 충족시키고 온라인 커머스, 핀테크 업체, 신용카드사 등 이해관계자별 각기 다른 이점을 제공하며 빠르게 성장 동력을 확

전 세계 BNPL 기업 현황

출처: CB Insights, 2021

보하는 등 디지털 결제시장 내 새로운 후불 트렌드로 부상하고 있다.

시장조사기관 포레스터 리서치Forrester research에 따르면 후불 결제 서비스에 대한 VC 투자 규모는 2018년 3억 2백만 달러에서 2020년 19억 달러로 대폭 증가했다. 특히 높은 금액대의 결제가 발생하는 치과와 같은 의료서비스나 법률서비스 등 전문적인 분야에서도 BNPL을 통한 할부 형태의 후불 결제 이용이 확산되고 있다.

미국, 영국 등 해외 주요국에서 일부 신용카드 이용고객들이 무이자 할부를 지원하는 BNPL 결제 서비스로 이탈하는 현상이 나타나자 골드만삭스, 아메리칸 익스프레스American Express 등 전통 금융기관들 또한 무이자 할부 형태의 BNPL 결제 서비스를 추진했다.

다만 후불 결제 시장이 단기간 내 빠르게 성장하면서 금융소비자의 채무부담 가중, 소비자 분쟁과 피해보상책 미흡 등 부작용을 낳고 있는 점은 문제다. BNPL이 신용카드에 비해 상대적으로 신용도가 낮은 고객을 대상으로 일회성의 후불 결제를 지원하는 측면이 있으며, 이에 따라 소득수준을 초과하는 과도한 소비를 유발하거나 연체에 따른 채무부담 가중 등 건전성 문제를 야기하고 있는 것이다. 한편으로는 BNPL을 결제수단으로 이용할 경우 환불, 배상 등의 분쟁 발생 시 거래의 조정 또는 처리 과정에서 기존 신용카드 대비 어려움이 있다는 지적도 있다.

주요 BNPL 핀테크 업체들은 스웨덴이나 독일, 노르웨이, 호주, 뉴질랜드 등 북유럽 및 오세아니아에서 비교적 높은 BNPL 시장 점유율을 보이며 초기 글로벌 성장을 주도했다. 그러나 최근 금리 인상과 함께 인플레이션 영향으로 인한 소비 위축 타격을 받아 글로벌 주요 BNPL 핀테크 업체들의 적자 폭이 커지는 모습을 보이고 있다.

클라나Klarna는 세계 최초로 BNPL 서비스를 시작한 기업으로서 유럽 시장을 주도하고 있는 스웨덴 핀테크로 꼽힌다. BNPL 글로벌 시장 점유율 1위인 이 기업은 2022년 상반기 6억 1,700만 크로나 영업적자를 기록해 2021년 같은 기간의 적자1억 7,600만 크로나 대비 3.5배 증가했다. 또한 영미권에서 높은 시장 점유율을 가지고 있는 글로벌 점유율 2위의 호주 핀테크 애프터페이Afterpay는 2021

년 영업적자 1억 5,600만 호주달러를 기록해 2020년 적자 규모2000만 호주달러 대비 약 8배 급증했다. 이 기업은 2021년 7월 트위터 창업자 잭 도시의 결제 전문 기업 블록구 스퀘어가 290억 달러약 34조 원에 인수했다. 어펌Affirm은 Amazon과 독점 제휴를 맺고 미국 시장에서 빠르게 성장 중인 글로벌 점유율 3위의 미국 BNPL 핀테크 기업인데 마찬가지로 2022년 상반기 8억 6,600만 달러의 영업적자를 기록하면서 2021년 같은 기간에 기록한 3억 8,300만 달러 적자 대비 2배 이상 증가한 모습을 보였다.

이렇듯 연체율 상승 등 늘어나는 부채율에 대한 부담에도 불구하고 많은 기업들이 BNPL 시장의 잠재력을 보고 투자에 나서고 있다. 앞서 살펴본 애플이 대표적인 예다. 미 투자은행 스티븐스Stephens의 애널리스트 Vincent Caintic은 미국 내 가맹점의 85%가 애플페이를 사용하고 있어 기존 BNPL기업보다 경쟁 우위에 있다고 분석했다. 또 2022년 월마트Walmart는 리빗 캐피털Ribbit Capatal과 제휴해 BNPL 핀테크인 'One'을 설립하겠다고 밝혔다.

글로벌 시장조사기관 프레시던스 리서치Precedence Research는 BNPL 시장이 핀테크 및 빅테크 기업, 전통 금융 기관 간의 치열한 경쟁과 협력이 동시에 진행되면서 2022년에서 2030년까지 연평균 43.8%의 고성장이 기대된다고 밝혔다. 특히 앞으로 동남아 및 중남미 지역은 현재 타 지역 대비 BNPL 침투율이 낮지만, 전통 금융 기반이 취약한 만큼 향후 BNPL의 급격한 성장이 기대된다.

구글, 투자회사 테마섹, 경영컨설팅회사 베인이 2021년 공동 발간한 'e-Conomy SEA 2021 보고서'에서는 동남아시아 소비자의 디지털 대출 잔액이 2021년 330억 미국 달러에서 2025년 920억 미국 달러의 잔액을 기록할 것으로 예상하는데 이는 부분적으로 BNPL 서비스의 성장에 따른 것이다.

美 은행 불안과 디지털 금융 영향

미국에서 자산규모 16위인 실리콘밸리은행SVB이 2023년 3월 10일 파산했다. 하루 전인 9일 하루에만 420억 달러가 빠져나가면서 인가자인 캘리포니아주 금융당국CDFPI이 폐쇄를 결정했고 연방예금보험공사FDIC가 파산관재인으로 임명돼 파산 절차에 돌입했다. 파산 당시 이 은행의 총자산은 2,120억 달러약 277조 원에 달했는데, 총예금 1,754억 달러의 93%가 예금보험 보호 대상이 아닌 비부보 예금이었다.

1983년 10월 출범한 SVB는 스타트업과 벤처캐피털로부터 예금을 받고 대출 및 투자를 해 혁신생태계 형성과 발전 지원에 특화한 지역은행이었다. 코로나 19 팬데믹을 거치며 실리콘밸리 스타트업의 호황으로 인해 실적이 개선됐는데, 이게 SVB에는 독이 됐다. 은행 기본 비즈니스인 예대마진의 불균형이 깨진 것이다. 기술 산업 호황 속에 스타트업에 돈을 대겠다는 투자자들이 줄을 서면서 SVB를 향한 발길이 끊겼다.

반면, 예금은 크게 늘었다. SVB는 실리콘밸리 소재 은행 중 최대 예금고를 기록하기도 했다. 실제 2022년 1분기 SVB 예금은 1,980억 달러로 2019년 말 대비 3배 증가한 수준이었다. SVB는 여유자금인 대규모 현금을 국채, 모기지, 정부 보증채 등 채권에 투자했다.

이런 상황에서 연방준비제도의 통화 긴축정책이 상황을 뒤바꿨다. 금리가 상승하면서 채권 손실이 발생하기 시작한 것이다. 계속될 줄만 알았던 실리콘밸리의 경기가 급격히 냉각되면서 자금 유치가 어려워진 스타트업들은 예금 인출을 늘리기 시작했다. 이 과정에서 SVB가 보유 국채를 대량 매도한 것이 손실을 발생시켰다.

이를 메꾸기 위해 3월 8일 30억 달러의 증자계획을 발표했는데, 이 발표가 시장에 SVB의 건전성과 유동성에 심각한 문제가 있음을 알리는 일종의 시그널이 되어버렸다.

다음 날인 9일, 대규모 예금 인출 사태 '뱅크런'으로 이어졌다. FDIC는 10일 SVB 폐쇄를 결정했는데, 이는 2008년 이후 두 번째 큰 규모의 은행 파산이었다. 과거의 뱅크런과 다른 양상이라면 '디지털런'이 벌어졌다는 것이다. 과거에는 은행에 리스크가 발생해 창구를 찾아 예금을 인출해야 했다면 이제는 스마트폰 터치 몇 번으로 돈을 뺄 수 있으니 뱅크런의 시간이 더 빨라졌다는 말이다. 한 달도, 일주일도 아니고 SVB처럼 하루아침에 문을 닫게 되는 은행들이 앞으로도 생겨날 수 있다는 뜻이다.

스마트폰 뱅킹 확대는 디지털런이라는 리스크를 낳으며 전 세계 금융 당국에 디지털 파이낸스와 관련한 예측 못 할 리스크들에 대한 사전적인 스터디와 예방책 마련에 더욱 노력해야 함을 보여주고 있다.

결제가 사라진다

"사장님, 계산이요."

식당이나, 마트에서 결제를 할 때 흔히 쓰는 말이다. 허풍을 떨자면 앞으로 우리 언어 체계에서 이런 말 자체가 없어질 것이다. 온라인 디지털 금융의 확대가 '결제 행위' 자체를 없애버리고 말 것이기 때문이다. 뒤집어 말하면 '보이지 않는 결제invisible payments'라고도 할 수 있겠다.

세계 최초 무인 매장인 아마존 고Amazon Go는 이 같은 주장을 뒷받침해 준다. 매장 입구에서 스마트폰 QR 스캔을 하고 입장한 뒤 매장 내 선반에서 원하는 물건들을 집어 들고 뒤돌아볼 필요도 없이 매장을 빠져나오면 끝이다. 현금이나 카드, 스마트폰 QR 결제 코드를 내미는 결제 행위를 찾아볼 수 없다.

보이지 않는 결제에는 어마어마한 기술들을 녹아들어 있다. 인공지능, 딥러닝과 같은 기술은 당연하고 자율주행차에 들어가는 기술까지. 아마존은 이른바 '저스트 워크아웃 기술just-walk-out technology'이라고 부른다.

고객이 쇼핑하는 동안 자율주행 센서가 부착된 원형 카메라가 쇼핑 고객의 동선을 따라다니면서 구매목록을 확인한다. 고객이 제품을 진열대에 들어 올리는 순간, 가상의 장바구니에 등록이 되고 내려놓으면서 다시 지워지게 된다. 카메라와 센서를 통해 고객이 진열대에 제품을 들어 올리는 동작을 인식한다. 쇼핑을 마친 고객이 매장을 나가면 앱에 등록된 결제 수단으로 구매결제가 자동 계산되어 고객 계정에 영수증을 보내는 식이다.

아마존은 이러한 저스트 워크아웃 기술을 확대 적용하고 있다. 아마존은 저스트 워크아웃이 적용된 편의점인 아마존 고를 2018년 최초 오픈한 이후, 2021년 그보다 규모가 큰 '아마존 고 그로세리Amazon Go Grocery'를 오픈했다. 스타벅스와 협업을 통해 뉴욕의 렉싱턴 에비뉴 매장에 도입하며 외연을 확장 중인데, 해당 스타벅스에선 스타벅스 커피와 아마존 고에서 판매하는 음식 등을 판매하며 고객은 매장에 들어갈 때 본인임을 인증하고 이후 희망하는 상품을 카트에 담고 그냥 나가면 자동으로 결제되는 방식이다.

본인을 인증하는 방식은 세 가지다. 아마존 앱의 QR코드를 스캔하거나, 아마존 계정과 연동되어있는 체크카드를 삽입, 또는 아마존의 손바닥 결제 시스템인 '아마존 원Amazone one' 스캐닝 시스템에 본인의 손바닥을 스캐닝 함으로써 본인을 인증할 수 있다.

아마존 원은 결제 행위 자체의 개념을 바꿔놓았다. 컴퓨터 비전 기술을 사용해 정맥 패턴 등 손바닥의 고유한 특성으로 소비자를 식별하는데, 아마존 원을 사용해 결제하기 위해 소비자는 매장에 비치된 아마존 원 전용 키오스크에 신용카드를 넣고 본인의 손바닥을 스캔해 개인의 고유한 손바닥 서명과 카드를 매칭시킨 후 이후에 개인 아마존 프라임Amazon Prime 계정을 연동하면 된다.

2021년 3월 기준 4-Star, Go, Go Grocery, Amazon Books, 팝업 스토어 등을 포함, 시애틀 지역 총 12개의 매장에 아마존 원 기술이 도입됐다. 시애틀에 있는 홀푸드 마켓Whole Foods Market 매장 중 하나인 매디슨 브로드웨이Madison Broadway 지점에서도 사용이 가능하고 대형 매장으로 지속적으로 확대 적용하고 있다.

디지털 지급결제의 춘추전국시대

2024년에는 '디지털 지갑'에 다시금 주목해야 한다. 디지털 지갑은 개인과 개인, 개인과 기업이 디지털로 거래할 수 있는 온라인 서비스다. 디지털 지갑에 신용카드는 물론 각종 포인트 카드 정보와 쿠폰 등을 저장하는 식이다. 모바일 운전면허증을 비롯해 각종 디지털 신분증도 넣을 수 있다.

사용자는 실물 신용카드를 받을 때까지 기다릴 필요가 없으며, 모바일 기기에서 사용할 수 있도록 즉시 승인받을 수 있다. 이 밖에 디지털 지갑을 통해 사용자의 소비 패턴을 추적해 재무 관리에 도움을 받을 수도 있다. 관점을 바꿔 접근하면 다양한 결제 방법이나 웹사이트에 대한 사용자의 결제 정보와 비밀번호를 안전하게 저장하는 소프트웨어나 시스템이라고도 할 수 있다.

디지털 지갑은 핀테크, 은행, 빅테크, 디바이스 제조업 등의 공격적인 시장 참여로 2026년까지 온·오프라인에서 각각 연평균 12%, 15%의 성장률을 나타낼 전망이다. 알리페이, 위챗페이 등을 통해 슈퍼앱 생태계를 구축한 중국이 선도하고 있다. 미국은 페이팔, 구글페이, 애플페이의 주도 하에 숍페이, 캐시앱페이 등이 신규 플레이어로 뛰어들었다.

기존의 레거시 은행들은 애플페이, 구글페이 등 빅테크에 대항하기 위해 컨소시엄을 구성해 디지털 지갑 만들기에 돌입했다. 특히 주목받는 곳인 웰스 파고, 뱅크 오브 아메리카, JP모건 체이스 등 대형 금융사는 결제 서비스 젤러Zelle의 모회사와 제휴를 맺고 준비 중인 디지털 지갑이다.

이 디지털 지갑 시스템은 젤러의 모회사 '얼리 워닝 서비스Early Warning Services·EWS' 에서 관리한다. EWS에 따르면 출시 시점에 약 1억 5,000만 개의 비자 및 마스터카드 신용카드와 직불카드가 연결될 예정이며, 추후 다른 카드 네트워크도 추가될 계획이다. 해당 컨소시엄의 디지털 지갑은 젤러의 서비스가 아닌 독립형 서비스로 제공될 예정이다. 경쟁 상대는 애플페이, 구글페이, 네오 등의 디지털 지갑 결제 서비스, 레볼루트Revolut, 몬조Monzo, 커브Curve 등 타 은행에서 운영하는 다른 디지털 지갑, 페이팔, 벤모를 제공하는 결제 업체 등이 될 것으로 예상된다.

이번 디지털 지갑은 소비자가 자신의 이메일을 매장의 결제 페이지에 입력하는 방식이 될 가능성이 높다. 해당 매장은 EWS를 호출하고, EWS는 은행과의 백엔드 연결을 사용해 지갑에 로드 할 수 있는 소비자 카드를 식별한다. 그다음 소비자는 어떤 카드를 사용할지 선택할 수 있다.

글로벌 핀테크 기업 FIS가 한국, 미국, 중국 등 전 세계 40개국 결제 시장을 조사한 'The Global Payment Report 2023'에 따르면 전 세계 디지털 지갑 사용자의 22%는 신용카드를 디지털 지갑에 연동해 사용 중이며, 이는 은행 계좌[34%], 직불카드[27%]에 이어 세 번째로 높은 비중을 차지했다. 그러나 신용카드의 결제 비중은 2026년까지 온·오프라인에서 각각 4%p, 2%p 감소할 것으로 내다봤다.

또한 '계좌 간 결제[Account-to-Account·A2A]'의 성장세도 기대된다. 실시간 결제 시스템을 선도하는 A2A는 판매자 결제 수수료 절감과 즉각적 자금 정산의 강점을 기반으로 개인과 기업 간[P2B] 서비스 중심으로 성장이 예상된다. 무이자 신용까지 제공하며 급성장해온 BNPL에게 최근의 고금리는 부정적이지만, 대체 신용의 견조한 수요 및 핀테크 확장을 위한 공급 증가로 비중 확대가 점쳐진다.

코로나19 이후의 디지털 전환 가속화, 판매자의 대안 결제 수용 확대 등으로 인해 현금 비중은 지속적으로 감소할 전망으로 캐시리스, 현금 없는 사회 적용은 점차 빨라질 것으로 보인다. 신용카드는 디지털지갑, BNPL, 판매시점관리[Point of Sales·POS 파이낸싱 등 대체 결제 수단과 연동되면서 영향력을 유지하겠으나, 결제 비중은 소폭 축소될 것으로 보인다.

빅테크 중심의 디지털 지갑, 기존 결제망이 불필요한 A2A, 금융소외계층에 신용을 제공하는 BNPL 등의 성장으로 글로벌 지급결제 시장의 가치사슬 변화가 예상되는 가운데, 국내에서도 애플페이, BNPL 등의 대체 결제 수단 도입, 이커머스의 성장과 자체 디지털 지갑 확대 등으로 인해 시장 구도의 변화가 2024년 두드러질 것으로 전망된다.

국내에서는 가칭 '지갑24'라는 디지털 지갑을 정부 주도로 추진하고 있는 점이 눈에 띈다. 행정안전부의 '선제적 맞춤서비스 제공 및 디지털 지갑 구축' 사업은 실직, 출산 등 상황을 정부가 인지해 개인이 따로 찾지 않더라도 선제적 맞춤서비스를 제공하고, 개인화된 디지털지갑 서비스를 구현하는 게 골자다.

현재는 서비스 전달체계가 분산돼 보조금24, 복지멤버십, 고용24 등 공공서비스가 분야·기관별로 분산 제공되거나 일부 서비스 중첩이 있다. 개인 상황, 조건에 맞춰 이용할 수 있는 서비스를 직접 찾아야 하거나, 자격요건 등을 스스로 확인해야 한다. 신분증·증명서 등 본인 정보 활용체계도 복잡해 공공·민간 데이터를 따로 관리·활용해야 하는 불편도 존재한다.

이를 신청·처리·결과 알림까지 연계하는 '통합형 서비스 전달체계'로의 전환이 선제적 맞춤서비스 제공 및 디지털 지갑 구축 사업의 핵심이다. 선제적 맞춤서비스를 위해 필요한 선제적 요건 분석, 개인 맞춤 서비스 추천, 완결형 행정처리, 민간플랫폼 협업 · 활용, 정부통합창구를 활용한 서비스를 제공한다는 방침이다.

지갑24 서비스는 모바일 신분증, 전자증명서, 마이데이터 등 각종 데이터기반 서비스를 연계 · 통합, 공공서비스 제공 플랫폼으로 구현할 계획이다. 크게 모바일 신분증, 전자증명서, 공공마이데이터 같은 '개인데이터'와 공공부문의 각종 안내 · 고지 · 납부 및 복지서비스 등 '행정서비스'로 구분되며 개인데이터와 행정서비스를 디지털지갑에서 활용할 수 있도록 '나만의 통합서비스 창구'로 제공한다. 민간 디지털지갑에서도 이용할 수 있도록 서비스 개방 및 연계 지원할 예정할 예정으로 본 사업은 2024년 구현될 예정이다.

챗GPT의 거침없는 진화,
생성형 AI는 인간을 대체할까?

"지금은 인공지능AI 분야의 아이폰 모멘트moment다. 이제 모두가 변곡점이 왔다는 것을 깨달았고, AI로 무엇을 달성할 수 있는지 알고 있다. 가장 먼저 일어날 일은, 지난 6~8년간 연구 분야에서 활동해 온 DGX AI 슈퍼컴퓨터의 역할이 확장될 것이라는 점이다. 기존에는 AI가 컴퓨터 비전에 집중되어 있었다면 이제는 갑자기 모든 산업 분야로 이동하고 있다. 매우 중요한 개념 중 하나가, AI가 이제 많은 영역의 언어를 학습했다는 것이다. 3D 그래픽의 언어, 인간의 언어, 동작의 언어, 이미지 언어 등을 모두 배우고 이해한 후 생산하는 영역까지 나아갔다. 이제 컴퓨터가 연구용에서 본질적으로 AI 공장이 되는 시대가 될 것이다. 언어를 습득한 AI는 경제나 법률에 관련된 용어, 회사 내부에서만 공유하는 기밀에 대한 언어까지 만들어 낼 수 있을 것이다."

엔비디아 창업자 겸 최고경영자CEO 젠슨 황이 2022년 3월 엔비디아의 연례 개발자 콘퍼런스GTC에서 한 말이다. 앞서 빅테크나 혹은 일부 뛰어난 연구진에 의해서만 개발되어 오던 인공지능이 이제는 거의 모든 산업과 기업에 의해 개발되고, 활용될 것이라고 전망한 것이다. 챗GPT가 나오고 나서, 챗GPT를 어떻게 업무에 활용해야 할지를 수많은 기업이 궁금해 했던 것을 떠올리면 답이 나온다. 아주 보수적인 산업군, 가령 금융권에서조차 챗GPT와 같은 생성AI 솔루션의 업무 도입이 가까운 미래에 이뤄질 것이라 생각하는 건 어려운 가정이 아니다.

젠슨 황 CEO는 이런 상황을 "생성 AI의 놀라운 기능을 본 기업들이 제품과 비즈니스 모델을 재창조해야 한다는 위기감을 느꼈을 것"이라고 표현하기도 했다. 모두가 AI를 업무 환경 변화와 제품 개발에 도입할 거라고 판단한 것이다.

챗GPT의 등장

"나 대신 숙제를 써주고, 과학과 수학 문제를 풀어주는 사람이 있으면 좋겠다."

어릴 적 한 번쯤 해본 상상이 현실이 됐다. 바로 챗GPTChat Generated Pre-trained Transformer 덕분이다.

챗GPT는 인간의 고유 영역으로 여겨졌던 '창조'의 영역에 진입한 생성 AI이다. 생성 AI의 대표적 모델인 GPTGenerative Pre-trained Transformer 기술을 기반으로 하는데, 말 그대로 '자가학습'해 답변을 '생성'하고 대량의 데이터와 맥락을 처리할 수 있는 '트랜스포머Transformer·변환기' 기술이다. 여기서 핵심적인 기술은 GPT 중 'T'에 해당하는 '트랜스포머'인데, 앞서던 것을 기억하고 오류를 수정하는 기술로 '사람'과 대화하는 것처럼 느끼게 하는 포인트가 여기에 있는 것이다.

물론 챗GPT는 세상에 널려있는 정보를 가장 그럴듯해 보이게 답을 만들어낸 것에 가까워 한계는 있다. 그러나 혁신적인 것임에는 누구도 부인할 수 없다. 기술혁신이 중요한 것은 결국 인건비를 감축해 생산성을 증가시킨다. 챗GPT의 등장은 신선한 충격과 함께 대중의 환호와 우려를 동시에 불러일으키고 있다.

챗GPT란?

2022년 11월 30일 미국의 인공지능AI 기업 오픈AIOpenAI는 챗GPT를 세상에 내놓았다. 챗GPT는 오픈AI의 AI 모델인 'GPT-3.5'를 대화 방식으로 사용할 수 있게 만든 챗봇chatbot이다. 챗GPT는 언어와 문자로 표현할 수 있는 것이라면 논문, 보고서, 문학, 코딩 등 분야를 가리지 않고 수준 높은 결과물을 만든다. 그래서 챗GPT 또는 GPT-3.5를 '생성형 AIgenerative AI'라고 부른다.

PC나 스마트폰만 있으면 누구나 챗GPT에 접속해 간단한 채팅만으로 GPT-3.5의 기능을 이용할 수 있다. 월 20달러에 달하는 유료 서비스가 있지만 무료로도 사용할 수 있어서 비용 부담이 적다. 데이터 분석 기업 시밀러웹Similar Web에 따르면 챗GPT는 출시 두 달 만에 전 세계 월간 활성 사용자 수MAU 1억 명을 돌파해 인스타그램2년 반 소요, 틱톡9개월 소요, 스포티파이55개월 등이 가지고 있던 기록을 갈아치웠다. 특히 생성형 AI의 대중화 가능성을 확인하는 계기로서 의미가 크다고 볼 수 있다.

생성형 AI

AI 기술은 회귀, 분류, 군집화 등 판별적 AI 기술과 생성형 AI 기술로 나눠볼 수 있다.

생성형 AI 기술은 이미지, 비디오, 오디오, 텍스트 등을 포함한 대량의 데이터를 학습해 사람과 유사한 방식으로 문맥과 의미를 이해하고 새로운 데이터를 말 그대로 생성해 주는 기술을 의미한다. 이 생성형 AI 기술은 이용자의 질문에 답변하기 위해 주어진 데이터를 기반으로 패턴과 규칙을 학습하고 이를 통해 새로운 콘텐츠를 생성한다.

생성형 AI 기술 중 하나인 대규모 언어모델Large Language Models · LLMs은 일반적으로 수백억 개 이상의 파라미터매개변수를 포함하는 AI 모델을 의미하며 복잡한 언어 패턴과 의미를 학습하고 다양한 추론 작업에 대해 우수한 성능을 보유하고 있다.

GPT는 대규모 언어모델로서 도서, 웹 문서 등에서 수집한 방대한 텍스트 데이터베이스를 기반으로 학습해 언어의 통계적 패턴을 모방하고, 이를 토대로 설득력 있는 문장을 생성하는 기술이다. GPT는 2018년 오픈AI에서 처음 제안했고, 2019년 GPT-2, 2020년 GPT-3가 각각 발표되면서 점차 학습에 사용되는 데이터의 크기 및 모델의 파라미터 수가 증가하는 추세를 보이고 있다.

각 버전의 차이는 파라미터인데, 사람의 뇌로 따지면 신경망인 뉴런을 연결해주는 뇌신경세포시냅스에 해당한다. 파라미터 개수가 많아지면 많아질수록 더 자연스럽게 질문을 이해하고 문맥에 맞는 답을 내놓을 수 있다. 단순번역에서부터 프로그램 코딩까지 확장성도 커진다.

GPT-1은 1억1700만 개, GPT-2는 15억 개, GPT-3는 1750억 개의 파라미터를 갖췄다. 챗GPT는 GPT-3를 개량한 GPT-3.5 기반 초거대 언어모델LLP로, 이전 질문까지 기억해 맥락에 적합한 답을 찾아준다. 파라미터 확장 시 보다 많은 정보를 학습하고 복잡한 문제를 해결할 수 있게 되는데 특히 GPT-3는 이전의 AI 모델이 가지고 있던 파라미터를 크게 확장하면서 알고리즘의 성능을 혁신적으로 증가시켰다.

GPT-3.5 및 GPT-4는 오픈AI의 AI 챗봇 서비스인 챗GPT를 통해 각각 2022년 11월과 2023년 3월에 공개됐다. GPT-3.5는 2022년에 공개된 InstructGPT와 유사한 방식으로 개발되었으며, 이 모델은 GPT-3를 강화학습Reinforcement Learning from Human Feedback; RLHF 방식을 통해 미세 조정한 모델이다.

GTP 모델 변천사

모델	파라미터	기술 특성
GPT-1[2018. 06.]	1억 1,700만 개	· 사용 데이터셋: new articles, wikipedia, single domain text · 라벨링되지 않은 대량의 데이터를 활용하기 위해 비지도 사전학습과 라벨링 데이터를 이용한 특정 태스크에 맞춘 파인튜닝[fine-tuning]미세 조정
GPT-2[2019. 02.]	15억 개	· 파인튜닝 없이 비지도 사전학습만을 사용하여 모델 학습 · 제로 샷을 통해 일반적인 언어 모델 타깃[멀티태스크러닝]
GPT-3[2020. 05.]	1,750억 개	· 랜덤, 글짓기, 번역, 웹코딩, 대화 등 수행 가능 · 퓨샷 러닝 및 프롬프트 기반 학습
GPT-3.5[2022. 01.] (InstructGPT)	1,750억 개	· 인간의 피드백을 통한 RLHF[강화학습]을 수행하여 도움이 되고, 독성이 없고, 혐오발언을 최소화하는 언어 모델 학습 · InstructGPT[다빈치-002] 모델을 개선하여 다빈치-003으로 업그레이드하고, 이를 다시 채팅에 최적화하여 GPT-3.5 turbo 모델로 개선하며 ChatGPT로 발전
ChatGPT[2022. 11.]	1,750억 개	· GPT-3.5 모델을 RLHF를 통해 미세 조정한 것으로 InstructGPT와 거의 유사한 상태 · 주요한 차이점은 ChatGPT가 더 유해한 질문에 대해 유연하게 대응
GPT-4[2023. 03.]	비공개	· 멀티모달[Multimodal] 방식

출처: 소프트웨어정책연구소, 2023.

그 결과, 이전 버전의 AI 모델들보다 더욱 자연스러운 대화가 가능해졌으며, 사람이 원하는 답변을 더 잘 생성할 수 있게 되었다. GPT-4는 GPT-3.5보다 한 단계 발전한 모델이다. 높은 수준의 추론 작업에 탁월한 성능을 보이며, 더 긴 응답을 생성할 수 있고 이미지와 텍스트를 동시에 입력으로 받아 텍스트를 반환할 수 있는 멀티모달multi-modal 모델이다.

GPT 모델 군은 모두 트랜스포머 디코더decoder 블록을 여러 층으로 쌓은 형태를 가지고 있다. 이 모델들은 사전 학습 과정을 통해 이전 단어를 보고 다음 단어를 예측하는 방식으로 학습된다. GPT-3 이전의 모델들은 입력에 대한 다음 단어를 예측하지만, GPT-3.5 이후 버전의 모델들은 사용자의 질의 입력에 답변하는 챗봇 시스템으로 동작한다는 점에서 차이가 있다.

예컨대 '파워포인트 단축키'를 검색창에 썼다고 해보자.[1] GPT-3 이전의 모델들은 "파워포인트 단축키로 시작하는 가장 적절한 문장은 뭘까?"라고 입력하고, 다음과 같이 출력 한다.

파워포인트 단축키를 누르면 자동으로 해당 포인트를 적립해 준다. 또한 이달 말까지 '스마트폰으로 간편하게' 이벤트도 진행한다. 이벤트 기간 동안 스마트폰을 이용해 스마일페이 가맹점에서 결제하면 최대 1만 원까지 할인 혜택을 받을 수 있다. (…중략)

그러나 GPT-3.5 이후엔 사용자의 질문에 답변하기 때문에 '파워포인트 단축키'라는 검책어에 대해 "파워포인트 단축키라는 질문에 어떻게 답변해야 할까?"라고 생각한다. 이에 출력되는 값은 다음과 같다.

파워포인트를 사용하면서 시간을 절약하고 생산성을 높이기 위해 단축키를 사용할 수 있습니다. 다음은 몇 가지 유용한 파워포인트 단축키입니다.
1. F5 – 프레젠테이션 시작

---

1 〈챗GPT 등 생성형 AI 활용 보안 가이드라인〉, 국가정보원, 2023.06.

2. Shift + F5 – 현재 슬라이드에서 프레젠테이션 시작

3. Ctrl + M – 새로운 슬라이드 삽입

챗GPT 서비스에서는 사용자가 입력한 데이터는 오픈AI 서버에 존재하는 비공개 모델인 GPT-3.5 또는 GPT-4에 입력되고, 해당 모델은 입력을 분석하고 적절한 응답을 생성한 후 이를 사용자에게 반환한다.

이러한 과정에서 사용자 입력과 서버 응답은 필요에 따라 챗GPT 확장 프로그램 또는 챗GPT 플러그인을 거쳐 사용자에게 출력될 수 있는데, 챗GPT 플러그인은 챗GPT 서비스 이용 과정에서 최신 정보에 액세스하거나 계산을 실행하고, 타사 서비스와의 상호 작용을 가능하게 해 주는 역할을 한다.

챗GPT 플러그인은 브라우징browsing, 코드 인터프리터code interpreter, 검색 retrieval, 그리고 서드 파티third-party 플러그인 등 네 가지 항목으로 구분된다. 이러한 플러그인들은 각각 다른 기능과 역할을 수행하여 챗GPT 서비스의 다양한 기능과 확장성을 제공한다. 브라우징 기능은 챗GPT가 웹에서 최신 정보를 검색하고 접근할 수 있도록 지원한다. 챗GPT는 검색 정보를 보여주며, 관련된 참조 링크도 함께 제공해 사용자에게 비교적 최근의 데이터에 대한 정보를 제공한다.

코드 인터프리터 기능은 챗GPT가 파이썬Python 코드를 바로 실행할 수 있도록 지원한다. 이를 통해 챗GPT는 그래프를 그리거나, CSV 또는 엑셀 데이터 파일을 업로드 해 데이터 분석을 수행하며, 이미지를 포함해 실시간으로 파일 편집이 가능하다.

챗GPT에서 제공하는 서드 파티 플러그인 일부

기관	설명
익스피디아Expedia	호텔·항공권 등 여행에 관한 온라인 예약 처리
피지컬노트FiscalNote	법률, 정치, 규제 데이터 및 정보에 관한 데이터 세트 제공
인스타카트Instacart	지역 식료품점에서 상품 주문 및 배달
카약KAYAK	항공편, 숙박, 렌터카 검색 및 여행지 추천
오픈테이블OpenTable	레스토랑 검색 및 예약
쇼피파이Shopify	온라인 쇼핑몰과 브랜드의 상품 검색 및 구매
슬랙Slack	클라우드 컴퓨팅 기반 팀 협업 툴
울프럼Wolfram	간단한 수학 연산 수행 및 그래픽 결과 시뮬레이팅
자피어Zapier	웹 애플리케이션과 함께 자동화 워크플로우 제공

출처: 〈챗GPT 등 생성형 AI 활용 보안 가이드라인〉, 국가정보원, 2023.06.

챗GPT 플러그인 중 검색 항목은 챗GPT에 내장된 검색기능을 강화하고 확장하는 역할을 수행한다. 이 항목은 챗GPT가 웹에서 실시간으로 정보를 검색하고, 해당 정보를 사용자에게 제공할 수 있도록 한다. 검색 결과에는 요약된 내용, 관련 링크, 이미지, 비디오 등이 포함될 수 있다. 챗GPT는 외부 개발자가 특정 기능을 확장할 수 있도록 하기 위해 제한적으로 서드파티 플러그인 개발을 허용하고 있다.

챗GPT 확장프로그램은 외부 프로그램에서 챗GPT의 기능을 사용할 수 있도록 제공하는 서비스로, 챗GPT에서 외부의 기능을 사용하도록 하는 플러그인과는 대조된다. 구글 크롬^{Chrome} 웹 브라우저를 기준으로, 사용자는 크롬 웹 스토어에서 원하는 챗GPT 확장 프로그램을 설치할 수 있으며 이때 챗GPT의 확장 프로그램은 챗GPT를 서비스하는 오픈AI에서 직접 관리하지 않으므로, 확장 프로그램 악용사례에 주의해야 한다.

생성형 AI, 인간 창작 영역 침범할까

생성형 AI란 이용자의 특정 요구에 따라 결과를 능동적으로 생성해 내는 인공지능 기술을 의미한다. 기존까지의 딥러닝 기반 AI 기술이 단순히 기존 데이터를 기반으로 예측하거나 분류하는 정도였다면, 생성형 AI는 이용자가 요구한 질문이나 과제를 해결하기 위해 스스로 데이터를 찾아서 학습하여 이를 토대로 능동적으로 데이터나 콘텐츠 등 결과물을 제시하는 한 단계 더 진화한 AI 기술이다. AI 개발사들은 개발하고자 하는 서비스의 목적에 따라 다양한 생성형 AI 모델을 개발하고 적용하고 있는데, 챗GPT와 같은 챗봇 서비스에 가장 널리 쓰이고 있는 생성형 AI 모델은 LLM^{Large Language Model}이다.

LLM은 즉, 텍스트와 같은 언어 데이터를 학습해 결과를 제공하는 생성형 AI 모델이다. 오픈AI에서 개발한 챗GPT에 적용된 LLM은 GPT이다. 2023년 3월 기존 모델인 GPT 3.5보다 약 500배 더 큰 모델 크기를 가진 챗GPT-4가 출시됐다. 또

국내외 기업 및 기관의 초거대 AI 경쟁 현황 2023.10 기준

기업 및 기관	내용	초거대 AI 모델 및 특징
오픈AI	· GPT-3 출시 2020. 06. 11. · ChatGPT 출시 2022. 11. 30. · ChatGPT 유료서비스 출시 2023. 02. 10. · ChatGPT API 공개 2023. 03. 01. · GPT-4 출시 2023. 03. 14. · ChatGPT 플러그인 공개 2023. 3. 23.	· GPT-3.5: 매개변수 수 1,750억 개, 인간 피드백을 통한 강화학습 RLHF, 학습한 언어 중 영어가 93% · GPT-4: 매개변수 수 5,00LLaMA0억 개 추정, 이미지 인식이 가능하며 한국어 정확도 및 생성 능력 향상
구글	· PaLM 공개 2022. 04. 04. · LaMDA 공개 2021. 05. 18. · LaMDA 기반 바드 Bard 출시 2023. 03. 21. · AI 챗봇 스타트업인 '앤스로픽'에 3억 달러 투자	· PaLM: 매개변수 수 5,400억 개 · LaMDA: 매개변수 수 1,370억 개
마이크로소프트	· MT-NLG 공개 2021. 10. 11. · ChatGPT 개선판을 탑재한 검색엔진 '빙' 공개 2023. 02. 07. · MS 365 '코파일럿' 공개 2023. 03. 16. · 빙에 이미지 생성 툴 탑재 2023. 03. 21. · 빙챗에 이미지생성 AI모델 '달리 DALL-E 3' 제공 2023. 10. 03	· T-NLG: 매개변수 수 5,300억 개 · 빙 챗봇은 GPT-4를 기반으로 하며 실시간 데이터 분석, 답변 출처 제공 가능
메타	· OPT-175B 공개 2022. 05. 05. · OPT-175B 기반 블렌더봇3 출시 2022. 08. 05. · 논문 생성 AI '갤럭티카' 데모 버전 공개 후 정확성 및 편향성 문제로 3일 만에 폐쇄 2022. 11. · 'LLaMA' 출시 2023. 02. 24.	· OPT-175B: 매개변수 수 1,750억 개 · LLaMA: 매개변수 수 70억 개부터 130, 330, 650억 개에 이르기까지 다양한 크기의 모델 4종으로 구성
바이두	· PLATO-3 기반 어니봇 Ernie bot 출시 2023. 03. 27. · 어니봇 중국 정부 승인, 바이두 검색 창에 대화 창 생성 2023. 09	· PLATO-3: 매개변수 수 2,600억 개. 중국어 최적화 언어모델
네이버	· 한국어 기반 하이퍼클로바 공개 2022. 07. 25. · 하이퍼클로바X 공개 2023. 08. 24. · 생성형 AI 검색 서비스 '큐 CUE' 공개 2023. 09 20.	· 하이퍼클로바: 매개변수 수 2,040억 개. 한국어 최적화 언어모델, 학습 한국어. 데이터 규모는 5,600억 토큰이며 GPT-3 대비 6,500배 학습 언어 97%가 한국어

출처: 한국문화정보원, 언론기사 등 취합

한, 구글에서는 PaLM Pathways Language Model: 구글의 LLM 을 활용한 챗봇 서비스인 '바드 Bard'를 공개하였으며, 메타 Meta 에서는 '라마 Large Language Model Meta AI: 메타

의 LLM'라는 LLM을 공개하였다. 국내에서는 네이버가 한국어에 특화된 초거대 언어모델인 '오션OCEAN: 네이버의 LLM'을 개발했고, 오션 기반의 챗봇 서비스인 '하이퍼클로바X'도 정식 출시되었다.

챗GPT는 생성형 AI 기술을 활용한 하나의 서비스이다. 이 외에도 미디어 콘텐츠 분야에 활용할 수 있는 이미지 생성 서비스, 음악 생성 서비스, 심지어는 동영상 생성 서비스까지 다양한 생성형 AI 서비스가 존재한다. 생성형 AI가 이용자의 특정한 요구에 따라 결과를 능동적으로 생성해 내다보니 대량의 데이터를 학습해 인간의 영역이라고 할 수 있는 창작의 영역까지 넘보는 것 아니냐는 시각도 있다.

엔비디아의 CEO 젠슨 황은 GTC 2023에서 "챗GPT가 만든 지금의 상황이 애플이 아이폰을 출시했을 때와 같다"고 언급한 바 있다. 이미 인터넷이나 아이폰이 등장할 때 글로벌 비즈니스와 일자리 생태계의 커다란 변화를 목도했던 전문가들과 대중은 이 기술이 다시 한번 얼마나 큰 파괴적 혁신을 만들어 낼지 기대하고 있다.

반면 일부는 블록체인, 메타버스 등과 같은 새로운 기술들이 급부상하다 한동안 잠잠했던 것처럼 챗GPT도 잠시 뜨겁게 주목받다 관심에서 멀어지는 트렌드 기술이 되지 않을까 우려의 목소리도 나온다.

다만 이들을 비교해봤을 때 결국 파괴적 혁신은 '그 기술 자체의 혁신성'뿐 아니라 '일반 대중도 체감할 수 있는 구체적인 제품이나 서비스의 등장'이 좌우한다는 건 파악할 수 있다. 메타버스, 블록체인 기술이 기대에 비해 우리 삶에 아직까지 큰 영향을 미치지 못하고 있는 큰 이유 중 하나는 대중이 구체적으로 체감할 수 있는 성공한 혁신 제품이나 서비스가 아직 없어서다.

아이폰발 파괴적 혁신을 기억해 보면, 3세대^{3G} 기반 모바일 기술과 터치스크린 기술은 이미 그보다 일찍 등장했지만 이 기술들은 아이폰과 앱스토어 서비스가 등장하며 비로소 전 세계 비즈니스에 변화를 증폭시킬 수 있었다. 직관적으로 체험 가능한 UI$^{User\ Interface}$와 앱스토어라는 구체적인 프론트엔드 서비스$^{Front-end\ Service}$가 있었기에 가능했던 것이다.

따라서 챗GPT라는 프론트엔드 서비스를 통해 대중이 서비스의 유용성을 직접 체감할 수 있게 된 생성형 AI는 아이폰발 모바일 혁신 때와 유사한 측면이 있다. 전 세계 비즈니스 생태계에 큰 변화를 촉진하는 파괴적 혁신을 준비하고 있다고 볼 수 있다.

미래는 "말로 영상까지 만들기"

생성형 AI는 챗GPT가 구사하는 텍스트를 넘어 이미지나 오디오로 활용 범위가 확장되는 중이다. 우리가 현재 사용하고 있는 AI가 단순, 반복 노동을 줄이는

데 일조하고 있다면 생성형 AI는 인간 고유 영역으로 여겨졌던 예술 작업이나 창작에까지 영향을 미치고 있다.

오픈 AI는 2021년 GPT-3를 기반으로 이미지 생성형 AI인 DALL-E를 처음 선보인 후 2022년 한층 더 업그레이드한 DALL-E 2를 공개했다. 수백만 개 이미지와 그와 연관된 언어를 학습한 AI가 제시된 언어의 의미를 파악하고, 이미지를 이루는 단위인 픽셀 값을 조절해 언어에 맞는 그림을 만드는 원리다. 이외에도 미드저니 AI 연구소의 미드저니Midjourney, 스테빌리티 AI의 스테이블 디퓨전Stable Diffusion 등 딥러닝 방식의 이미지 생성형 AI가 최근 잇따라 등장하고 있다.

2022년 8월 공개된 스테이블 디퓨전은 텍스트를 넣으면 그림이 나오는 생성 모델로 자연어 인터페이스를 갖고 있다. 처음 선보였을 때 실제 촬영 사진과 같은 수준으로 나와서 대중에게 적잖은 충격과 기대를 줬다.

구글이 내놓은 GigaGAN은 더 대단하다. 512*512의 픽셀 이미지를 단 0.13초 만에 합성한다. 앞서 언급한 스테이블 디퓨전에서는 4초가 걸리는 일이다. GigaGAN 구조는 대규모 생성 모델의 새로운 대중화를 열어줄 것으로 기대되는데, 이처럼 앞으로도 생성 AI 기술은 더욱 발전할 가능성이 크다.

플레이그라운드 AI는 생성형 AI를 이용해 이미지를 만드는 서비스다. 하루 최대 1,000개의 이미지를 무료로 생성할 수 있다. 단, 50개 이미지는 품질 수준의 제한이 없지만, 50개 이상부터는 품질 수준이 제한된다. 그 외에도 이미지 크기,

생성 이미지 수, 품질 수준 등 기타 고급 옵션도 선택 가능하다.

사용자는 기존에 존재하던 이미지를 리믹스 하거나 다양한 프롬프트, 필터 및 이미지 대 이미지 기능을 사용해 처음부터 새 이미지를 만들 수 있다. 이 서비스는 이미지 생성 모델인 Stable Fusion 1.5, Stable Fusion 2.1을 기본으로 제공한다. 유료 가입자에게는 오픈AI의 이미지 생성 모델인 Dali 2도 제공한다. 유료 요금제는 더 높은 해상도, 빠른 생성, 영구 비공개 모드를 제공한다. 사용자는 자신의 이미지를 업로드하고 프롬프트를 설정하고 고유한 이미지를 생성할 수도 있다.

예를 들어, [beutifull girl, pretty face, portrait, pink explosion, hyper detailed face, hyperrealistic, hyper detailed background]라는 프롬프트를 입력하면, 근사한 애니메이션 캐릭터가 생성된다. 이 밖에도 자신의 사진을 업로드하고 [Add glasses to the face]라는 프롬프트를 입력하면, 쉽게 안경을 낀 자신의 이미지를 만들 수 있다.

음악을 생성해주는 AI들도 나오고 있다. 사운드로우Soundraw는 저작권 이슈 없이 AI로 음악을 생성할 수 있다. 사용자는 음악의 분위기, 장르 및 길이를 선택해주면 끝. 템포, 테마, 악기 등을 선택하는 방법으로 개성을 줄 수 있고, 인트로를 짧게 만들거나, 후렴구 위치를 변경하는 방식으로 개인화 할 수 있다.

사운드로우는 유튜브 크리에이터들에게 특히 유용하다. 저작권 걱정 없이 동영상에 음악을 붙일 수 있기 때문이다. 사운드로우에는 무료 등급과 개인 요금제 등이 있다. 개인 요금제는 사용자가 하루에 최대 50곡을 다운로드 해 개인 및 상업적 목적으로 사용할 수 있다. 유튜브 및 소셜 미디어 비디오, 웹 광고, TV 및 라디오 광고, 팟캐스트, 게임 및 앱을 포함해 다양한 콘텐츠에서 음악을 사용할 수 있다. 사용자가 요금제 구독을 취소하더라도 음악을 사용하고 다운로드 할 수 있는 기능은 유지된다. 다만, 아직까지 MIDI, MP3 또는 스템 파일 다운로드를 제공하지 않으므로 프로듀서 수준의 트랙 편집 작업에는 제한이 있다.

생성형 AI는 텍스트에서 그림, 음악으로의 변환에서 그치지 않고 영상으로 확대될 전망이다. 비디오 중심 플랫폼이 인기를 얻으면서 직관적이고 높은 성능의 비디오 편집 도구에 대한 수요가 증가하고 있다. 이미지 생성 AI 개발 속도가 기하급수적으로 상승했다는 점을 감안하면, 얼마 지나지 않아 AI가 스스로 영화를 만들 것으로 전망된다. 오픈AI도 비디오 생성 AI 출시 계획을 갖고 있는 것으로 알려졌다.

텍스트를 비디오 형태로 생성해주는 딥러닝 모델을 발표한 런웨이Runway라는 회사도 있다. 이 회사는 텍스트 프롬프트를 사용해 기존 비디오를 새로운 스타일로 변환하는 모델 Gen-1을 출시했다. 사용자들은 쉽게 소스 이미지와 스타일 이미지를 업로드하고, 처리된 결과도 미리 볼 수 있다. 런웨이 측은 텍스트에서 비디오로 바꾸는 기술이 딥페이크 영상 등으로 쉽게 오남용 될 수 있는 가능성을 경계했는데, 그만큼 성능이 뛰어나다는 방증이기도 하다.

또한 인비디오AIInVideo AI는 복잡한 동영상 편집 기술 없이도 생성형 AI를 사용해 영상을 매력적으로 만들어준다. 비디오에 대한 아이디어를 선택한 뒤 키워드를 선정하면 된다. 다음 단계는 스크립트를 만드는 것인데, 이때 챗GPT를 이용하면 쉽게 생성할 수 있다. 스크립트가 준비되면 인비디오가 작동해 다양한 템플릿, 전환, 텍스트를 제공한다. 애니메이션이나 음악을 사용해 비디오를 만들 수 있으며, 인비디오 대시보드의 비디오 워크플로를 통해 비디오 테마와 채널의 가로세로 비율에 맞는 템플릿을 선택할 수 있다.

생성형 AI, 어디까지 갈까?

생성형 AI에서 현재 가장 큰 화두는 '언어모델'이다. GPT 같은 언어모델이 주목받는 이유는 단연 성능이다. 언어모델을 다른 태스크업무에 전이학습을 하면, 어떤 태스크든 이전과 비교했을 때 성능이 비약적으로 상승했다. 트랜스포머는 언어모델로서, 이전 단어들이 주어졌을 때 다음 단어가 나타날 확률을 부여하는 모델이다. 챗GPT의 핵심 구조도 트랜스포머다. 트랜스포머는 번역, 텍스트 요약, 질문 응답 등 다양한 자연어 처리 작업 등 다양한 영역에서 활용되기에 '파운데이션 모델'이라고까지 불린다.

미국 스탠퍼드대학교의 인간중심인공지능연구소Human-Centered Artificial Intelligence·HAI에서는 다양한 목적에 사용하기 위해 개발하고 학습된 초거대 모델이라고 부르면서, 이 기술이 만들어나갈 AI 생태계를 강조하기도 했다. 간단한 사칙연산은 100% 정확도를 나타낸다.

트랜스포머는 '문장 전체' 안에서의 단어 간의 '관계를 파악'하는 방식이다. 즉, 트랜스포머 모델은 문장 속 단어와 같은 순차 데이터 내의 관계를 추적해 맥락과 의미를 학습하는 신경망을 의미한다. 트랜스포머의 경쟁력은 셀프 어텐션에서 나온다. 셀프 어텐션이란, 어떤 단어가 해당 문장이나 문맥 안의 다른 단어들 중 어떤 것과 가장 연관성이 높은지를 판단하는 기술인데 이 때문에 트랜스포머는 서로 떨어져 있는 데이터 사이의 관계를 파악하는 데 강점을 나타낸다.

셀프 어텐션은 진화를 거듭하는 수학적 기법을 응용해 서로 떨어져 있는 데이터 요소들의 의미가 관계에 따라 미묘하게 달라지는 부분을 감지한다. 셀프 어텐션의 원리는 중요한 요소에 집중하고 그렇지 않은 요소는 무시함으로써 태스크의 성능을 끌어올리는 것이다. 시퀀스 내 각 요소들elements 가운데 중요한 요소에만 집중하고 그렇지 않은 요소는 무시해서 딥러닝 성능을 끌어올리는 것인데, 어울리는 짝끼리 높은 연관성을 갖도록 학습하는 식이다. 또 멀티헤드 구조로서 병렬처리가 가능해 다른 모델보다 빠른 속도로 처리가 가능하다.

AI 최고 권위자인 제프리 힌튼Jeoffrey Hinton 교수는 GPT-4의 출현을 보고 "애벌레는 영양분을 추출해 나비로 변태한다. 사람들은 수십억 개의 정보를 추출했으며, GPT-4는 인류의 나비다"라고 말했다.

GPT-4의 한국어 수준은 GPT-3.5 영어 수준보다도 월등하다는 평가가 나오는

데, 거의 모든 국내 AI 모델보다도 챗GPT가 한국어를 훨씬 더 잘 이해한다는 뜻이다. 특정 언어에만 집중한 딥러닝 모델 대비 로컬 경쟁력이 약할 것이라는 전망은 맞지 않았다.

챗GPT의 출현은 세상에 엄청난 '딥 임팩트Deep Impact'를 주었는데, 최신 버전인 GPT-4는 멀티모달로서 성능이 더 우월하다. 텍스트 데이터만 입력으로 받는 게 아니라, 이미지 데이터까지 챗봇으로 명령받아 응답을 실행한다. 변호사, 의사 시험까지 높은 점수로 통과하기도 했다.

AI의 큰 숙제인 자기 자신을 다시 참조해서 스스로 개선하는, '재귀적 자기개선'도 향후 가능할 것으로 전망된다. 테슬라 FSD의 전 총괄이자 현재 오픈AI에 재직 중인 안드레 카파씨는 인간이 자기반성self-reflection을 하듯이 AI도 실행과 실수 이후 '스스로' 향상을 한다는 개념을 언급했다.

GPT-4는 GPT-3.5와 달리 일종의 자가학습이 가능하다는 논문이 발표되기도 했다. 자기반성 기법을 통하면 GPT-4가 코딩 테스트 수행능력에서 큰 성과를 낸다는 실험 결과가 나왔다. GPT-4를 이용한 업무 결과물의 수준을 사람과 GPT-4가 각각 평가하도록 진행했는데, 사람과 GPT-4의 평가점수가 유사하다는 결론도 도출됐다. 기계가 만들어 낸 결과 값을 알아서 다시 보고 고칠 가능성이 높아진 것인데, GPT-5가 이런 기능을 크게 활용할 것이라 예측할 수 있다.

일하는 방식 바뀔까?

챗GPT와 같은 생성형 AI 서비스의 정확도, 편향성, 비용 및 환경 문제 등은 반복적인 시행착오, 추가적인 학습, 전문적인 검증, 기술적인 보완 등을 통해 개선될 것으로 기대된다. GPT-4는 한국어 정확도가 크게 개선되었고, 플러그인 출시를 통해 챗GPT가 학습한 데이터에 포함되지 않은 최신적, 개인적, 구체적 정보 접근도 가능해지는 등 전 버전의 한계를 개선해 나가고 있다.

플러그인을 통해 웹에서 스포츠 점수, 주가, 최신 뉴스 등 실시간 정보를 검색할 수 있으며, 오픈AI와 제휴한 기업2023년 3월 기준 11개 기업의 애플리케이션에 연결해 정보를 탐색하는 것은 물론 사용자를 대신해 항공편 예약이나 음식 주문 등의 작업 수행이 가능하다.

이에 따라 일하는 방식의 변화도 예상된다. 마이크로소프트는 워드, 엑셀, 파워포인트 등 자사 솔루션에 생성형 AI 기술을 적용한 'MS 365 코파일럿Copilot'을 2023년 3월에 공개했다. 생성형 AI 서비스는 텍스트뿐만 아니라 이미지, 영상까지도 생성해주며 단순 자동화를 넘어 인간의 창의적 영역까지도 넘보고 있다.

한국고용정보원은 AI 및 로봇기술이 발전함에 따라 자동화에 의한 직무 대체 확률이 높은 직업과 낮은 직업을 조사 발표했다. AI로 대체될 확률이 낮은 직업들은 화가, 사진사, 작가, 작곡가, 만화가 등으로 대부분 생성형 AI 등장으로 위기에 몰린 상황이다.

생성 AI 서비스는 산업, 교육, 공공뿐만 아니라 문화예술 분야에도 큰 변화를 가져올 것으로 전망된다. 창작 활동 지원, 예술품 관리 목적으로 AI 솔루션이 개발되고 있으나 아직은 소수에 그치고 있다. 음악 및 미술 데이터의 수집, 가공, 라벨링에 기반한 음원 분석, 자동 작곡, 음원 생성, 미술품 생성 등 AI 솔루션을 통해 창작·예술 활동을 위한 기초 자료, 초기 아이디어, 아이디어 구현의 툴을 제공할 수 있다. 그러나 생성 AI 발전 속도가 빨라지며, 예술가들의 영역을 대체할 날이 머지않았다는 전망도 이제 먼 얘기는 아닌 듯하다.

온라인 식료품 배달업체 인스타카트Instacart는 모바일 쇼핑에 챗GPT를 사용한다고 발표했다. 전자상거래 플랫폼 쇼피파이Shopify도 챗GPT의 API를 자사 쇼핑 앱 '샵Shop'에 적용하기 시작했다. 한글과컴퓨터는 한컴 독스에 챗GPT를 장착한 '한컴 독스AI'를 출시할 예정이다.

생성 AI는 사용자의 요구에 맞춰 요약, 답변, 그림, 동영상, SW 코드를 순식간에 만들어준다. 이러한 생성 AI가 확산되면 사람들의 일하는 방식은 근본적인 변화를 맞이할 수 있다. 결과적으로 향후 기업의 경쟁력은 생성 AI 도입에 따른 일하는 방식의 변화를 어떻게 활용하는가에 따라 크게 좌우될 수 있다.

특히 연구개발R&D, 생산, 마케팅 영역에서 활용 여지가 클 것으로 기대된다. R&D는 지루한 시행착오의 반복이다. 우선 제품 설계를 한다. 시제품을 소량 제작한다. 문제가 생기면 설계를 변경한다. 이 작업을 오랜 기간 반복 수정한다.

하지만 생성형 AI 관련 기술인 제너레이티브 디자인 방식을 도입하면 이 지루함이 사라진다. 제품 설계에 앞서 중량, 비용, 소재 등 조건을 입력하면 생성형 AI가 짧은 시간 내 수많은 디자인을 생성한다. 설계자들은 다양한 가능성을 두루 살펴보고 세부 검토 후 원하는 결과에 근접한 시안을 선택한다. 설계자들의 역할은 디자이너에서 검토자로 바뀌는 것이다.

생성형 AI는 재화 거래 및 마케팅에서 AI 봇 커머스 시대를 열지도 모른다. 온라인 오픈마켓 사업자들의 주 업무는 제품 홍보 글 작성, 블로그 포스팅, 마케팅 이메일 발송 등이다. 남다른 홍보 글을 작성하고, 수많은 소셜미디어 채널을 다루고, 타깃 고객 각각의 니즈에 맞게 변형 배포하려면 다양한 아이디어와 상당한 시간, 인력, 비용이 필요하다.

생성 AI는 이러한 고민을 쉽게 해결해준다. 일례로 미국의 한 카피라이터 회사는 생성형 AI 서비스인 자스퍼를 활용해 과거 2시간가량이 소요되었던 1,000자의 광고 문구 작성 시간을 3분의 1에 불과한 40분으로 단축했다.

또 미국의 한 중소 소매 기업에서는 새 웹사이트에 들어갈 카피를 만드는데, 2주 동안 별 진척이 없어 고민이 많았지만, 자스퍼의 도움을 받아 2일 만에 작성을 완료했다. 타깃 고객들의 과거 상세 구매 이력 데이터를 기반으로 메일 본문에 포함될 마케팅 내용과 어조 등을 설정해주면, 생성형 AI는 개별 고객의 과거

행동과 선호도를 분석해 개인화된 추천과 이메일 시안 등을 작성해 준다. 마케터는 생성형 AI가 작성한 메일 내용을 검토·수정해 발송하기만 하면 된다. 미국의 이메일 생성형 AI 스타트업 셀스케일Sellscale은 자사 AI를 DM 마케팅에 이용한 기업들의 고객 유료 전환율이 기존보다 70% 정도 더 높아졌다고 발표했다.

이외에도 생성형 AI는 기획이나 일반 업무 분야에서도 다양하게 활용될 수 있다. 생성형 AI는 사내 행사, 프로젝트 진행을 위한 체크리스트, 간단한 예산 설정, 보고서 아웃라인 등 여러 기초 기획 업무에 활용될 수 있다.[2] 또한 브레인스토밍에도 활용이 가능하다. 1인 작업이나 팀원 수가 적을 때 아이디어를 짜내기는 쉽지 않다. 이때 생성형 AI를 활용하면 빠르게 많은 기초 아이디어를 얻을 수 있다. 예를 들어 챗GPT에 "20대 이하 젊은 세대를 위한 태블릿PC을 개발하려 해. 기존 제품과 어떤 점에서 차별화할 수 있을까?"라는 질문을 던져 보았다. 챗GPT는 30초 만에 "사용이 쉽고 직관적인 디자인, 더 큰 화면, 긴 배터리 수명과 짧은 충전 시간, 보안 기능, 강화된 내구성, 친환경 제품"이라는 아이디어와 관련 설명을 제시한다.

자료 조사, 정보 탐색 및 자료 요약에도 생성형 AI를 적용할 수 있다. 예를 들어 빙챗Bing Chat은 문장 구현에 최신 자료 검색 기능까지 결합했다. 최신 트렌드나 이슈의 정보 탐색과 기초 조사의 출발점으로 활용될 수 있는 것이다. 예를 들

---

2   생성AI 시대, 일하는 방식이 변한다, 최광일, LG경영연구원, 2023.05.30

어 빙챗에 "최근 세계 주요 사건을 5개 정도 뽑아서 설명해줘"라고 질문을 던졌다. 그 결과 러시아의 우크라이나 침공, 멕시코 지진 등 날짜별로 그 의미를 함께 알려준다. 이처럼 생성 AI는 잘 활용한다면 업무 수행상 개인 부조종사로서 시간과 노력을 크게 절감시켜줄 잠재력이 무궁무진하다.

이차전지 시장을 선점하기 위한 글로벌 기업들의 총성 없는 전쟁

모든 사물에 배터리가 동력원으로 활용돼 미래 에너지 산업의 핵심이 되는 세상을 의미하는 말을 가리켜 '사물배터리Battery of Things·BoT'라 부른다. 모든 사물이 인터넷으로 연결되는 사물인터넷Internet of Things·IoT이 빠르게 보급되고 있는 가운데 그 이면에 있는 BoT가 새롭게 주목받고 있어 이 같은 신조어가 생겨난 것이다. 미래에는 이차전지가 BoT의 근간 기술이 될 것으로 전망된다. 2024년 사물배터리 초격차 기술, 어디까지 왔고 어디로 갈 것인가.

디지털 시대의 핵심기술, 이차전지

전기자동차로 주목받고 있는 이차전지는 디지털 시대의 핵심기술이자 성공적인 디지털 시대를 여는 열쇠라 불러야 할 것이다. 전 세계적인 친환경 산업 육성에 따른 탄소 중립 실현을 위한 핵심 품목으로 부상하면서 기업에 대한 사회적 책임이 강조되고 있는 현 상황 속에서 이차전지 산업에 대한 관심과 기대도 커지고 있다. 과거 이차전지는 휴대폰, 노트북 등 소형 IT 제품용으로 주로 활용되어 왔다. 최근에는 전기자전거나 전동킥보드 등 이모빌리티E-mobility 등으로 적용이 확대되고 있다. 특히 글로벌 전기차 수요 증가에 힘입어 산업의 높은 성장세가 전망된다.

충전을 통해 여러 번 재사용이 가능한 배터리를 이차전지라고 부른다. 다만, 최근 '이차전지 주가 폭등'이라는 기사에서 볼 수 있는 이차전지는 후방산업으로 이차전지 제조와 관련된 소재나 부품, 장비 등을 말한다. 현재 가장 널리 사용되는 이차전지는 '리튬 이온 배터리'다. 이차전지 산업은 현재 시장 확장 단계이고, 원가 비중이 높은 4대 소재인 양극재, 음극재, 분리막, 전해액 등이 전지의 주요 성능인 주행거리와 기대수명, 안전성 등을 결정하는 핵심 요소다.

친환경차 보급 정책 등에 따라 글로벌 완성차 업체는 대규모 투자를 통해 전기차 판매 확대를 추진하고 있다. 자동차산업 정보 분석 기업 마크라인스Marklines에 따르면 2022년 글로벌 순수전기차Battery Electric Vehicle·BEV 판매량은 777만 대로 전년 대비 약 70% 성장했다.

전기차 판매량 증가와 함께 이차전지 시장 확대도 기대된다. 시장조사업체

SNE리서치의 '글로벌 전기 자동차 시장 및 배터리 수급전망'에 따르면 이차전지 시장 규모는 2021년 550억 달러에서 2030년 3,547억 달러로 10년간 급성장이 기대된다. 용량 기준으로 보면 437기가^{GWh}와트시에서 4270GWh으로 성장하는 셈이다. 특히 전기차용 중·대형 이차전지를 중심으로 고성장이 기대된다. 전기차용 이차전지 성장에 따라 4대 소재 시장 규모도 2021년 281억 달러에서 2030년 1,255억 달러로 연평균 18% 이상 성장이 전망된다.

이차전지 소재 업체 뿐 아니라 이차전지 제조사들도 에너지밀도, 안전성 등 전지의 핵심 성능을 결정하는 소재 분야의 기술력 확보에 역량을 쏟고 있다. SNE리서치의 '2022년 글로벌 전기차용 배터리 사용량' 조사에 따르면 한국의 LG에너지솔루션, 삼성SDI, SK온과 중국의 CATL^{닝더스다이}, BYD^{비야디}, 일본의 파나소닉 등 6개 기업이 2022년 전기차용 이차전지 시장의 80% 이상을 점유하고 있다.

CATL, BYD의 중국 이차전지 시장 과점과 해외 진출 전략에 더해 CALB, Guoxuan 등 중국의 세컨드 티어 업체들의 고성장에 따라 국내 3사의 전기차용 이차전지 시장 점유율은 2020년 35%에서 2021년 20%, 2022년엔 24%로 감소 추세다. 중국 시장을 제외하면 국내 3사가 공격적인 증설 등으로 50% 이상 점유하고 있지만 CATL의 해외 진출 확대로 중국의 점유율은 커지고 있다. CATL은 2022년 말부터 독일 공장^{8GWh} 규모 가동을 시작했고 2022년 8월 유럽 최대 규모^{100GWh} 헝가리 공장 신축 계획을 발표했다.

이차전지 4대 소재 개발 현황

일차전지는 충전할 수 없는 건전지, 이차전지는 충전이 가능한 건전지로 비유할 수 있다. 이차전지라는 개념은 직관적이지 않은데, 스마트폰을 충전하는 휴대용 배터리를 생각하면 이해가 쉽다. 배터리에 전기를 꽂으면 충전이 되고, 놔두거나 사용하면 방전이 된다. 충전을 하면 배터리 속 리튬이온이 양극$^+$에서 나와 음극$^-$으로 간다. 이를 산화라고 한다. 충전이 끝나면 리튬 이온은 반대로 음극에서 양극으로 흐른다. 이를 환원이라고 한다.

이차전지 중에서도 가장 많이 쓰이는 것이 리튬이온 배터리다. 리튬이온 배터리는 4대 소재, 즉 ①음극재, ②양극재, ③전해질, ④분리막 등으로 구성된다. 원가에서 차지하는 비중은 양극재 50%, 분리막 20%, 음극재 15%, 전해액 15% 정도로 알려져 있다.

이 네 가지 소재에 대해 다시 한번 설명하자면 아래와 같다.

① 양극재는 리튬과 코발트 등으로 구성되며, 배터리의 용량과 출력파워을 정한다. 양극재는 알루미늄에 접착력을 높이기 위해 만들어진 합제를 바른 형식으로 이루어지는데, 양극활물질리튬금속산화물, 도전재, 바인더, 양극 기재알루미늄박 등으로 구성되며 전지 용량, 에너지밀도, 출력 등 주요 성능을 결정한다.

양극재 중 양극활물질은 구성 물질에 따라 니켈계NCG: 니켈·코발트·망간, NCA: 니켈·코발트·알루미늄 등으로 구분한다. 이러한 니켈계, 인산철계 방식은 장단점이 뚜렷해 양립 구도가 당분간 지속될 것으로 예상된다. 두 방식 모두 에너지밀도 증대를 위해서 니켈계는 니켈 비중을 높이는 방식, 인산철계는 공간 활용도를 높이는 방식으로 개발된다.

니켈계는 주행거리를 늘리기 위해 니켈 함량을 높인 High-니켈계 양극재 등의 개발이 활발하다. High-니켈계는 양극재 내 니켈 비중이 80% 이상인 것을 의미하며, 국내 업체 중심으로 니켈 90% 이상 양극재 상용화가 진행 중이다. 니켈 함량을 높이면 에너지밀도가 증가해 주행거리가 상향되고 고가의 코발트 함량을 줄일 수 있어 가격경쟁력을 높일 수 있다. 다만, 코발트·망간 함량 감소가 전지의 안전성에 부정적 영향을 미칠 수 있어 안전성 강화를 위한 기술개발 병행이 필요하다.

② 음극재는 리튬이온을 저장하는 역할을 한다. 다만, 알루미늄 대신 흑연을 이용한다는 차이가 있다. 충전을 통해 리튬이온이 양극에서 음극으로 이동한 뒤 흑연 층 사이로 들어가 저장되는 식이다. 리튬이온이 들어가면 흑연은 팽창해 부피가 늘게 된다. 반복될 시 배터리 수명이 감소하는데, 부피 팽창이 덜한 소재를 사용하면 배터리 용량을 늘릴 수 있다.

음극재는 리튬이온의 저장원흡수·방출으로 음극활물질, 도전재, 바인더, 음극기재동박 등으로 구성되며 전지 용량이나 충전 특성 등을 결정한다. 이 중 핵심인 음극 활물질은 흑연을 주로 사용하지만 충·방전 속도 개선을 위해 실리콘계 음극재 등의 개발이 활발하다. 현재 사용되고 있는 음극재는 가격 경쟁력을 앞세운 중국이 경쟁 우위에 있다. 국내 업체들은 경쟁력 제고를 위해 실리콘계 음극재 분야 기술개발에 열을 올리고 있다. 국내 중소기업 대주전자재료는 국내 최초로 실리콘계 음극재를 양산해 포르쉐 타이칸 모델 등에 적용했다.

네덜란드 전기차 조사기관 Electric Vehicle Data Base에 따르면 급속충전 시 포르쉐 타이칸의 충전 속도는 약 790km/h로, 테슬라 모델3$^{570km/h}$ 대비 약 3% 빠른 충전이 가능한 것으로 조사됐다. 실리콘계 음극재는 기존 흑연 대비 다량의 리튬이온을 저장할 수 있어 용량 증가 및 급속충전에 유리하지만, 충·방전 시 부피팽창$^{최대\ 300\%\ 수준}$이나 입자균열 등으로 안전성을 떨어뜨려 많은 양을 첨가하기는 어렵다.

현재 일부 하이엔드급 전기차에 실리콘계 음극재가 기존 음극 소재^{흑연}에 소량 첨가되어 적용되고 있다. 실리콘계 음극재는 실리콘 산화물^{Si8X}이나 실리콘-탄소 복합재료 등으로 만드는데, 충·방전 효율을 높이고 구조적 안전성^{부피팽창} $^{완충,\ 균열방지\ 등}$ 확보를 위해 도핑$^{마그네슘\ 등}$이나 탄소나노튜브, 그래핀 적용 기술 등을 개발 중이다.

③ 전해질은 리튬이온을 실어 나르는 역할을 한다.

현재 대부분의 배터리에 쓰이는 전해질은 전해질염을 녹인 액체 상태로, 일반적으로 '전해액'이라고 부른다. 전해액은 리튬염lithium salt, 유기용매organic solvent, 첨가제additive를 적절히 배합해 만들어진 이온성 화합물인데, 양극과 음극 사이 리튬이온의 이동을 가능하게 하는 직접적인 이동 통로 역할을 하며 양극와 음극 의 표면을 안정화시키고 전지의 안전성, 수명 등을 개선한다.

④ 분리막은 양극재와 음극재를 구분·분리해주는 역할을 맡는다.

분리막은 양극과 음극 간의 물리적 접촉을 방지하고, 내부의 미세한 기공을 통해 리튬이온의 이동 통로 역할을 하는 다공성 박막으로 생산방식에 따라 건식 분리막물리적 공정과 습식분리막화학적 공정으로 구분한다. 분리막의 종류에는 건 식, 습식 그리고 세라믹 코팅 분리막이 있으며, 중·대형전지에는 주로 건식 분 리막을, 소형전지에는 습식분리막을 사용한다. 분리막은 '양극·음극재 간 물리 적 접촉 차단' '폭발 및 화재 방지' '리튬이온의 이동 통로' 등의 역할을 하기 때 문에 고강도, 고내열성, 고투과 등의 성능을 요구한다.

전기차 배터리 화재 발생 등으로 안전성 이슈가 부각되며, 습식 분리막이나 세라믹 코팅 분리막의 적용 확대 등을 위해 생산비용을 절감하는 공정 개발이 진행되고 있다. 습식 분리막은 건식 분리막보다 두께가 얇아, 단위부피당 더 많 은 용량 적재가 가능하다. 세라믹 코팅 분리막은 습식 분리막에 세라믹 분말을 코팅한 것으로, 열수축률을 줄여 안전성이 강화대서 고가의 전기차 모델 등에 적용된다.

이차전지 4대 소재 업체는 완성품 제조사와 같이 한중일 3국에 집중되어 있다. 과거에는 일본 기업들이 높은 기술력을 바탕으로 이차전지 소재 시장을 과점했지만, 최근 한·중 기업들이 급속히 성장하고 있다. 특히 중국 업체들은 내수를 기반으로 글로벌 소재 시장의 50% 이상 점유했다. SNE 리서치에 따르면 2021년 기준 양극재 57%, 음극재 67%, 분리막 53%, 전해액 71% 등이다. 한국의 경우 양극재·분리막은 대규모 투자가 가능한 이차전지 제조사와 중견기업이 생산하고 음극재는 철강기업이, 전해액은 화학기업이 주로 생산한다.

게임 체인저 '전고체全固體 배터리'

"전고체 배터리는 배터리 개발 분야의 '성배', 내연기관에는 '죽음의 키스'다."

전고체 배터리에 대한 한 외신의 평가다. 전고체 배터리는 현재 전기차에 주로 탑재되는 이차전지의 여러 단점들을 극복한 제품이다. 이 배터리가 본격적으로 상용화되면 자동차 시장에서 내연기관은 완전히 퇴장하고 진정한 전기차 시대가 열린다는 의미다.

이차전지 시장의 판도를 바꿀 것이라는 '전고체 배터리'는 전해액을 비롯해 양극, 음극 등이 모두 고체로 되어 있는 전지를 말한다. 전고체 배터리는 글자 그대로 배터리의 모든 소재가 고체다. 기존 이차전지의 전해질이 액체인 것과 달리 전고체 배터리의 전해질은 고체다. 때문에 전고체 배터리는 앞서 언급한 분리막이 필요 없다.

전고체 배터리와 기존 리튬 이차전지 모두 리튬이온 이동에 의한 충전 및 방전으로 전력을 만든다. 현재 사용되는 액체 전해질은 폭발 및 화재 위험 등이 내재되어 있다. 반면 전고체 배터리는 고체 전해질을 사용해 외부 충격에 따른 누액 및 발열에 따른 증발 이슈가 없어 폭발 위험으로부터 안전하다.

이렇듯 전고체 전지의 장점은 안정성이다. 리튬이온 배터리는 온도 변화로 인해 부피가 팽창하거나 외부 충격으로 인한 누액 등으로 손상될 경우 화재로 이어질 가능성이 있다. 특히 액체 전해질의 온도가 일정 수준 이상으로 높아지면 열 폭주가 일어날 수도 있다. 이러한 이유로 관리를 위한 열관리 시스템이 필수적이다.

전고체 배터리는 고체로만 구성되어 있기 때문에 외부 충격을 막기 위한 장치나 열관리 시스템을 대폭 줄일 수 있다. 같은 공간에 더 많은 배터리셀을 탑재할 수 있고, 배터리셀을 많이 넣어 전기차 주행거리를 늘릴 수 있다. 완성차 업체 입장에서는 전기차 구조를 단순화할 수 있어 원가를 절감하고, 배터리 무게를 줄여 경량화를 추구하기가 더 쉽다.

전고체 배터리가 지금까지 볼 수 없었던 새로운 제품인 것은 아니다. 인공 심장박동기와 같은 의료기기 등에 사용된 사례가 있다. 문제는 이를 전기차에 쓸

수 있는 수준으로 개발할 수 있느냐는 것이다.[3]

전고체 배터리의 전해질은 크게 고분자^{폴리머}, 산화물계, 황화물계로 구분돼 연구가 진행 중이다. 업계에서는 황화물계에 주목하고 있다. 물질이 이온을 운반할 수 있는 전도도가 높고, 양극과 음극과의 접촉면을 넓게 만들 수 있어서다. 하지만 공정상 유독가스인 황화수소가 발생하고, 생산 시간이 오래 걸린다는 단점이 있다. 전고체 배터리의 음극에서 발생하는 덴드라이트^{Dendrite·음극 표면에 리튬 결정이 생성돼 효율이 떨어지고 결국 양극과 만나게 되는 것} 현상도 극복해야 한다.

도요타는 2027년까지 전고체 배터리를 탑재한 전기차를 출시하겠다고 밝혔다. 충전 시간은 10분 이하면서 1,200㎞를 달릴 수 있다고 소개했다. 현행 전기차에 비해 충전 시간은 절반으로 단축되면서 1회 충전 시 주행거리는 2배 이상으로 늘린다는 목표다. 나카지마 히로키 도요타 최고기술책임자^{CTO}는 2023년 6월 13일 일본 현지 기술 설명회에서 "(전고체 배터리에) 좋은 재료가 발견됐다"고 말하며 기대감을 높였다.

니혼게이자이신문^{닛케이}은 지난해 일본 특허권 조사업체 '패턴트 리절트'에 의뢰해 2000년부터 2022년 3월까지 미국 등 세계 10개국과 세계지식재산권기구^{WIPO} 등에 출원된 전고체 배터리 관련 특허를 조사했다. 그 결과 1위인 도요타 1331건를 비롯해 파나소닉^{445건}, 이데미쓰^{272건} 등 일본 업체가 1~3위에 포진되어 있는 것으로 나타났다.

---

3 〈전기차 '게임체인저' 전고체 배터리… 앞서가는 日, 추격하는 韓〉, 이건혁 기자, 동아일보, 2023. 06. 26.

다만, 전고체 배터리는 기술적 난제, 생산 단가 문제 등으로 상용화까지 상당 기간이 소요될 것으로 예상된다. 설령 전고체 배터리 관련 신기술을 확보했더라도 2027년 의미 있는 수준의 양산에 도달하기는 어렵다는 게 업계 중론이다. 영국의 다이슨Dyson이 대표적인 사례다. 이 회사는 미국의 전고체 배터리 스타트업인 Sakti3를 인수하는 등 전고체 배터리 사업에 적극 참여했지만 2018년에 사업화를 포기하고야 말았다.

시장조사업체 SNE리서치는 2035년 전고체 배터리의 점유율이 10~13% 수준이 될 것으로 보고 있다. 주류는 여전히 리튬 이온 배터리가 될 것이며, 전고체 배터리는 일부 프리미엄 자동차나 도심 항공 모빌리티UAM 정도에 사용될 것이란 분석에 힘이 실리고 있다.

이차전지, 정부 지원 힘입어 대중화 단계로 향해

전 세계적인 친환경화, 전동화 추세 속에 미래 지속 성장이 가능한 핵심 산업으로서 이차전지 업체들은 초격차 기술 확보에 집중하고 있다. 특히 제품경쟁력 확보를 위해 완성차 업체와 합작사를 설립해 오픈이노베이션, 주요 소재 기업 투자 등 다양한 전략을 추구하고 있다.

완성차 업계의 요구사항차종별 성능 및 플랫폼과의 정합성 등에 대응하기 위해 이차전지 제조사는 제품 개발 초기부터 지속적인 협력관계를 구축하는 방식을 취한다. 이 분야 선두주자가 되기 위해 글로벌 이차전지 완성품이나 소재 업체들은 전지 성능이나 원가 비중이 높은 이차전지 4대 소재 분야의 기술경쟁력 향상에 사활을 걸고 있다.

초격차 기술 확보를 위해 이차전지 제조사와 소·부·장 기업 간 기술협력 확대, 공동연구 지원이 필요한 상황이다. 이차전지 기술은 주로 화학소재 분야로, 기술 고도화에 따라 정밀 제조공법 등이 요구되기 때문에 소·부·장 기업 간 긴밀한 협력이 필수다. 하지만 이것만으로는 한계가 있다. 국내 이차전지 소·부·장 기업들은 대부분 중소·중견기업으로 자체적인 연구개발R&D 투자 여력이 크지 않아 정부 차원의 지속적인 지원도 필수적이다.

아울러 폐배터리 재활용 산업 육성을 위해 정부의 지원 정책 확대 또한 기대된다. 전기차 보급 확대, 이차전지 소재 가격 급등, 미국의 인플레이션 감축법Inflation Reduction Act 등의 공급망 이슈에 대응하기 위해 폐배터리 재활용 관련 기술개발이 활발하다. 이 중 폐배터리 재활용 방법으로는 Re-Use와 Re-Cycling이 있는데, 전기차용 폐전지는 수거가 용이하고 재활용 가치가 높아 에너지저장장치ESS로 Re-Use하는 방향으로 개발 중이다.

대세는 전기차 배터리 '구독경제'

전기차의 빠른 도입을 어렵게 하는 가장 큰 걸림돌 중 하나는 비싼 가격이다. 시중에서 판매하는 전기차 가격은 보조금을 고려해도 대체로 5,000만 원을 훌쩍 넘는 수준으로 내연기관 자동차에 비해 비싸다. 전기차 가격이 비싼 가장 큰 이유는 탑재된 배터리 때문이다. 전기차 전체 가격의 절반을 차지할 정도다. 러시아-우크라이나 전쟁 등 전 세계 정서가 불안정해지면서 리튬, 망간, 코발트 등과 같은 배터리의 원재료 가격이 크게 상승하고 있어, 전기차 가격에 큰 영향을 미치고 있다.

고가 배터리로 인한 전기차 진입 장벽을 막기 위해 고안된 서비스가 '배터리 구독'이다. '구독'이란 소비자가 특정 물품이나 서비스를 소유하지 않고 일정 금액을 주기적으로 지급해 물품이나 서비스를 지속적으로 받는 것을 의미한다. 배터리 구독 서비스란 배터리 대여 서비스를 말한다. 이 경우, 사용 중인 배터리의 소유권은 소비자가 아닌 서비스 운영사가 갖게 된다. 사용이 완료된 배터리는 기업이 회수하여 활용한다. 대신 소비자가 부담하는 초기 비용은 배터리의 가격만큼 줄어든다.

예컨대 2022년 기아에서 출시된 4,000만 원 중후반대 가격의 전기차 니로 이브이EV의 경우 정부와 지자체가 지급하는 약 1,000만 원의 보조금을 받고, 배터리 구독 서비스를 통해 약 2,000만 원의 배터리 비용을 구독료 형태로 나누어 지급한다면 초기 구매 비용은 1,000만 원 중후반 선에 형성된다. 현재 배터리 구독 서비스의 구독료는 배터리의 원래 가격에서 회수된 배터리의 가격을 빼고, 나머지를 사용 기간으로 나누어 산출한다. 앞서 니로의 경우 4년간 배터리를 구독했다고 가정할 때 월평균 20만 원 후반대의 가격이 형성되며, 배터리의 잔존가치가 향상될수록 구독료는 낮아지게 된다.

일반적으로 전기차용 배터리는 완전한 용량으로 충전하기 위해서는 급속충전 기준 약 30분에서 1시간이 소요된다. 하지만 기존 배터리 대신 완전히 충전된 배터리로 교체할 경우 3분이면 된다. 실제로 중국 기업 니오NIO에서는 배터리 교환식 전기차 충전소를 설치해 3분 이내로 완전 충전된 배터리를 차량에 장착하는 서비스를 제공하고 있다. 이는 전기차 소비자의 큰 불편 중 하나인 충전 속도 문제를 해결한 사례로 볼 수 있다. 니오는 승용차뿐만 아니라 소형 전기차, 전기 이륜차, 전기 택시 등 다양한 형태의 배터리 기반 모빌리티에 서비스를 제공하고 있다. 소비자에게 배터리 구독 서비스는 상대적으로 저렴하게 배터리를 사용하는 동시에 충전 시간 절감이라는 편의성 등의 다양한 장점이 있어 향후 배터리 구독 서비스 시장은 성장성과 잠재력이 높은 시장으로 전망된다.

우리 정부도 자동차와 배터리의 소유권자를 분리할 수 있는 자동차관리법 개정을 추진하고 있다. 현재 배터리는 자동차의 하위 부품으로 취급되어 있다. 자동차와 배터리의 소유자가 같을 수밖에 없는 것이다. 그러나 개정 이후에는 배터리 소유자가 전기 자동차 소유자와 다를 때 해당 내용을 등록원부에 기록할 수 있게 된다.

이에 따라 배터리 구독 서비스와 같은 배터리 관련 서비스를 완성차 회사가 아닌 배터리 관련 기업에서도 수행할 수 있는 길이 새롭게 열리게 된다. 개정안에 따라 배터리 비용을 차량과 별도로 매기는 동시에 배터리 특화형 서비스 도입이 가능해진 것인데, 배터리 구독서비스가 국내에 적용될 수 있는 환경이 마련된 셈이다.

미 바이든 정부에서 2022년에 발표한 '인플레이션 감축법안' 역시 배터리 구독 서비스의 현실화를 독려하고 있다. 해당 법안에는 보조금을 받을 수 있는 전기차의 가격 상한선을 하향하는 내용과 미국에서 생산한 부품을 일정 비율을 전기차에 사용한 경우에만 보조금을 지급한다는 내용이 포함되어 있다. 이 법안 때문에 자동차 업계에서는 가장 비싼 부품인 배터리를 초기 비용에서 제외시켜 전기차의 가격을 낮추는 배터리 구독 서비스에 관심을 갖기 시작했다.

배터리 구독 서비스가 가격 경쟁력을 갖추기 위해서는 회수된 배터리가 원활하게 활용되어야 한다. 왜냐하면 배터리 가격뿐만이 아니라 회수된 배터리의 가치가 높을수록 서비스 구독료가 절감되기 때문이다.

실제로 배터리 구독 서비스가 활성화되고 있는 중국에서는 재사용 배터리에 대한 다양한 정책을 실시하고 있다. 2018년 중국에서 실시한 '동력 배터리 재활

배터리 구독 서비스 관련 국내외 주요 정책 동향

정책명	주요 내용
[한국] 자동차등록령 개정 추진(안)	· 전기 자동차와 탑재된 배터리의 소유권을 별도로 분리 · 배터리 비용의 별도 과금 및 배터리 특화형 서비스의 도입 가능
[한국] 2032 이차전지 발전 전략	· 배터리와 제반 서비그의 국가 경쟁력 향상을 위한 투자 방향 수립 · 배터리 회수 체계 등의 폐배터리 제도를 제시했으나, 상세 내용 부족
[미국] 인플레이션 감축법안	· 전기 자동차의 보조금 지급 제한 기준가격, 미국산 부품 활용 수립 · 초기 비용을 낮추기 위한 구독 서비스 활성화 기대
[중국] 동력 배터리 재활용 생산 책임제	· 생산자의 전기차 폐배터리 수거 및 재사용재활용 의무화 규정 · 정부 차원에서 폐배터리 재사용 기업의 육성 및 재사용에 대한 국가 표준 제정
[유럽] 배터리 여권	· 배터리 이력 관리를 통해 정부에서 배터리 재사용 확인 및 감시 · 배터리 원료에 대한 재활용 의무화

출처: 〈전기자동차 배터리 구독서비스〉, 한국과학기술정보연구원, 2022. 10.

용 생산 책임제'가 대표적인 사례다. 이 정책에 의하면 생산자는 전기차 폐배터리를 의무적으로 회수하고 재사용하거나 재활용해야 한다. 중국 정부는 폐배터리 재사용 기업을 육성하고, 규격부터 해체까지의 재사용 전체 과정에 대한 국가 표준을 제정함으로써 국가 중점 과제를 토대로 배터리 재사용 산업의 고도화를 추진하고 있다.

유럽도 2022년 배터리 이력을 관리해 정부에서 효과적인 배터리 재사용률을 확인하고 감시하는 '배터리 여권' 정책을 만들었다. 또 재활용 원료의 사용 의무화를 통해 산업용 배터리에 니켈, 리튬 등의 폐배터리 원료를 사용하도록 유도하는 등 폐배터리 사용처를 마련하고 있다. 중국과 유럽 등 전기차 시장이 확대되고 있는 대부분의 국가에서는 폐배터리와 배터리 관련 효율적 재사용에 대한 연구를 민간과 정부가 진행하고 있으며, 배터리의 잔존가치를 향상하기 위한 제도적 지원이 뒷받침되고 있다.

국내의 경우 2021년 발표된 '2030 이차전지 산업 발전 전략'에서 사용 완료한 이차전지의 회수 체계 등의 제도를 제시했지만, 현재 우리나라에서는 재사용 관련 정책이 본격적으로 시행되지는 않고 있다. 이러한 폐배터리 재사용에 대한 규제의 해제와 관련한 정책은 배터리 구독 서비스 활성화를 위한 필수 조건이다.

한국과학기술정보연구원KISTI 분석 결과에 따르면, 배터리 구독 서비스의 세계 시장 규모는 2021년 현재 약 1억 2,000만 달러, 연평균성장률CAGR은 약 25.5%로 전망된다. 현재 시장 규모가 가장 큰 권역은 아시아다. 아시아의 서비스 시장 점유율은 40% 이상으로 추산되며, 미래에도 가장 거대한 시장을 형성할 것으로 전망된다. 아시아가 향후 높은 시장 점유율을 차지하는 이유는 전기 이륜차나 전기 자전거와 같은 1인용 소형 모빌리티 시장이 성장하고 있기 때문이다. 실제로 중국을 비롯해 동남아시아나 남아시아 등 개발도상국을 중심으로 전기차에 비해 가격이 저렴한 전기 이륜차의 수요가 빠르게 증가하고 있다.

아울러 중국을 제외한 개발도상국은 배터리 교체 인프라가 부실하여, 해당 국가의 사용자는 배터리 교체 시설이 필수적인 전기 자동차보다 인프라와 장비 없이 배터리를 교체할 수 있는 1인용 모빌리티를 사용하는 것이 유리하다. 실제로

2021년 기준 배터리 구독 서비스 시장의 대부분은 중국이 점유하고 있다. 중국에서는 승용차와 경차를 중심으로 한 배터리 교환소를 꾸준하게 건설해 배터리 구독 서비스를 제공받는 소비자가 증가하고 있다. 또한 CATL과 같은 배터리 기업과 지리자동차와 같은 자동차 기업도 자동으로 빠르게 배터리를 교체할 수 있는 인프라를 구축하기 위한 투자를 공격적으로 하고 있어 향후 폭발적인 성장이 기대된다.

현재 중국에서는 서비스 시장 범위를 전기 이륜차와 승용차를 포함한 소형 차량으로 두고 있는데, 일부 기업에서는 빠른 충전이라는 장점을 앞세워 버스와 트럭과 같은 대형 운수 차량으로 서비스 제공 범위를 확장하기 위해 노력하고 있다. 유럽연합은 전기 자동차 활성화를 위한 규제 강화로 배터리 구독 서비스 시장의 성장세가 가장 큰 것으로 나타났다. 특히 유럽에서는 승용차나 소형 화물차의 서비스 수요가 더 많을 것으로 전망된다.

실제로 유럽연합에서는 내연 기관 차량의 생산을 2035년부터 중단하는 법적 근거를 마련했고, 이에 따른 배터리 기반 전기 자동차 기술 및 인프라 투자를 적극적으로 시행하고 있다. 또한 니오 등 중국 기업이 노르웨이에 배터리 교환소를 설립하고, 유럽 국가의 정책에 맞추어 배터리 교환 관련 장비와 부품에 대한 현지 생산을 추진하는 등 시장이 확대되고 있다.

북미의 경우 미국이 가장 큰 배터리 구독 서비스 시장을 형성하고 있다. 미국에서는 주로 승용차를 대상으로 전기차용 배터리 교환소를 운영하고 있다. 다만 전기차 시장과 관련하여 미국 내 생산 부품을 탑재한 전기 자동차만 세제 혜택을 받는다는 내용은 중국계 기업의 북미 시장 진출에 부정적인 영향을 미쳐 시장 성장에 다소 영향을 줄 것으로 보인다.

ICT 기술이 좌우하는, 자율주행차의 성공

2023년 6월 7일, 스웨덴 자동차 브랜드 볼보는 이탈리아 밀라노에서 브랜드의 첫 소형 순수 전기차 EX30을 공개했다. 이 차는 그간 자동차 시장에서 흔히 볼 수 없던 판매적 특징이 하나 있었다. 성능에 따라 'EX30플러스'와 'EX30울트라' 두 가지 종류로 나뉘는데, EX30플러스의 경우 소비자에게 LFP리튬·인산철 배터리와 NCM니켈·코발트·망간 배터리 중 하나를 택할 수 있도록 한 것이다. 다시 말해, 배터리 종류를 '자동차 옵션'처럼 만들었다.[4]

외장과 실내 디자인, 모터 개수는 같지만, 배터리 선택에 따라 차 가격과 1회 충전 당 주행거리가 달라진다. LFP 배터리가 탑재된 차는 한 번 충전했을 때 유럽 기준으로 최대 344km를 가고 차 가격은 3만 3,795파운드약 5,571만 원다. 반면 NCM 배터리 옵션은 3만 8,545파운드약 6,354만 원로 차 가격이 14% 비싸지만, 1회 충전으로 최대 480km까지 갈 수 있다.

---

4 〈"이 차 배터리는 무슨 형? 자율 주행은 되나요"〉, 정한국 기자, 조선일보, 2023. 06. 22.

전기차가 늘면서 소비자들이 차를 고르는 기준도 과거와 달라졌다. 내연기관차 위주의 과거 자동차 시장에선 디자인과 가격이 엇비슷한 경우 소비자의 선택을 좌우하는 요소는 엔진이 몇 기통인지, 변속기가 몇 단인지, 얼마나 연비가 좋은지 등이었다. 하지만 자동차는 이제 IT 기기로 인식되고 있다. 배터리가 어떤 종류인지, 음성인식이나 자율주행 수준 등 최신 IT 기술이 얼마나 적용됐는지가 차량 선택을 좌우하게 된 것이다.

그동안 완성차 업체에선 "전기차를 배터리 종류에 따라 나눠 개발 · 출시하는 건 비효율적"이라면서 한 차종에 한 종류 배터리만 쓰는 경우가 대부분이었다. 하지만 최근에는 이를 소비자의 선택 폭을 넓혀주는 요소로 인식하는 사례가 늘고 있다.

테슬라는 전기차 세단 '모델3'의 일반 모델에 LFP 배터리를 주로 탑재하지만, 주행거리가 더 길다는 뜻의 롱레인지Long range라는 이름이 붙은 차량에는 사륜구동 시스템과 함께 NCM 배터리를 사용한다. 미국 포드도 대표 픽업트럭인 F-150 전기차에 NCM 배터리와 LFP 배터리 버전 차를 따로 판매한다는 계획이다. LFP 배터리 버전의 경우 굳이 주행거리가 길 필요가 없는 소비자를 대상으로 좀 더 싸게 팔겠다는 전략이다.

전기차 시대에는 IT 기반 편의 장치가 얼마나 있느냐도 소비자 선택을 좌우한다. 특히 경쟁이 치열한 분야가 운전자의 주행 · 주차를 돕는 첨단 운전자 보조 시스템 ADASAdvanced Driver Assistance System이다. 테슬라는 2018년 선보인 주행

보조 시스템 '오토파일럿'에 이어 자율주행 소프트웨어 '완전자율주행FSD'까지 계속해서 개발해나가는 등 차별화를 시도하고 있다. 현대차그룹은 앞차와 거리를 유지하면서 스스로 달리는 '스마트 크루즈' 기능을 경차 캐스퍼와 레이에도 넣을 정도다. 기아 'EV9 GT'에는 고속도로에서 시속 80km까지 핸들을 잡지 않아도 차가 스스로 주행하는 수준의 자율주행 기술이 들어간다.

더불어 음성인식 기술도 소비자의 관심사다. 메르세데스 벤츠는 2023년 6월 15일 마이크로소프트와 협약을 맺고 미국에서 팔리는 벤츠 차량에 생성형 인공지능 챗GPT를 시범 탑재하기로 했다. 현재는 차내 에어컨 조작이나 내비게이션으로 목적지를 찾고 전화를 거는 간단한 작업만 가능하지만, 챗GPT를 통해 운전과 관련 없는 정보 검색, 식당 예약까지 가능한 '자동차 안의 비서'를 만들겠다는 것이다. 볼보 · BMW 등 수입차 브랜드들은 차량이 한국어 음성을 정확히 인식할 수 있도록 관련 투자를 늘리고 있다.

우리나라에서도 대표적 혁신의 사례로 주목되어 주요 국정과제 중 하나로 자율주행차 상용화가 포함됐다. 자율주행의 요소기술 확보를 위한 기술 개발 및 투자와 함께 입법 정책적 제반이 마련되고 있다. 그런데 지금까지의 국내 자율주행을 위한 법적 기반은 인간인 운전자의 역할이 부분적으로 요구되는 3단계 자율주행이거나, 운전자가 없는 자율주행차의 시범 운행 단계에 머물러 있다.[5]

---

5 〈국내외 자율주행자동차 관련 입법 동향과 쟁점 분석〉, 박준환, 국회입법조사처.

즉, 현재 국내에서 자율주행차는 '자동차관리법'에 따른 임시운행허가와 '자율주행 자동차 법'의 시범 운행 제도를 바탕으로 운행 공간이나 목적이 제한되어 운행되고 있다. 특히 이 법을 근거로 자율주행 기반의 교통서비스를 실증할 수 있는 시범 운행이 가능해졌고, 시범 운행 지구에서는 여객 화물 운송 법령의 적용이 완화되는 등의 실증 특례가 적용되고 있다.

그런데 해외는 이미 4단계 자율주행차의 일반 도로 운행을 허가할 수 있는 제도가 마련된 점을 감안하면, 임시적 운행만 가능한 우리나라에서도 일반 도로 운행 허가 제도는 해결해야 할 과제다.

앞으로 운전자가 없는 4단계 이상 자율주행차의 운행과 자율주행 기능을 이용한 다양한 교통서비스의 실현을 위해서는 기술적 발전과 함께 더욱 적극적인 법 제도 정비 노력이 필요하다. 특히 인간인 운전자의 책임과 역할을 중심으로 발전되어 온 '도로교통법' 등에 대한 인식 전환이 수반돼야 한다. 운전자로서 인간의 역할이 줄어들 수밖에 없는 자율주행 시대에 발맞춰 어떤 제도적 변화를 준비해야 하는지에 대한 적극적 고민이 필요하다.

대한민국, '반도체 신화' 이을 '로봇 신화'를 꿈꾸다

비가 억수같이 쏟아지는 어느 여름 날, 주유소에 승용차 한 대가 들어선다. 주유기 앞에 차가 서자 사람 팔뚝을 닮은 로봇이 등장한다. 여러 개의 관절을 갖춘 팔 한 개가 움직이더니 주유구 뚜껑을 열고 주유기의 노즐을 자동차 주유구에 꽂는다. 연료가 차량에 모두 주입되자 노즐을 빼 주유기에 걸어 놓고 다시 캡과 커버를 닫아준다.

주유 절차나 동작은 서투름 없이 깔끔하고 간결하다. 주유 로봇을 이용하기 위해 운전자가 해야 할 노력은 많지 않다. 사전에 스마트폰 앱을 통해 차량 모델과 원하는 연료 종류, 번호판 등을 입력하면 된다. 연료비는 운전자가 미리 입력한 신용카드 등의 정보에 따라 자동 결제된다. 운전자는 주유소에 차를 세우고 나서 휴식을 취하다 주유기 앞에 달린 화면에 '주유 완료'라는 메시지가 뜨는 것을 확인하고 가면 끝이다.

한마디로 주유를 위해 몸을 쓸 일이 없다는 뜻이다. 덴마크 기업 오토퓨얼Autofuel 이 개발한 주유 로봇 시스템이다. 차량에 타고 내리는 데 시간이 많이 걸리는 장애인이나 치안이 불안해 차에서 내리기 꺼려지는 소비자, 사생활을 중시하는 운전자들에게 제격이다. 다만, 운전자는 우선 '오토퓨얼' 홈페이지에서 자신의 차량 번호와 차종, 연료의 종류 등 정보를 등록해야 하고 전용 캡을 설치해야 한다.

공상과학SF 영화 속 로봇은 더 이상 영화 속 이야기가 아니다. 로봇과 함께하는 생활은 이미 시작됐다. 다양한 산업영역을 비롯해 물류, 의료, 안내, 청소 등 개인 또는 전문 서비스 영역에서 인간의 편의를 돕는 로봇이 속속 등장하고 있다.

특히, 생산 가능 인구가 점차 감소하면서 인력을 보완하는 협동 로봇의 인기는 폭발적이다. 차세대 먹거리를 찾는 기업들이 뛰어들기 충분한 규모다. 보스턴컨설팅그룹은 세계 로봇 시장이 2020년 250억 달러에서 2023년 400억 달러로, 2030년에는 1,600억 달러까지 성장할 것으로 전망했다.

AI 로봇이 비교적 먼 미래라면, 서비스·산업용 로봇은 다가온 현재다. 대표적인 서비스 로봇인 '배달서빙로봇'은 이미 우리 주변 식당에서 쉽게 볼 수 있을 정도로 대중화됐다. 코로나 팬데믹 이후 무인 서비스는 대세로 자리 잡았고, 임금 인상 등에 따른 구인난 여파로 사람과 대면하는 매장이나 사무실에 로봇 도입이 빠르게 이뤄지고 있는 것이다.

앞으로 더 확대될 세계 로봇 시장에서 주도권을 잡기 위해 국내 기업들도 로봇 연구개발에 속도를 내고 있다. 다양한 형태와 용도에 따른 로봇들을 개발하고 적극적으로 타 로봇 기업과 협업에 나서는 등 시장 영토 확보에 열을 올리고 있다. 현재 세계 로봇 시장은 선진 로봇 기술로 앞서나가는 미국과 저가 공세를 펼치는 중국 등으로 크게 나뉘어 있다.

이에 대항해 국내 기업들도 경쟁력 있는 기술을 확보하기 위해 총력을 쏟고 있으며 이재용 삼성전자 회장, 구광모 LG 회장 등 국내 대표 기업의 총수들은 미래 먹거리로 로봇을 낙점하고 투자를 확대하고 있다. 과연 한국 로봇산업은 글로벌 시장에서 반도체 신화에 이은 '로봇 신화'를 쓸 수 있을까.

로봇이란?

로봇은 '인간을 모방하여, 외부환경을 인식하고, 상황을 판단하여, 자율적으로 동작하는 기계 장치'를 뜻한다.[6] 로봇은 기구부, 센서, 제어기Controller, 구동기 Actuator 등으로 구성된다. 그중에서도 기구부는 로봇의 골격과 로봇팔, 손에 해당하는 말단효과장치 'End effector' 또는 'EOATEnd-of-Arm-tooling'로 구성된다. 말단효과장치는 로봇팔의 끝단 장치로 용접과 같은 실질적인 작업을 수행한다. 센서는 로봇의 오감을 담당한다. 카메라, GPS 등도 사용된다. 제어기는 로봇의 두뇌 역할을 담당하며 구동기에 출력 구동 신호를 보낸다. 반도체, 소프트웨어 등

---

6   지능형 로봇 개발 및 보급 촉진법 제 2조 제 1호

이 포함된다. 구동기는 로봇의 근육을 담당해 로봇을 움직이는 장치로 모터, 감속기, 인공 근육 등이 포함된다.

로봇은 크게 자율주행차, 드론, AI 스피커 등을 포함하는 협의의 로봇과 산업용 즉 제조용 로봇과 서비스용 로봇만을 포함하는 광의의 로봇으로 분류할 수 있다. 다만 자율주행차·드론·AI 스피커 등도 기술적으로는 로봇의 일종이지만, 시장으로 분류함에 있어 로봇과 별도로 구분하는 것이 일반적이다.

국제로봇연맹International Federation of Robotics·IFR은 로봇을 그 용도에 따라 제조용 로봇과 서비스용 로봇으로 구분하고 있다. 제조용 로봇은 최종 완제품의 생산에 필요한 부품과 소재의 구매·조달부터 조립, 검사, 출하까지 산업 제조 현장 전 공정에 적용되어 작업을 수행하기 위한 로봇을 의미한다. 예컨대 공장자동화 로봇이나 협동로봇 등을 뜻하는데, 제조용 로봇이 가장 많이 도입된 분야는 규모가 크고 품질확보가 중요한 자동차 산업이다.

서비스 로봇이란 제조업에 사용되는 산업용 로봇과 구분지어, 가정용, 의료용, 국방, 농업용 등과 같이 제조업 이외의 분야로 응용분야가 확장된 로봇을 말한다. 세부적으로 구분하면, 개인서비스 로봇과 전문서비스 로봇으로 구분 지을 수 있다.[7]

---

7 〈서비스 로봇〉, 한국과학기술정보연구원, 김기일, 2022.

제조용 로봇과 협동로봇

　제조용 로봇은 선박, 자동차, 기계 등 대량 생산에 주로 사용되어 왔다. 이러한 제조용 로봇은 소수의 반복적 업무를 수행하는 대형 로봇으로 사람의 안전을 지키기 위해 펜스 설치, 안전거리 확보 등이 필요하다.

　그에 반해 협동로봇은 유연 생산을 목적으로 식품, 화장품, 의약품 등 중소기업에도 활용된다. 생산 현장에 협동로봇을 설치할 때 생산라인 변경이나 안전펜스 없이 설치할 수 있다. 낮은 비용을 도입할 수 있다는 것이 장점이다. 협동로봇은 스마트 공장 시스템 도입에 있어 핵심적인 장비로 간주되는데, 타 시스템에 비해 비교적 적은 비용으로 기존 공장의 스마트화 추진이 가능하기 때문이다.　협동 로봇은 중소형 로봇으로 안전기능을 갖춰 인간과 로봇이 동일 공간에서 함께 작업이 가능하다. 협동 로봇은 기존 산업용 로봇 대비 설치 · 시운전이 간편하며 공정 변경이 용이해 소품종 대량생산이 가능하며 전통 산업용 로봇 대비 가격이 낮다.

　제조용 로봇의 경우, 제조 현장에서 생산, 출하 등 공정 내 유형에 따라 자동제어, 재프로그램이 가능하므로 자동차, 전기 · 전자, 금속 등 모든 제조업이 수요산업에 해당된다. 특히 자동차산업에서는 주로 용접, 도장, 판넬 핸들링 분야에 활용되고 있다. 전기 · 전자산업에서는 금속 하우징 절단부터 접착제 도포, 표면

연마, 완제품 포장에 이르기까지 다양한 응용 분야에서 활용되고 있다.[8]

최근 코로나19 팬데믹으로 촉발된 전자상거래 혁명과 비대면·온라인 수요 확대에 따른 소비자들의 개인화 서비스에 대한 요구 증대에 부응하기 위해 배송, 물류, 방역, 접객 등 전통 제조업 분야가 아닌 새로운 산업에서의 제조용 로봇 도입 요구가 빠르게 증가하고 있다.

특히 도소매업, 요식업, 숙박업 등 코로나 이후 가중되고 있는 대인서비스 업종에서의 인력난 문제를 로봇 도입을 활용한 비대면 방식의 서비스 제공으로 해결하기 위해 자동화·무인화 시스템 구축 및 렌털, 리스 서비스 등 관련 비즈니스 모델이 확산되고 있다.

전국경제인연합회 분석 자료에 따르면 2020년 세계 제조용 로봇 시장점유율은 화낙일본 16%, ABB스위스 12%, Kuka독일 12%, Kawasaki일본 중공업 10%, Yaskawa일본 9%, 현대로보틱스 2%, Nachi Fujikoshi 2% 등이다.

국제로봇연맹에 따르면 일본은 제조용 로봇 강국으로 2021년 산업용 로봇 출하량의 45%를 공급하는 것으로 집계됐다. 협동로봇은 동 시장을 개척한 덴마크의 유니버셜로봇이 선도하고 있지만 기존 산업용 로봇기업과 중국기업 등의 진출로 50개 이상 기업이 참여해 경쟁이 심화되고 있다.

시장조사업체 Markets and Markets의 2021년 조사에 따르면, 세계시장점유율은 유니버셜로봇 30~32%, 화낙과 ABB 각 10~12%, Techman Robot대만 3~5%,

---

8 〈신융합 시대 유망 신산업의 국내 성장역량 분석과 과제〉, 김종기 외, 2018.

Kuka 2~4%, 기타 35~45% 등이다. 협동로봇은 기업 간 제품 스펙에 큰 차별성이 없어 가격경쟁력과 협동로봇 관련 다양한 서비스, 유지보수, 다양한 산업에서 활용 가능한 솔루션 제공 등이 중요하다.

'서비스 로봇' 선도국 美

서비스 로봇은 의료 로봇이나 물류 로봇, 안내 로봇, 소셜 로봇, 청소 로봇, 군사 로봇, 자율주행 로봇 등이 속하는데, 이 시장은 미국이 주도하며 응용 분야별 전문기업이 시장을 선도한다.

수술용 로봇은 미 캘리포니아에 본사를 둔 인튜이티브 서지컬Intuitive Surgical이 주도권을 잡고 있다. 1995년 설립 이래 최소침습수술 기술과 로봇 수술 분야의 선구자이자 선도 기업으로 자리매김해왔다.

아마존은 세계 최대 물류 로봇 사용 기업으로 2012년 물류로봇기업 키바시스템즈를 인수했다. 아마존은 물류 창고용 로봇을 포함해 다양한 현장에서 50만 대 이상의 로봇을 활용하고 있다. 2022년 6월에는 물류 창고용 완전 자율이동 로봇 '프로테우스'를 공개한 바 있다.

키바와 달리 프로테우스는 상황에 따라 스스로 판단해 화물을 운송하는 지능

아마존의 물류 자율이동 로봇 '프로테우스'

자료: Amazon

형 로봇이다. 즉, 인간의 도움 없이 스스로 화물을 분류하고 옮길 수 있는 로봇이다. 인공지능을 바탕으로 영상 센서를 활용한 사물 인식, 작업 순위 파악, 안전 관리 기능 등을 탑재했다.

시장조사업체 Statista에 따르면 개인서비스 로봇 중 가장 대중화된 로봇청소기의 세계시장점유율은 지난 2020년 기준 미국 iRobot 46%, 중국 에코벡스 17%, 중국 Roborock 9% 순이다. 일본은 소니애완견 로봇, 혼다 · 소프트뱅크휴머노이드 로봇 등이 서비스 로봇을 개발했으나 소비자의 기대 수준을 완벽히 충족시키지 못했다는 평이 우세하다. 소프트뱅크의 휴머노이드 로봇 Pepper는 2015년 출시 후 호텔, 요양원 등에 2만 대 이상 도입되었으나 제한적 기능, 잦은 오류 등으로 6년 만에 생산 중단됐다.

로봇 산업은 로봇 제조사를 중심으로 후방산업인 소재 · 부품, 소프트웨어 분야와 전방산업인 시스템통합 및 제조·서비스 수요처로 구성된다. 로봇 제조사는 소재·부품, 소프트웨어를 구매하여 로봇을 개발하며, 시스템 통합기업과 계약을 체결하고 로봇을 유통한다.

로봇 부품은 구조부품, 구동부품, 센싱부품, 제어부품으로 분류되는데 로봇 소프트웨어는 로봇용 운영시스템^{OS}, 미들웨어, 어플리케이션, 개발도구, 시뮬레이터를 포함한다. 시스템 통합기업은 수요기업의 요구사항에 부합하는 로봇 시스템을 설계하고 제작, 설치, 시운전, 유지보수를 담당한다.

CES 2023에서 주목받은 로봇

로봇 기술은 기계, 전기, 센서 등 여러 가지 요소 기술들이 융합되어 만들어진 결과물이다. 이러한 기술은 제조업과 서비스업에 관계없이 이용되고 있으며, 디지털 전환의 기반 기술로 적용되고 있다.

CES 2023에서는 인간의 삶이 편하도록 돕는 보조자 기능을 하는 로봇이 눈에 띄었다. 일본의 아이올로스^{Aeolus}가 제작한 아이오^{Aeo} 로봇은 액세서리 부착에 따라 소독, 케어, 배달, 보안 등 다양한 용도로 사용될 수 있는 양팔형 로봇이다. 스스로 엘리베이터를 인지하고 타고 내릴 수 있는 기능이 탑재되어 있고 인간의 삶을 편안하게 만들겠다는 목표로 적용 범위가 확대되고 있다.

뉴욕에 본사를 둔 중국 로봇기업 야르보Yarbo는 제설용 로봇을 만들기 위해 창업하였으나, 이후 여러 가지 기능의 키트를 추가하면서 잔디 깎기, 낙엽 청소 등 정원 관리에 특화된 로봇을 주로 생산하고 있다. 이 로봇에는 지능형 장애물 감지 및 회피 기능이 내장돼 있어 진눈깨비, 또는 눈을 통해 물체를 감지하고 대응할 수 있다. 향후 팔을 부착해 쓰레기통 운반, 살수 기능 등 보다 많은 작업을 수행할 수 있도록 할 계획이다.

프랑스의 아크와 로보틱스Acwa Robotics의 상수도 시설 정비 로봇 클린 워터 패스 파인더Clean Water Path Finder는 스마트 시티 분야에서 최고혁신상을 수상했고 개인 안전Human Security, 지속 가능성Sustainability, 친환경 디자인&스마트 에너지 Eco-Design&Smart Energy 분야에서 각각 혁신상을 수상했다. 클린 워터 패스 파인더는 물의 흐름을 방해하지 않으면서 상수도관 속을 스스로 돌아다니며 상수도관의 상태와 막힘, 물의 깨끗한 정도 등을 알려준다. 또 상수도 내 이미지를 수집하기 위한 카메라 음향 및 두께 측정이 가능한 초음파 센서가 탑재됐다.

삼성이 로봇에 눈독 들이는 이유

챗GPT가 세상에 나오면서 생성형 AI에 대한 관심이 커졌는데 함께 주목해야 할 분야가 바로 로봇이다. AI가 발전할수록 디지털 세상에 존재하는 AI를 인간이 존재하는 아날로그 세상으로 꺼내기 위한 하드웨어의 수요가 커질 수밖에 없어서다.

AI가 인간을 위해 일하고, 인간과 협동하고, 인간의 삶을 더 편리하고 윤택하게 만들어주려면 똑똑한 두뇌의 지시에 따라 움직여 줄 물리적 매개체가 필수다. 인간과의 접점에서 서비스를 구현하고 완성해줄 로봇 시장의 급성장이 예견되면서 국내 대기업들도 로봇 사업을 미래 먹거리로 주목하고 있다. 지금까지 로봇의 근간이 될 기반 기술에 대한 연구개발에 주력해왔다면 최근엔 상용화에 잰걸음을 하고 있다.

삼성전자의 헬스케어용 웨어러블 로봇 EX1, 가칭 '봇핏BOT FIT'이 상용화 임박 단계에 들어섰는데, 2019년에 웨어러블 로봇 시제품을 선보인 뒤 4년간 수정을 거쳐 내놓는 완성작이다. 삼성전자는 수년 전부터 헬스케어 로봇을 개발하고 있고 CES 2019에서 웨어러블 로봇 '젬스' 시리즈를 처음 공개했다. 고관절용 '젬스힙', 무릎용 '젬스니', 발목용 '젬스앵클' 이 세 가지를 선보였다. 젬스는 로봇 기술을 기반으로 보행과 운동 기능을 증진시키는 장치다. 삼성전자는 2021년 2월 로봇사업 전담팀을 꾸리고, 같은 해 12월 정식 사업팀으로 격상시켰는데, 지난 CES 2023에서는 연내 시니어케어 로봇 EX1 출시를 공언했다. EX1은 노인의 운동을 돕는 특화 로봇으로 알려졌다. 삼성전자는 2022년 운동보조장치 관련 특허 10여 건을 공개한 데 이어, 2023년 3월 보행보조 로봇 관련 특허와 상표권을 추가 출원했다.

봇핏에는 보행능력 증진뿐만 아니라 몸매 관리·다이어트 기능도 추가될 예정이다. 특히 AI 음성 코칭과 사용자 데이터 분석에 기반한 로봇의 실시간 운동 강도 조절 기능이 포함됐다. 이를 통해 착용만 하더라도 근력과 지구력 증진, 걷기 자세 개선에 도움을 주겠다는 의지로 보인다.[9]

삼성전자가 로봇 사업 경쟁력을 확보하려는 확고한 의지는 곳곳에서 엿보인다. 2023년엔 두 번에 걸쳐 로봇 전문 회사 레인보우로보틱스의 지분을 사들였다. 삼성전자가 로봇 기업에 지분을 투자한 건 처음이다.

레인보우로보틱스는 한국과학기술원카이스트 휴머노이드로봇연구센터 연구원들이 2011년 창업한 중소벤처기업이다. 대전 유성구 문지동에 본사가 있고 임원을 제외한 직원 수는 65명2022년 9월 말 기준이다. 최대주주는 한국 최초로 사람처럼 두 발로 걷는 로봇 '휴보'를 만든 오준호 카이스트 기계공학과 명예교수다.

2022년 1~3분기 회사 매출에서 로봇이 차지하는 비중은 96%로 압도적이다. 로봇 매출은 2020년 46억 원에서 2021년 80억 원, 2023년 1~3분기 100억 원으로 불어났다.

매출 증가를 이끈 건 바로 '협동 로봇'이다. 협동로봇은 앞서 설명했듯 사람과 상호작용하며 같은 공간에서 일할 수 있는 로봇팔이다. 사람의 움직임을 감지하면 동작을 멈춰 기존 산업용 대형 로봇과는 다른 안전성을 갖췄다. 특히 협동로봇은 제조업 공장을 넘어 식당·의료·서비스업 등으로 외연을 넓혀 확대 적용되고 있다.

---

9 〈아직도 '약발'로 몸 만드세요?…이제는 '옷발' 받아서 만드세요.〉 나현준·김대은 기자, 매일경제, 2023. 07. 26

최대 10㎏이 넘는 무거운 물건을 들어 올려 정교한 작업을 해야 하는 협동 로 봇은 여러 관절을 움직이는 감속기, 제어기, 모터 등 핵심부품 기술력이 필요하 다. 레인보우로보틱스는 2024년 하반기에 자체 개발한 협동로봇 감속기를 회사 시스템에 적용하는 것을 목표로 연구를 진행 중이다.

삼성전자는 레인보우로보틱스 협동 로봇을 공정에 활용해 자동화 생산성을 높이거나, 자체 로봇에 레인보우로보틱스 주요 부품이나 기술력을 이용할 가능 성도 충분히 엿볼 수 있다.

삼성이 미래 먹거리인 로봇 산업에서 웨어러블을 밀고 있는 이유는 글로벌시 장이 창출되고 있어서다. 글로벌 시장조사업체인 밴티지마켓리서치에 따르면 글로벌 웨어러블 로봇 시장 규모는 2022년 8억 500만 달러약 1조 원에서 2030년 118억 8,013만 달러약 15조 원로 급성장할 것으로 예상된다.

웨어러블 로봇이란 말 그대로 몸에 착용하는 '입는 로봇'을 뜻한다. 보통 웨어 러블 로봇을 용도에 따라 크게 세 가지산업용·군수용·헬스케어용로 구분한다. 군수용 은 록히드마틴, 산업용은 현대자동차그룹 등이 주요 시장 참여자로 꼽힌다.

반면 현재 시장 규모가 3000억 원 내외로 추정되는 헬스케어용 웨어러블 로봇 은 '불모지'에 가깝다. 미국 엑소바이오닉스와 일본 사이버다인 등이 우수한 기 술력을 바탕으로 시장을 두들겼지만, 로봇의 대당 가격이 2,000만~1억 원에 달 한다. 고가다 보니 연간 판매량이 많지 않은데, 엑소바이오닉스와 사이버다인의 연간 매출액은 지난해 기준 150억~200억 원에 그친다.

삼성전자는 이 같은 헬스케어용 웨어러블 로봇 시장의 성장 가능성을 보고 있다. 전 세계적으로 고령화 현상이 뚜렷하기 때문이다. 세계보건기구^{WHO}에 따르면 전체 인구에서 60세 이상이 차지하는 비중은 2015년 12%에서 2050년 22%까지 상승할 전망이다. 웨어러블 로봇은 연 매출 300조 원을 기록하는 삼성전자로서는 1조 원도 안 되는 시장이지만 선진국을 중심으로 고령화가 심해지고 있어 성장 가능성이 그 어느 때보다 크다고 볼 수 있다.

일찍 로봇의 가능성 내다본 현대

현대차는 2018년부터 전략기술본부 산하 로보틱스 팀 조직을 운영했다. 2019년 말에는 로보틱스 랩으로 조직을 키우며 본격적으로 로봇 사업을 키우기 시작했다. 현대차는 2020년 미국 로봇제조기업 보스턴 다이내믹스 인수 작업을 시작해 2021년 약 1조 원에 인수를 마쳤다. 현재 로봇 선행 기술을 내재화하고 서비스, 모빌리티, 웨어러블에 이르는 제품 포트폴리오를 구축하고 있다.

보스턴 다이내믹스는 휴머노이드 2족 보행 로봇 '아틀라스'를 개발했고, 4족 보행 로봇 '스팟'을 만든 기업으로 알려져 있다. 관절형 로봇팔 '스트레치'를 상용화하기도 했다. 보스턴 다이내믹스는 보행형 로봇을 만들어왔는데, 보행형 로봇은 로봇 관련 기술이 집약된 분야로 꼽힌다.

현대가 로봇 기술에 집중하는 이유는 환경을 인지하고 판단하며 제어하는 로봇 기술이 자율주행차와 유사하다고 판단한 데 있다. 로봇 시장 주도권을 쥐기 위해 현대차를 비롯해 테슬라, 도요타 등 완성차 제조업체들이 경쟁을 하고 있는 것과 같은 맥락이다. 2022년 10월 휴머노이드 로봇 '옵티머스테슬라봇'의 시제품을 공개한 테슬라, 지주회사 우븐플래닛을 주축으로 로봇 지식재산권IP을 확보한 도요타 등 완성차 제조업체들이 로봇 시장에서 광폭 행보를 보이고 있다.

현대차 로보틱스랩는 산업용 웨어러블 로봇인 CEX와 VEX를 개발해 현대 로템으로 기술 이전 하고 최근 의료용 웨어러블 로봇인 X-ble MEX엑스블 멕스를 자체개발하는 등 의료기기 인증을 받아 상용화를 준비하고 있다. 서비스로봇 '달이DAL-e'와 전기차 자동충전로봇ACR, 배송로봇 등을 선보이며 적용 영역을 점차 넓히고 있다.

이 가운데 배송 로봇은 현대차 모빌리티 기술과 특히 연관성이 깊다. 라이다와 카메라 센서 기반으로 자율주행이 가능하고 모터, 스티어링, 서스펜션, 브레이크 시스템, 환경인지 센서 등 주요 기능을 공유한다. 로보틱스 랩은 달이와 ACR, 배송로봇 시범 서비스를 진행하고 있다. 고객 요구 사항을 지속 업데이트해 서비스 완성도를 높이는 중이며, 향후 3~4년 내에 상용화에 나설 계획이다. 현대차그룹은 자동차와 함께 로보틱스랩의 시너지를 노리며 사업을 확대해나갈 가능성이 크다.

그밖에도 두산로보틱스, 현대로보틱스, 한화, 레인보우로보틱스, 뉴로메카 등 국내업체들도 협동 로봇 등에 집중하고 있다. 협동 로봇은 기존 관절형 로봇에 안전성을 높인 개념이다. 위험한 산업 현장에서 사람의 일을 대체하던 수준을 넘어서, 사람과 함께 일할 수 있다. 로봇이 커피를 만드는 카페 등에서 볼 수 있는 로봇 팔이 대표적인 협동 로봇이다.

LG전자는 2018년부터 여러 로봇 업체 지분을 확보하며 기회를 모색하고 있다. 산업용 로봇을 주로 서비스하는 '로보스타', 서비스용 로봇과 부품 등을 생산하는 '로보티즈', 소프트웨어 업체 '아크릴' 등에 각각 투자했다.

LG전자가 인수한 로보스타는 산업용 수직 다관절 로봇을 생산하는 회사이며, LG전자 등에 로봇을 공급하고 있다. 1999년 2월 LG산전현 LS일렉트릭 임직원들이 독립해 창립했으며 같은 해 9월에는 LG산전 로봇사업부를 인수해 사세를 키웠다. 로보티즈의 경우 자율주행로봇과 로봇 구동장치인 액츄에이터를 개발하는 회사인데 LG전자가 지분 8.2%를 보유하고 있으며 LG전자와 서비스 로봇 사업화에 협력하고 있다.

LG전자가 자체 개발한 로봇도 있다. 요즘 주요 관공서와 문화공간에서 종종 만날 수 있는 서비스 로봇 '클로이'다. 신규 로봇도 준비하고 있다. LG전자는 2018년 클로이를 국내외에 출시하며 서비스 로봇 시장을 선점했다. LG전자 클로이는 자율주행 기반 포맷에 여러 용도로 고쳐 쓸 수 있어 하위 제품군이 많다. 서비스 로봇 '가이드봇'을 비롯해 운반형인 '서브봇'과 '서빙로봇', 방역용인 'UV-C'봇 등으로 나뉜다. 클로이는 국산 메리트와 브랜드 파워를 안고 보급을 늘리고 있다. LG전자는 지난해 구미사업장에 자체 로봇 생산 시설을 새로 구축했다. 클로이를 기반으로 로봇 사업을 키우려는 의지인 셈이다. LG전자는 클로이 외에도 신규 로봇 라인업을 준비하고 있다. LG전자는 2023년 2월 튀김용 로봇 '튀봇'이라는 상표를 출원했다. 상품군은 주방기계와 요리용 기구 등으로 지정됐는데, 로봇이 직접 치킨 등 튀김 조리를 담당하면 사람의 안전사고 부담을 줄이는 주방 조리로봇으로 출시할 가능성이 높다.

두산로보틱스는 2023년 기업공개IPO 대어로 꼽힌다. 한화정밀기계는 지주사 한화가 한화에어로스페이스로부터 인수해 모멘텀 부문으로 재편했다. 포스코 DX전 포스코ICT는 철강 공정에 로봇 기술을 도입한다고 선언했다.

물류 로봇의 미래

물류 로봇이란 상품의 운반부터 포장, 분류, 배송 등에 기여하는 로봇을 말한다. 분야에 따라 제조 공정에서 생산 및 자동화를 위한 이송 로봇, 창고에서 재고 관리와 상품 분류 작업을 수행하는 로봇, 실내외에서 제품 승하차를 담당하는 드론 또는 배송 로봇으로 분류할 수도 있다는데 크게는 자율 모바일 로봇AMR과 자율 가이드 차량AGV로 구분한다.

AMR은 쉽게 말해 자율주행이 가능한 로봇이다. 스스로 환경을 분석, 이해하고 이동할 수 있다. 이동 중에 사람과 장애물을 인식하고 스스로 길을 탐색하여 목적지까지 도달한다. 카메라와 라이다 등의 센서를 통해 사물을 인식할 수 있어 공정 내에서 발생하는 변수들에 대처할 수 있는 능력이 있다. 작업자의 관리하에 정해진 경로에 의존하는 AGV의 업그레이드 버전이라 할 수 있다.

AGV는 물류창고에서 바닥에 붙은 노란 선을 따라 물건을 옮기는 무인 운송 차량을 생각하면 쉽다. QR코드나 점자 등 코드를 통해 이동하는 루트를 설정해 줄 수도 있다. 이동 경로를 지속해서 입력 받아야 하기 때문에 로봇이 이동하는 길에 별도 표기가 필요하며, 표기된 길 외에는 이동이 어렵다. 대신 AMR과 비교해 무거운 무게의 물류를 안정적으로 운반할 수 있다는 장점이 있다. 시스템상 운행 경로가 정해져 있는 만큼 높은 정확성을 나타낸다. 현재는 주로 물류나 유통 회사에서 사용하고 있다.

최근 AMR에 대한 관심이 높아지는 이유는 공장 조립 라인이 점점 복잡해지고 있어서다. 다양한 센서, 카메라와 같은 눈만으로는 부족하고 AI, 머신러닝과 같은 두뇌까지 필요한 공정이 늘었다. 단순히 물건 이동뿐 아니라 조립, 검사 등 다양한 작업들이 생겨나면서 주어진 일만 반복적으로 해서는 안 되는 상황까지 왔다. 아울러 과거에는 소품종 다량생산, 다품종 소량생산이 중요했다면 최근에는 맞춤형 주문 생산이 무엇보다 중요하다. 적절한 재고 관리, 공정 효율성 제고 등 스마트 물류가 필요해진 것이다.

AMR 로봇은 유통업을 넘어 자동차, 이차전지 공정으로도 확대 적용되는 추세다. 기존 물류 로봇은 아마존, 오카도 등 글로벌 물류 기업의 창고에서 많이 활용돼왔다. 물류 로봇은 수요 예측부터 배송에 이르기까지 전 과정 자동화를 이뤄 이들을 글로벌 기업으로 성장시킨 원동력이었다. 현재 공정 간 물류 이동은 인간 또는 자동화 공정 내 또 다른 로봇을 통해서 AMR이 물류를 전달받는 형태다. 향후에는 AMR과 협동 로봇이 서로 융합하는 방식의 자동화 로봇이 속속 출시될 것으로 기대된다. '사람과 함께 일할 수 있는 물류 로봇'에서 '사람을 대체하여 일할 수 있는 물류 로봇'으로 진화할 것으로 전망한다.

미국의 경우 보스톤 다이내믹스에서는 AMR 로봇 형태의 하부와 협동 로봇 형태의 상부를 결합한 물류 로봇 '스트레치'를 출시해 판매 중이다. AMR 로봇에 첨단 센서 등을 탑재한 진공 흡착형 그리퍼의 상부를 갖춘 모습인데, 이처럼 로봇 기술력이 앞서 있는 미국에서는 자율주행 기술에 기반한 다양한 형태의 물류 로봇 개발에 열을 올리고 있다. 미국의 페치 로보틱스Fetch Robotics, 인비아 로보틱스InVia Robotics 등도 마찬가지다.

미국 자동차 제조사 포드는 발렌시아가에 위치한 공장 내부에 AMR을 도입해 생산 효율성을 높였다. 독일 자동차 제조사 벤츠는 Factory 56에 조립 동선 최적화를 위해 AMR을 도입했다. 전장용 부품을 생산하는 비스테온은 원자재 이송에

AMR을 도입했다. 영국 전기차 기업인 어라이벌은 AMR 기반 생산 공장인 마이크로팩토리를 개발 중이다.

현대차는 2021년부터 AMR을 도입해 공정 효율을 높이고 산업재해를 줄이는 데 집중하고 있다. 그동안 무거운 엔진을 사람이 컨베이어 벨트를 통해 옮기면서 사고 발생 우려가 컸는데 AMR이 도움이 되고 있는 것이다. 이 같은 방식은 현대차 국내 생산 공정뿐만 아니라 해외 생산 거점에도 적용될 예정으로, 현대위아는 2024년부터 미국 전기차 전용 공장조지아 공장 및 현대모비스 미국 공장 라인에 AMR 물류 로봇을 공급한다고 발표한 바 있다.

특히 이차전지 관련 주요 기업들의 경우, 북미와 유럽으로 신규 공장을 건설하고 있는데 엄격한 기준인 산업안전보건법과 부족한 노동력을 대체할 대안으로 스마트팩토리 구축과 더불어 AMR 로봇을 도입하려 하고 있다.

또한 코로나 팬데믹 이후 노동 시장이 급변한 점도 로봇 도입의 또 다른 배경이다. 미국의 2020년 명목 임금 상승률은 약 9.3%, 실질 임금 상승률 약 8.0%로 2000년 이후 가장 큰 상승폭을 보였다. 임금 상승 물결이 일자 노동 시장은 경색됐고, 미국의 실업 급여 수령 건수는 평년의 수령자가 약 200만 명 수준인 반면 2020년에는 약 3,000만 명이 넘는 실업자가 급여를 수령한 것으로 집계됐다.

이에 따라 대체인력에 대한 수요가 급격히 증가했다. 대체인력의 한 축이 물류 로봇이 된 것이다. 물류 로봇을 선제적으로 도입해온 아마존이 자동화 시스템을 통해 약 20%의 비용 감소를 달성한 점 등을 고려하면 이종 산업에서도 로봇이 가져다 줄 노동 효율성의 이점이 있음을 추정하고 기대할 수 있다.

앞으로 물류 로봇이 성장할 것이란 또 다른 배경으로 노동자의 안전 문제도 주요하게 거론된다. 국내에서는 산업 재해로 인한 피해를 줄이기 위해 중대재해처벌법을 2022년부터 시행하고 있다. 내년부터는 유예 기간이 지나 상시 근로자가 5명 이상인 사업장은 모두 적용되기 때문에 이로 인한 리스크를 줄이기 위해 로봇을 도입하려는 기업의 수요는 급격히 늘 것으로 예상된다.

AMR은 센서를 통해 주변 환경을 감지하고 목적을 달성하므로 사람과 안전한 협업이 가능하다는 특장점이 있다. 과거의 로봇이 인간 대신 위험한 작업을 도맡아줬다면 이제는 필수 인력들과 안전한 협업까지 기대할 수 있게 된 것이다.

AMR은 현재 AGV 대비 무거운 무게를 다룰 수 없다는 한계가 있지만 최근 기술이 발달함에 따라 그 격차를 많이 좁혀나가고 있다. 현대위아를 예시로 들자면, 가장 큰 무게를 운반할 수 있는 AMR은 최대 1t까지 다룰 수 있고, AGV의 경우는 약 3t 수준까지 적재가 가능하다. 일본의 오므론OMRON 사의 AMR의 경우 1.5t까지 운반이 가능한 것으로 알려졌다.

궁극적으로 스마트 물류를 달성하려면 공정 전반의 프로세스에 AI와, 그에 기반한 사물인터넷IoT을 연계해야 하는데 AGV보다는 AMR이 이 같은 상황에서는 유효하다.

비용 측면 역시 강점이 존재한다. AMR의 평균 판매가격은 약 2,000만~1억 원 수준이며, AGV의 평균 판매가격은 약 500만~1,500만 원 수준으로 개별 로봇의 가격은 AMR이 좀 더 비싸다. 다만 AGV는 이동 경로를 수정하거나 공정 내지는 로봇 수량이 변경되면 프로그램을 대폭 수정해야 해 추가 비용이 더 들 수 있다.

AMR 원천 기술 확보를 위해 대형 기업들의 M&A도 앞으로 더 활발해질 것으로 기대된다. 테라다인은 덴마크 AMR 전문 기업 MiR를 인수, 아마존은 AMR 물류 로봇 기업 캔버스 테크놀로지를 인수했다. 유럽의 다국적 회사인 ABB는 AMR 전문기업 ASTI 모바일로보틱스와 AMR 제어 기업 스카이를, 로커스 로보틱스는 AMR 개발기업 웨이포인트 로보틱스를 인수했다. 지브라 테크놀로지스도 AMR 전문기업 페치 로보틱스를 인수한 바 있다.

TREND 5

AI가 아이돌을 대체하는 시대,
엔터 사업에 새로운 돌풍이 분다

인공지능AI, 메타버스, 증강현실AR, 가상현실VR 등 신기술 도입에 가장 적극적인 산업 분야 중 하나가 바로 엔터테인먼트다. 캐릭터 모티브 등의 관념을 실체화하는 것부터 멜로디 작곡, 편곡, 가창이나 뮤직비디오 등을 통한 창작까지 활용도의 폭이 넓어지고 있으며 결과물 수준도 점점 높아지고 있다.

아담, 류시아를 기억하는지 모르겠다. 1990년대 등장했던 이른바 사이버 가수인 이들은 대중의 이목을 끄는 데 성공했다. 아담의 타이틀곡 〈세상엔 없는 사람〉이 크게 히트하며 그의 1집 앨범은 20만 장이 팔렸다. 인기 가요 순위 프로그램이었던 〈가요톱텐〉에도 출연했고 팬클럽도 있었으며 톱스타만 나올 수 있다는 TV 광고에도 출연했다.

그러나 지속적으로 인기를 이어가진 못하고 단발성 이벤트 정도에 그치고 말았다. 인공적이고 단조로운 이미지를 TV 속 앵글이라는 한정적인 공간에서만 보여줄 수 있었기에 아담, 류시아에 대한 지속적인 애정을 가지기 쉽지 않았을 뿐더러 사람들의 관심은 아담인 척하는 사람의 목소리에만 집중되었을 뿐 콘텐츠가 지속적으로 확대 재생산 되기는 어려웠다.

하지만 최근에는 양상이 바뀐 듯하다. 팬데믹을 전후로 한 '부캐' 열풍과 음성, 화상 기술의 고도화, 숏폼 중심의 비대면 문화 등을 토대로 사이버 가수는 '버추얼 휴먼'으로 진화했다. 비주얼 자체도 다채롭고 만화 캐릭터처럼 소비할 수 있는 대상이 되었다. 음성 또한 인간이 내는 소리가 아니라 AI가 만든 것이었고 사람들은 버추얼 휴먼을 있는 그대로로 받아들이기 시작했다.

이처럼 현실과 가상을 직접 연결하는 사례가 속속 등장하면서, K팝을 기준으로 한 현실·가상 하이브리드 형태의 문화 향유가 본격화될 것으로 전망된다. 걸그룹 에스파처럼 콘셉트를 메타버스가상세계로 삼거나, 버추얼 걸그룹 '피버스' 처럼 실제 가수가 녹음한 뒤 아바타를 내세워 활동하기까지 다양한 유형의 엔터테인먼트가 소비되고 있는 세상이 도래한 것이다.

최근에는 한발 더 나아가 히트곡 〈내 눈물 모아〉를 남기고 지난 1996년 세상을 떠난 고故 서지원의 목소리를 AI로 복원해 신곡을 선보이는 사례도 나왔다. 음반사 옴니뮤직은 기존 서지원의 음성 파일을 총동원해 약 1년 6개월간의 제작 기간을 거쳐 서지원 목소리로 만들어진 새 음반 '리버스 오브 서지원'을 발매했다. 에스파, 피버스 등이 2000년대 생들을 위한 콘텐츠라면 재탄생한 서지원의 음반은 1970~80년대생을 위한 콘텐츠랄까. 미래 신기술과 예술이 만난 새로운 엔터테인먼트가 다양한 시도를 하며 세대 구분 없이 대중들에게 즐거움을 선사하고 있다. 엔터테인먼트와 테크놀로지의 결합으로 또 다른 시장의 문이 열릴 것으로 보인다.

K팝 그리고 인공지능

"신인가수 미드낫입니다. 잘 부탁드립니다."

2007년 그룹 에이트로 데뷔해 16년차를 맞은 가수 이현이 2023년 5월 미드낫이란 이름의 신인가수로 데뷔했다. 음악과 기술의 접목한 프로젝트의 결과물이었다. 그는 미드낫이라는 새로운 자아로 신곡 '마스커레이드'를 발표했는데 이곡은 한국어, 영어, 일본어는 물론 스페인어, 중국어, 베트남어까지 6개 언어로 제작됐다.

이 새로운 프로젝트를 위해 이현의 소속사 빅히트뮤직과 하이브아이엠이 손을 잡았다. 하이브아이엠은 인터랙티브 미디어 기술을 통해 엔터테인먼트 사업의 경계를 확장하는 회사로 지식재산권IP을 활용한 게임 등을 개발해왔다. 이들은 AI 오디오 기업 '수퍼톤'이 가지고 있는 다국어 발음 교정 기술과 보이스 디자이닝 기술을 활용했다고 밝혔다. 작업은 이현이 먼저 6개 언어로 녹음을 하면 AI

가 이를 자연스러운 발음으로 교정하는 방식으로 진행했다. 보이스 디자이닝 기술을 통해 이현의 목소리를 여자 목소리로 바꿔 음원 중간에 삽입하기도 했다. AI 기술의 도움을 받아 가수가 익숙하지 않은 언어로도 노래를 낼 수 있게 된 것인데, 이 프로젝트는 인공지능 기술의 도움을 받아 K팝의 저변을 글로벌로 넓힌 사례라고 볼 수 있다.

뮤직비디오 제작에서도 새로운 기술을 적용했다. 마스커레이드 뮤직비디오는 미드낫에 내재된 여러 자아의 표상을 3명의 인물로 표현한다. 현실에는 없을 법한 배경에서 스토리를 전개해 나가고자 촬영하는 데 있어 확장현실XR 기술을 적용했다. 나아가 촬영 현장에서 가상공간을 실시간 확인할 수 있는 프리비즈Pre-Visualization[10]기술이 활용됐다.

미드낫 프로젝트가 관심을 끄는 건 K팝 확장의 길을 아티스트·팬덤 산업뿐 아니라 기술에서 찾는 새로운 시도이기 때문이다. 가요계에서는 인공지능 기술이 ASMR자율감각 쾌락반응이나 BGM배경음악 등을 제작하는 초기 단계를 넘어 언어와 성별의 장벽을 뛰어넘는 새로운 단계에 진입한 만큼, 테크 기술이 K팝의 글로벌 영향력을 더욱 키우는 계기가 될 것으로 보고 있다. 인공지능 기술이 K팝 아티스트가 글로벌 음악 시장에서 활약하는 데 언어적 제약을 덜어주는 역할을 톡톡히 했다는 평가가 나온다.

방시혁 하이브 의장이 "K팝이 위기다. 지표 둔화가 명확하다"고 진단한 데 이

---

10 촬영 전 머릿속으로 구상한 이미지를 컴퓨터상에서 구현해 봄으로써 실제 제작 단계에서 시행착오를 최소화하는 작업 과정, 네이버 IT 지식백과

어 2023년 4월 빌보드 매거진과의 인터뷰에서 "AI가 하이브의 다음 핵심 전략"이라고 언급해 업계에서는 AI와 K팝의 융합 프로젝트에 대한 기대감이 커지는 분위기다.

SM의 AI가수…버추얼 아티스트의 등장

2023년 5월 SM엔터테인먼트가 가상 인간인 버추얼 아티스트 신인 그룹을 공개했다. 에스파 세계관 속 조력자 캐릭터 '나이비스nævis'다. 나이비스는 에스파가 2021년 공개한 〈넥스트 레벨Next Level〉에서 '나이비스 콜링'이라는 가사를 통해 유명해졌다. 에스파의 조력자 위치 정도로 보였던 나이비스가 버추얼 아티스트로 데뷔한다는 소식이 알려지며 나이비스의 정체와 역할에 대해서도 많은 관심이 쏟아졌다.

나이비스는 버추얼 아티스트로서 그룹 에스파의 신곡 〈웰컴 투 마이 월드 Welcome To MY World〉에 피처링으로 참여했다. 12명의 성우 음성을 분석해 새롭게 음색을 만들었는데 이 곡의 도입부와 후반부에서 가창을 맡으며 처음 목소리를 공개한 것이다. 나이비스는 4명의 멤버와 각각의 아바타 '아이ae'가 디지털 가상세계의 빌런 블랙맘바를 무찌른다는 세계관 설정 속 조력자 캐릭터다. 그간 뮤직비디오와 가사에서 등장했던 나이비스는 실제 가수 데뷔를 목표로 하고 있을 정도다.

사이버 가수 아담 이래로 가상세계 아이돌에 대한 시도는 꾸준히 계속 있었다. 게임 '리그 오브 레전드'의 캐릭터로 이루어진 가상의 걸그룹 K/DA나 걸그룹 에스파의 세계관 속에 등장하는 ae-에스파가 그 예다. 다만 앞선 예시는 버추얼 아이돌 자체의 인기보다는 기존의 게임 팬층이나 목소리를 맡은 현실 아이돌 멤버 인지도 등의 영향력이 반영되었다는 한계가 있다.

그러나 2021년 12월 데뷔와 동시에 음원 차트 1위를 달성했던 '이세돌^{이세계 아이돌}'의 성공은 온전히 버추얼 아이돌만의 힘으로도 대중적으로 흥행을 거둘 수 있다는 가능성을 입증했다.

현재 엔터테인먼트사들은 적극적으로 버추얼 아이돌 시장에 뛰어들고 있다. 2023년 1월 25일 데뷔한 '메이브'는 넷마블에프앤씨의 자회사 메타버스엔터테인먼트와 카카오엔터테인먼트가 합동으로 제작한 4인조 가상 걸그룹이다. 움직임은 댄서들의 모션 캡처로, 목소리는 실제 보컬을 기반으로 한 AI로 만들어졌다. 데뷔곡인 〈판도라^{PANDORA}〉의 뮤직비디오는 공개 10여일 만에 1,000만 뷰를 넘어선 것으로 집계돼 화제성 면에는 여타 신인 아이돌 그룹을 압도하는 수준이었다.

유튜브에서는 남성 버추얼 유튜버로 구성된 국내 최초 버추얼 보이그룹 '레볼루션 하트'가 화제를 모았고, 2023년 3월에는 5인조 버추얼 그룹 '플레이브'가

정식으로 데뷔했는데 이들은 공중파 음악방송에 출연해 데뷔곡 〈기다릴게〉 무대를 꾸미며 화제를 모았다.

카카오엔터테인먼트는 버추얼 걸그룹 서바이벌 프로그램 〈소녀 리버스〉을 유튜브와 카카오페이지를 통해 공개한 바 있다. 이들의 디테일한 얼굴 표정과 칼군무 등은 VR 기기를 통해 구현됐다. 프로그램 우승자들로 꾸려진 '피버스'는 5인조 버추얼 걸그룹로 활동하고 있다.

지금까지 여러 시도들이 이어지면서 크고 작은 성공을 거뒀고, 앞으로 아이돌 시장에 버추얼 기술이 본격적으로 개화할 것으로 보인다. 2022년 코로나 팬데믹으로 비대면이 일상화되면서 3차원 가상세계와 현실을 넘나드는 메타버스가 빠르게 부상하기 시작했다. 사람들은 온라인 네트워크상에 구현된 가상의 공간에서 자신의 아바타를 통해 그 안에서 현실과 똑같은 생활을 하기도 하고 경제 행위를 하기도 한다. 이러한 메타버스의 유행은 나아가 버추얼 인기에도 영향을 미쳤다.

사람이 VR이나 모션인식 등 특수 장비를 이용해 가상세계에 구현된 캐릭터의 모습으로 방송을 진행하는 '버추얼 스트리머'나 '버추얼 유튜버' 등이 국내에서도 속속 등장하기 시작했다. 국내 버추얼 시장도 그동안 2D 캐릭터에 호의적이었던 팬층을 중심으로 서서히 인기를 모았고, 이는 유튜브 등 온라인 채널을 기점으로 활동하는 버추얼 아이돌 그룹 탄생으로까지 이어진 것이다. 메타버스와 K팝이 버추얼 아이돌로서 연결된 셈이다.

작곡에서 쓰이는 AI

1957년, 작곡가 레자렌 힐러와 레너드 아이작슨은 자신들이 개발한 일리악 ILLIAC 컴퓨터를 활용해 최초의 컴퓨터 음악인 '일리악 모음곡Illiac Suite'을 공개했다. 기계음 같지 않고 클래식 음악 같아 컴퓨터 음악임을 모르고 들으면 착각할 정도다. 1958년에는 현대음악 작곡가 이아니스 크세나키스가 마르코프 연쇄, 게임 이론 등 수학 공식과 확률을 활용한 전자 음악을 작곡을 시도했다. 1980년대 작곡가 데이비드 코프는 음악 지능 실험Experiments in Musical Intelligence·EMI을 진행했고, 컴퓨터 작곡의 범위를 해체-서명-호환성의 3단계로 규정하며 오늘날 AI 음악 작곡의 기준을 세웠다.

최근에는 유튜브를 통해 영상화한 음악이 많아지고, 콘텐츠 생산량이 폭발적으로 증가하면서, 저작권 분쟁으로부터 자유롭고, 더욱 쉽게 음원을 생산할 수 있는 AI 작곡에 관한 관심이 증가했다. 2020년에 지니뮤직이 플랫폼 업계 최초로 AI가 제작한 동요 앨범을 출시했고 이어서 예능 프로그램 〈강철부대〉의 배경 음악으로 지니뮤직의 AI 창작 음원이 활용됐다.

포털 사이트 검색창에 'AI 뮤직 제너레이터AI Music Generator'를 입력하면 셀 수 없이 많은 AI 음악 제작 플랫폼을 확인할 수 있다. 갈수록 방대해지는 인터넷 데이터와 역동적으로 변화하는 소비자들의 반응 · 이슈는 알고리즘의 역할을 더욱 중요하게 한다.

AI를 활용한 음악창작 중에서도 주목할 할 분야는 배경음악, 저작권 무료음악 등이 있다. 예컨대 명상을 위한 배경음악은 2022년 한 해 동안 1,200억 건 이상 스트리밍되며 꾸준히 성장했다. 코로나19를 거치며 거대한 수요를 가진 시장으로 커진 것이다. 저작권 문제가 없는 음악에 대한 수요는 개인 자유 창작의 시대에서 자연스러운 흐름으로 평가된다.

사용자가 작곡하는 과정에 AI의 도움을 받을 수 있도록 서비스하는 사례는 무엇이 있을까. 구글의 마젠타Magenta는 예술 제작을 위한 대표적인 오픈소스 연구 프로젝트로, 엔신스NSynth 같은 플러그인은 사용자의 작곡 결과물을 자동으로 보완해준다.

AI 음악 작곡 플랫폼인 오브 플러그인Orb Plugin은 네 가지 작곡 지원 플러그인을 지원하며 프로그램을 활용하는 사람에게 꾸준히 새로운 아이디어를 전달한다. 무료 가상 작곡 지원 시스템 스플래시 프로Splash Pro는 사용자의 영감에 컴퓨터가 자동으로 사운드 소스를 붙여 매력적인 음악을 완성하는 과정을 볼 수 있도록 지원하고 있다.

2017년, 미국의 타린 서던Taryn Southern은 자신의 데뷔 앨범 '아이 엠 에이아이I AM AI'의 전곡을 AI 작곡 프로그램인 '앰퍼 뮤직Amper Music을 사용해 발표했다. 아이 엠 에이아이에는 총 8곡이 수록되어 있으며 앨범 전체의 재생시간은 약 25분이다.

국내에서는 사용자 맞춤형 AI 작곡 기술을 보유한 스타트업 '포자랩스'이 있다. 작곡팀과 AI 개발자들이 참여한 포자랩스는 기존의 곡들과 화성, 리듬, 멜로디, 박자 등을 AI에게 학습시켜 사용자들이 설정한 시간 및 무드에 맞게 음원을 생성하도록 하고 있다.

2016년, 광주과학기술원 안창욱 AI대학원 교수가 개발한 AI 작곡가 '이봄^{EvoM}'은 2020년 신인 가수 하연의 데뷔곡 〈아이즈 온 유^{Eyes On You}〉를 작곡했고, 2021년 홍진영의 〈사랑은 24시간〉을 작곡해 대중음악 작곡가로 인지도를 얻었다. 이봄은 2016년부터 6년 동안 30만 곡 이상의 노래를 만들었고, 이를 통해 6억 원 이상의 매출을 올린 것으로 집계됐다.[11]

전문 음악가가 아니더라도 다양한 AI 모델과 프로그램, 플랫폼을 통해 손쉽게 음원을 작곡할 수 있는 환경이 마련됐다. 국내에서 AI 작곡이 가지는 한계는 제도적으로 저작권 문제가 해결되지 않은 데 있고, 해외에서는 유명 아티스트들의 목소리를 활용해 노래를 만드는 딥보이스^{Deepvoice} 기능이 문제가 되고 있다. 과거에는 유명한 아티스트의 목소리를 빌려 기존에 존재하는 곡을 부르는 등 커버곡 수준에 머물렀지만 현재는 기존 아티스트의 목소리로 완전히 새로운 창작물을 발표하는 사례가 발생하는 것이다.

이와 반대로 자신의 곡을 오픈 소스로 공개하는 경우도 있다. 캐나다 가수 그

11 〈AI시대, 오늘의 음악〉, 한국콘텐츠진흥원 코카포커스 152호, 2023. 06.

라임스는 인공지능 활용을 공식적으로 허용했다. 자신의 음악을 구성하는 핵심 요소 스템stem 파일을 오픈소스로 공개한 것인데, 그라임스는 이름과 초상, IP를 사용하는 대가로 마스터 레코딩 로열티 50%를 요구했다.

아이유가 뉴진스 노래를 부른다, AI 커버곡

유튜브에 올라온 한 영상에서 가수 아이유와 백예린이 인기 걸그룹 뉴진스의 신곡 〈슈퍼 샤이Super Shy〉를 번갈아 부르는 모습이 담겨있다. 언뜻 들으면 진짜 가수들이 부른 것 같지만 진짜 가수가 아닌 AI 아이유와 AI 백예린이 부른 곡이다. 아이유와 백예린의 팬이 들어도 AI인 것을 눈치 채지 못할 정도다.

현재 유튜브 등에서 AI 아이유, AI 김동률, AI 박효신 등을 검색하면 이들이 부른 다른 가수의 유명 곡들이 쏟아진다. 국내 가수뿐 아니라 브루노 마스, 프레디 머큐리, 마이클 잭슨, 아리아나 그란데 등의 AI 커버곡도 넘친다. 프레디 머큐리가 김광석의 〈서른 즈음에〉와 정인의 〈오르막길〉을 부르기도 한다. 세계적인 가수들의 '노래 바꿔 부르기' 열풍이다. 이들 모두 실제 가수가 아니다. AI가 원곡 가수의 목소리를 학습해 똑같이 따라한 커버 곡이다.

최근 유튜브에서 AI 가수 커버곡 콘텐츠가 확산되고 있다. 커버곡이란 특정 의도를 반영해 재연주 또는 재가창하는 것이다. AI 가수 커버곡은 생성형 AI가 특정 가수의 목소리를 학습해 똑같이 따라 하면서 만들어진다. 생성형 AI 기술을 통해 3초 분량의 목소리 샘플만 있어도 완벽에 가깝게 복제할 수 있다. AI 가수 커버곡 유튜브 채널에는 사용자들이 듣고 싶은 가수와 곡을 댓글로 요청하고, 음색이 좋다고 평가받는 가수들 위주로 콘텐츠가 생성돼 업로드 된다.

다만 미국 팝 시장에서도 해프닝이 하나 있었다. 2023년 4월 익명의 틱톡 사용자가 유니버설 스튜디오 소속 가수인 드레이크와 위켄드의 목소리를 활용해 AI 음악을 발표했다. 〈하트 온 마이 슬리브Heart On My Sleeve〉라는 제목의 노래다. 대형 스타들의 만남에 음원 플랫폼 스포티파이, 동영상 플랫폼 유튜브, 틱톡이 발칵 뒤집혔다. 순식간에 조회수가 급증했다.

그러나 이 음악이 AI로 만든 가짜 음원임이 밝혀지자 각종 플랫폼에선 금세 자취를 감췄다. 두 사람의 소속사인 유니버설뮤직 그룹이 자사가 저작권을 보유한 곡에 대해 AI 커버곡 게재를 금지해달라고 요청했기 때문이다.

최근 스포티파이에선 음악 콘텐츠 제작 서비스인 부미Boomy의 생성형 AI가 만든 노래 수 만 곡을 퇴출했다. 이 회사가 온라인 봇자동 프로그램으로 청취자 수를 조작해 스트리밍 수를 부풀렸다는 음원 사재기 의혹이 불거져서다.

'진화하는 AI'는 이렇듯 앞으로 음악 시장에 혼란을 줄 가능성도 있다. 작사, 작곡을 넘어 '범접할 수 없는' 영역이라 믿었던 인간의 목소리까지 따라잡히자 지지부진했던 논의들이 수면 위로 올라왔다. AI 커버곡과 창작곡의 음악 시장 진입을 보는 시각은 다양하다. 스포티파이의 최고경영자 다니엘 에크는 2023년 초실적 발표 콘퍼런스 콜에서 AI가 스트리밍 음악 시장에 미칠 영향에 대해 "AI를 활용한 모든 멋지고 무서운 일들에서 빠르게 혁신과 진전이 일어나고 있다"며 "전에는 이런 것을 본 적이 없다"고 말했다. 이는 음악 소비자들에게도 흥미롭고 신선한 경험이다. 스포티파이는 좋아하는 트랙 및 아티스트에 대한 AI 기반 음성 해설과 함께 엄선된 음악을 제공하는 기능인 '디제이DJ'를 선보였다. 지난 2022년 스포티파이는 텍스트 기반 목소리 생성 AI 엔진을 구축한 영국 스타트업 소난틱Sonantic을 인수해 이 기능을 강화하기도 했다.

AI 음악 창작물의 위협이 거세지면서 업계에선 현안들에 대한 논의 필요성을 강조한다. 무엇보다 시급한 과제는 저작권 보호다. AI와 관련한 저작권 논의의 쟁점은 크게 두 가지다. AI의 학습 데이터로 허가 없는 사용 여부와 AI 창작물의 저작권 인정 여부다. 작물들이 AI 훈련에 사용될 때 창작자들이 존중받고 공정한 보상을 받지 못한다면, 전 세계의 창작자들은 광범위하고 지속적인 피해를 입을 수밖에 없다.

앞서 미국 저작권청USCO은 2023년 3월 AI를 저작권자로 등록하거나 AI가 생성한 것을 자신의 창작물로 속여 저작물로 등록하는 것을 금지하는 지침을 공표한 바 있다. 미국은 퍼블리시티권[12]에 대한 통일된 연방법이 없지만 여러 주가 주법에 명문화해 재산권으로 적극 인정한다.

---

12 퍼블리시티권이란 가수, 영화배우, 운동선수 등 유명인이 자신의 성명이나 초상을 상품 등의 선전에 이용하는 것을 허락하는 권리다. 사람의 인격표지 자체에 가치를 부여한다는 점에서 저작권과는 다르다.

최근 SNS, 동영상 콘텐츠 플랫폼 등의 이용이 활발해짐에 따라 연예인, 운동선수 등 전통적 의미에서의 유명인뿐만 아니라 누구라도 대중적 인지도를 얻을 수 있는 환경이 갖추어졌고, 이에 개인의 인격표지를 영리적으로 활용할 수 있는 영역이 넓어졌다. 이 같은 변화를 반영해 정부는 지난 2022년 12월에 모든 개인들의 보편적 권리로서 '초상·성명·음성 등 자신을 특징짓는 요소인 인격표지를 영리적으로 이용할 권리', 일명 '인격표지영리권'을 기본법인 민법에 신설하는 민법 일부개정법률안에 관해 입법예고했다. 유명 연예인뿐 아니라 유튜버, 인플루언서 등도 자신의 얼굴과 이름, 음성 등을 영리적으로 이용할 권리를 법에 명시하는 것이다.

현재 AI 창작에 대한 저작권 부여와 AI 창작의 표절에 대한 대응방법, AI 저작물에 대한 법률적 제도는 국내에 아직 마련되지 않았다. 한국음악저작권협회는 2022년 AI 작곡가 이봄에 대해 〈사랑은 24시간〉을 비롯한 이봄이 만든 6곡에 대해 음악 저작권료 지급을 중단했다. 이는 이봄이 AI 작곡가라는 사실을 늦게 알게 되면서 내려진 조치다. 현재 AI 창작물이 문제가 되는 부분은 AI가 생산한 상품이 창작물로서 인정을 받을 수 있느냐는 것과 기존 창작물에 대한 저작권 침해, 생산물 활용에 대한 윤리적 문제 등이다.

예컨대 익명의 작곡가가 AI를 활용해 작곡을 하고, AI를 활용한 작곡이라는 사실을 밝히지 않는다면 해당 작곡가에게는 저작권료 지급이 정상적으로 이루어질 것이다. 아직은 창작이 인간 고유의 능력이라는 전제에 동의하지 않는 사례가 없지만 기술의 발전 속도를 고려한다면 머지않아 국내에서 AI 창작으로 인한 분쟁이 나타날 것으로 예상된다.

AI가 바꿔놓은 음원 스트리밍 플랫폼 시장

한국의 음원 스트리밍 시장은 멜론, 지니, 벅스 등이 과점하고 있었다. 과거부터 음원 시장에서 입지가 단단하던 사업자들이었다. 시장이 급변하기 시작한 건 음원 스트리밍 서비스에 IT 기술이 보다 더 중요해지면서부터다. 기술력을 가진 카카오가 멜론을 사들이고, SK텔레콤이 플로를 내놓고, 네이버가 바이브를 내놓으면서 음원 스트리밍 시장에서의 기술 경쟁은 심화됐다.

음악의 소비 방식을 바꾼 건 글로벌 기업인 유튜브였다. 알고리즘을 기반으로 추천 영상을 제공해 성공을 거둔 유튜브가 음악까지 추천해준다고 나선 것이다. 때마침 알고리즘을 통한 개인화된 추천곡, 플레이리스트를 제공하면서 성공을 거둔 스포티파이도 한국에 진출했다. 결국 유튜브 뮤직은 멜론을 넘어서고 만다. 음악의 소비 방식이 바뀐 것이다.

이를테면 최근 3년간 K-pop 음반 판매량은 점차 증가하는 추세지만 음원 시장 이용량은 감소세다. 동시에 온라인 동영상을 통한 음악 감상 비율은 크게 증가하는 추세다. 온라인 동영상을 통한 음악 감상 비중이 늘어난 것은 기존에 동영상에 활용되던 맞춤형 콘텐츠 추천이 음악에도 확장되었다는 뜻이다.

갈수록 방대해지는 인터넷 데이터와 역동적으로 변화하는 소비자들의 반응 이슈는 알고리즘의 역할을 더욱 중요하게 한다. AI 기술 발달과 함께 국내 음악 산업계는 유통 플랫폼의 영향력과 역할이 콘텐츠의 성공에 결정적인 역할을 하게 되었고 개인의 취향이나 산업 전반의 경향에 좌우되는 음악 산업의 특성상 국내의 발달한 IT 기술, 고도화된 소셜 미디어 문화를 바탕으로 현대 AI 알고리즘을 플랫폼 서비스에 실제 활용하는 구체적인 사례가 증가하고 있다.

음악만이 아니라 여러 유통 비즈니스 분야에서도 획일화된 특정 제품이 아닌 개인이 지향하는 가치관이나 만족도를 바탕으로 제품을 구매하는 '가치 소비'가 중요한 경향으로 자리했는데, 음악 스트리밍 플랫폼 이용자들은 갈수록 음원 차트 상위권 음악을 수동적으로 청취하기보다 AI 등이 추천하는 취향에 맞는 음악들로 구성된 자신만의 플레이리스트를 소비하는 경향이 증가했다.

차트 순위와 장르별 리스트를 제공하는 방식, 스타 디제이나 관련 분야 종사자가 직접 구성한 플레이리스트를 활용하는 방식과 별개로, 이용자 데이터와 급변하는 데이터 기술의 발전을 활용한 이 같은 새로운 시스템 도입은 이용자들의 취향을 이전보다 정확하게 예견하고 빠르게 대응할 수 있도록 했다.

특히 '음원 사재기' 이슈 이후 음원 스트리밍 플랫폼에서 일방적으로 제공하는 차트에는 이용자들의 관심이 떨어졌다. '셀렉트스타 인공지능 인사이트'[13]를

---

13 SELECTSTAR Blog(2022.08.09.). https://blog.selectstar.ai/ko/tech/16294
이진호(2022.08.19.) '셀렉트스타 "5년간 '언어' AI 개발 활발"…뷰티 · 예술도 활용', 바이라인네트워크

보면 2018년부터 2022년 상반기까지 약 5년간 AI 학습 데이터 관련 카테고리 가운데 언어 분야$^{40.2\%}$가 절대적으로 가장 활발히 개발된 것으로 나타났다. 이어 뷰티$^{6.4\%}$, 예술$^{5.6\%}$, 사람$^{5.3\%}$, 건강$^{4.4\%}$ 등이 뒤를 이었는데, 예술의 경우 색상과 디자인을 세분화해 소비자가 원하는 상품을 구매하는 데 도움을 주거나, 자주 듣는 음악의 분위기, 가수 특징, 이용자의 청취 이력 등을 분석해 음악 추천 서비스를 구현하는 데 주로 쓰인 것으로 나타났다. 사용 이력에 기반을 둔 빅데이터 중심의 큐레이션 서비스를 시작으로, 이용자들의 시간과 장소, 상황에 따른 큐레이션 서비스로 확장하며 최근에는 직관성과 개인화, 정확성을 높이는 방향으로 발전하고 있다.

멜론은 2014년 일찌감치 이용자 빅데이터 중심의 큐레이션 서비스를 시작했다. 2016년 이후 상황별 큐레이션 서비스를 실시했고 이를 활용해 이용자와의 1:1채팅을 통해 선곡 리스트를 제공하는 AI 기반 뮤직봇 '로니'라는 서비스, 개인화 추천기능을 활용한 운세 콘텐츠인 '뮤직타로'를 제공하기도 했다.

2021년 말 선보인 '인디제이^{inDJ}'는 AI 기반 음악 스트리밍 애플리케이션이다. AI가 유튜브 등 다른 플랫폼의 알고리즘을 활용해 기분, 날씨, 행동 등 2만 가지 이상의 데이터 패턴을 바탕으로 사용자 상황과 감정을 자동 분석해 플레이리스트를 제공한다. 인디제이는 2022년 5월에 애플 앱스토어 음악 부문 1위를 차지했고, 2023년 5월에 마이크로소프트와 중소벤처기업부 지원사업에 최종 선정됐다. 또한 2022년 8월, 출시된 '뮤아'는 이용자들의 회원 가입, 로그인, 검색 등의 개인 데이터와 상관없이 시간대, 날씨 등의 공동 정보를 바탕으로 이용자의 실시간 선택을 분석해 추천 플레이리스트를 제공한다.

AI 음악 데이터 분석 기술에서 중요한 것은 추천 결과에 대한 정확성 혹은 정답 비율이다. 실제 이용자가 추천 콘텐츠에 관심을 보이냐는 것이다. 기존 분석 알고리즘은 과거 데이터를 기반으로 보여주기 때문에 사용자 입장에서는 한편으론 AI 추천 결과에 지루함, 단조로움을 느낄 수 있다. 시시각각 달라지는 개별 상황과 감정 변화를 파악할 수 없어서다.

스트리밍 서비스에서는 기존 콘텐츠 중심으로 유사성을 판별하기 때문에 새로운 콘텐츠에 대한 대응력이 떨어져 선곡 만족도가 떨어질 수 있다. 비슷한 콘텐츠를 계속 추천해 확증 편향을 심화한다는 한계도 지적되고 있다. 이에 따라 단순한 수치보다 이용자 반응이나 이용자의 자체 경험 연구가 갈수록 중요해질 것이다.

새롭게 부상한 플랫폼 성장동력 '숏폼'

1분 남짓의 짧은 영상을 의미하는 숏폼은 이제 일상이 됐다. 원래 숏폼은 곧 틱톡이었는데 이제는 유튜브든 페이스북이든, 인스타그램이든 네이버든, 숏폼을 차용하지 않는 서비스가 없다. 동영상 소비 방식 또한 바뀐 것이다. 마케팅 플랫폼 기업 나스미디어와 아이언소스 등이 발표한 '2023년 마케팅 트렌드'로 숏폼을 공통으로 선정한 이유다.

숏폼은 대개 수십 초 분량으로 제작돼 긴 시간을 투자하거나 집중력을 유지하는 부담 없이 다양한 내용을 즐길 수 있어 인기를 끈다. 플랫폼 입장에서는 콘텐츠를 요약한 숏폼을 통해 본 영상이나 글, 웹툰 등으로 이용자를 끌어들일 수 있어 활용도가 높다. 초반에는 MZ세대를 중심으로 인기를 끌며 빠르게 성장했지만 지금은 전 연령층이 소비 중이다. 버스, 지하철만 타 봐도 어느 순간 스마트폰으로 영상을 보는 사람들이 가로로 그립을 한 뒤 영상을 시청하기보다는 세로로 잡고 손가락을 아래에서 위로 넘기는 행위를 하며 숏폼 콘텐츠를 시청하고 있지 않은가.

닐슨 코리안클릭 조사에 따르면 틱톡 10대 이용자 수가 2021년 6월 기준 136만 명에서 지난해 6월 174만 명으로 28% 오르는 사이, 40대 이용자 수는 38만 명에서 84만 명으로 2배 넘게 뛰었다. 같은 기간 50대 이용자도 35만 명에서 60만 명으로 71% 증가했다.

국내 IT 플랫폼 대표 주자인 네이버는 2022년 숏폼 콘텐츠를 강화한다는 방침을 세우고 쇼핑과 뉴스 등 다양한 서비스에 숏폼을 접목했다. 이에 따라, 네이버는 2022년 1월 라이브 커머스 서비스 '쇼핑라이브'에서 본 방송에 앞서 진행하는 10분 분량 영상 '맛보기 숏핑' 서비스를 도입했다. 틱톡커틱톡 크리에이터들이 출연해 실시간 문답 형식으로 상품에 대해 빠르게 설명하는 것이다.

네이버는 2022년 10월 20대 이하 젊은 이용자를 겨냥한 뉴스 서비스 '마이 뉴스 20대판'을 시작하면서 숏폼 형식의 뉴스를 제공하기도 했다. 2022 카타르 월드컵 기간 네이버 오픈톡에 올라온 숏폼 콘텐츠는 일반 월드컵 영상보다 편당 평균 조회 수가 2.6배 높을 정도로 인기를 끌었다고 한다.

카카오 역시 카카오톡 프로필에 숏폼을 도입해 이용자가 소통할 수 있는 공간으로 만들기도 했다. 카카오톡의 콘텐츠 배치큐레이션 서비스 '뷰'에서는 뉴스는 물론 연예, 웹툰, 요리 등 다양한 주제의 숏폼을 제공하고 있다.

숏폼을 접목하며 플랫폼 성격 자체를 전환해 성공을 거둔 사례도 있다. 2015년 인테리어 커머스 플랫폼으로 출범한 '하우스앱'은 2021년 6월 숏폼 리뷰 커머스 플랫폼으로 전환했다. 이후 1년여 만인 지난해 연간 거래액이 1,000억 원을 돌파했는데, 이는 2020년 거래액과 비교해 약 14배 급증한 것이다.

카카오엔터테인먼트의 뮤직 플랫폼 멜론은 음악 관련 숏폼 콘텐츠를 가볍게 디깅digging·발굴할 수 있는 신규 서비스 '오늘의 숏뮤직'을 출시했다. 멜론차트를 기반으로 한 발매 1주 및 4주내 인기곡, 순위 급상승 곡은 물론이고 '좋아요'가 많은 곡, 검색 인기곡, 방송에 나온 인기곡, DJ플레이리스트에 가장 많이 선곡된 곡 등을 보여주거나 최신 뮤직비디오와 멜론 오리지널 영상, 방송 영상 등 '보는 음악'을 통해 트렌드를 빠르게 접할 수 있는 다양한 숏폼 영상을 노출하는 식이다.

틱톡, 릴스와 같은 글로벌 SNS뿐 아니라 라이브 커머스까지 숏폼 형식 콘텐츠를 택하면서 앞으로 시장 규모는 더욱 커질 것으로 전망된다. 짧은 영상을 즐기고, 제작하고, 공유하는 것은 이미 하나의 놀이로 자리 잡았다. 볼 영상이 많아지면서 몇 시간짜리 드라마나 영화를 건너뛰기로 보는 요즘 시대에 효율을 중시하는 젊은 세대들을 끌어들이기 위해서는 엔터테인먼트 분야뿐 아니라 이종 산업에서 하이라이트만을 보여주는 숏폼 콘텐츠 생산에 더 열을 올릴 것으로 예상된다.

TREND 6

스마트팜부터 식품 3D 프린팅까지 '돈 되는' 푸드테크 산업

예나 지금이나 먹는 것은 삶의 중요한 부분이다. 과거와 달라진 점은 배고프다고 아무거나 먹지 않는다는 것이다. 사람들의 입맛이 까다로워지고 있다. 좋은 말로 섬세해졌다.

육식주의자는 너무 많으니 논외로 하고, 채식주의자에 대해 살펴보자. 이제는 주변에서 채식주의자 한두 명쯤은 만나보기 쉽다. 해외에 나가면 그 수는 더 많다. 이러한 채식주의자 중에서도 비건채식, 락토채식, 오보채식, 락토오보채식, 페스코채식 등 비건의 종류는 다양하다.

종교적인 문제 때문이지만 최근에는 기후 변화, 동물 복지 등 가치관의 변화에 따른 변화로 볼 수도 있다. 물론 건강상의 이유도 있다. 당류를 안 먹는 당뇨 환자들은 더 쉽게 만나본다. 미美의 중요성이 높아졌기 때문이기도 하다. 근육량을 늘리기 위해 단백질 위주의 식단을 하는 사람들은 더더욱 많다.

식습관에도 개인화가 필요한 시대다. 그런 점에서 푸드테크는 각광 받고 있다. 푸드테크는 음식과 기술의 합성어다. 소비의 영역에서만 서술했지만 푸드테크는 그 이상의 개념들을 포괄하고 있다. 먹거리 식품 관련 식재료인 농축산물의 생산, 공급, 조리, 제조, 가공, 유통, 판매, 배달, 소비 등 전 분야에 사물인터넷^{IoT}, 인공지능^{AI}, 3D프린팅, 바이오테크^{BT}, 로보틱스 등 ICT 첨단 기술을 접목된 새로운 산업을 뜻한다.

자연스레 이 기술에 돈이 몰리는 중이다. 한국농촌경제연구원 등에 따르면 전 세계 푸드테크 시장 규모는 2017년 2,110억 달러에서 연평균 7%씩 성장해 2025년에는 3,600억 달러에 이를 것으로 보인다. 우리도 손 놓고 있지만은 않다.

2022년 12월 농림축산식품부는 '푸드테크 산업 발전방안'을 발표했다. 농식품 산업의 혁신성장을 견인하고 우리 기업의 국제경쟁력을 확보하기 위해 유니콘 기업, 혁신기업을 육성하기로 한 것이다.

인공지능과 사물인터넷 기술이 적용된 스마트팜에서 농산물을 재배하고, 조리된 음식은 자율주행 로봇이 서빙하며, 빅데이터 기술을 바탕으로 식품 제조, 음식 조리, 유통이나 배송 등 전 영역을 데이터화해 개별 소비자 맞춤형으로 제공하는 시대가 왔다. 농업도 진화, 발전하고 있다.

비거니즘

어느 날 악몽을 꾼 후 육식을 거부하는 주인공이 등장한다. 딸의 채식을 못마땅해 하는 아버지는 가족 모임에서 주인공의 입에 억지로 탕수육을 밀어 넣고, 가족들은 방관한다. 주인공은 결국 이 사건 이후 칼로 손목을 긋는다.

2007년 발간돼 한국 소설 최초로 2016년 맨부커상을 수상한 작가 한강의《채식주의자》에 나오는 내용이다. 조금 극단적이긴 하지만 과거엔 비거니즘을 지향하는 사람들에 대한 시선이 곱지만은 않은 것이 사실이었다. 채식주의자에게는 항상 '까다롭다'거나 '특이하다'는 꼬리표가 붙었다. 당연히 채식주의자들이 먹을 만한 음식도, 갈 만한 곳도 매우 제한적이었다. 우유나 달걀도 먹지 않는 완전채식주의자를 뜻하는 '비건'에게는 더더욱 쉽지 않은 환경이었다.

하지만 한강의《채식주의자》가 발간된 지 10년이 지난 현재 분위기는 많이 달라졌다. 먹는 것은 물론 입는 것이나 쓰는 물건에서도 비건 라이프를 지향하는 사람들이 많아지면서 비건은 주목받는 라이프스타일로 떠올랐다. 동물성 원료를 사용하지 않은 비건 푸드가 '미래 식량'으로 대접받으면서 스타트업부터 대기업까지 식물성 마요네즈나 우유, 대체육 등을 개발하거나 비건 레스토랑을 여는 사례도 늘어나고 있다.

동물성 식재료가 조금이라도 섞인 음식은 아예 먹지 않고 채소와 과일만 섭취하는 완전 채식주의자를 비건이라고 한다. 육류는 먹지 않지만 유제품만 섭취하는 경우 락토lacto 베지테리언, 계란만 섭취하는 경우 오보ovo 베지테리언이라고 한다. 비건은 육류는 물론 우유, 계란 같은 동물의 알, 벌로부터 얻는 꿀도 먹지 않는다. 특히 비건은 단지 먹는 것만이 아니라 밍크나 실크, 가죽처럼 동물로부터 얻은 원료로 만든 옷이나 액세서리, 동물 실험을 하는 화장품을 사용하지 않는다. 비건은 하나의 라이프스타일로 볼 수 있으며 이러한 생활방식을 '비거니즘'이라고 부른다.

비거니즘은 영국 단체 '비건 협회Vegan Society' 공동 설립자인 도널드 왓슨과 도로시 왓슨이 만든 용어다. 이들은 비거니즘을 '최대한 가능하고 현실적 범위에서 모든 형태의 동물 착취를 지양하는 삶의 방식'이라고 정의했다.[14] 책《비건 세상 만들기: 모두를 위한 비거니즘 안내서》를 쓴 벨기에 비건 운동가 토바이어스 리나르트는 "고통받는 동물의 수를 줄이고, 동물의 고통을 최소화하는 것이 비건 운동의 목적"이라고 정의한다.

비거니즘은 식습관을 넘어 패션, 뷰티, 여행 등 삶의 전반에서 '동물 보호의 가치'를 실현하는 의미로 하나의 생활 신념으로 자리 잡았다. 동물을 과도하게, 부당하게 착취하는 산업의 산물을 소비하지 않겠다는 의식에서 나온 철학이다.

---

14 〈소수 채식 취향을 넘어 삶의 한가운데로 파고든 '비거니즘'〉, 이선욱, 조선일보, 2022. 03. 07.

비거노믹스와 패션

비거노믹스. 채식과 경제, 전혀 어울리지 않는 두 단어가 결합되어 만들어진 신조어의 등장은 비거니즘이 산업계로 확산되고 있음을 여실히 보여준다. 특히 패션 업계는 커피 찌꺼기, 버섯 균사, 코르크 마개 등 다양한 친환경 소재를 적용한 패션을 선보이고 있다.

프랑스 명품 브랜드 에르메스는 미국 캘리포니아에 위치한 친환경 스타트업 마이코웍스MycoWorks와 협업해 버섯 균사체로 만든 빅토리아백을 선보였다. 최상위 명품 브랜드가 식물성 소재 가방을 만든다는 소식은 전 세계 패션계의 이목을 끌기 충분했다.

그간 에르메스를 대표했던 가방은 악어백이다. 대표 상품 켈리백이나 버킨백 하나를 만드는 데 필요한 악어는 약 두세 마리로 알려져 있다. 에르메스는 악어 가죽을 자체 생산하기 위한 악어 농장도 여럿 소유하고 있다. 심지어 2020년 11월에는 호주에 새 악어 농장을 짓겠다는 계획을 밝혀 전 세계 동물보호단체와 비건 운동가들로부터 항의와 비난을 받았다.

그런 에르메스가 전혀 뜻밖의 행보에 나선 것이다. 이 프로젝트는 3년간에 걸친 마이코웍스와 에르메스의 협업으로 이뤄냈다. 마이코웍스는 버섯에 기생하는 곰팡이 뿌리에서 채취한 균사체를 이용해 실바니아Sylvania라는 이름의 비건 가죽을 개발했다. 실바니아 가죽은 촉감과 내구성이 일반 동물성 가죽과 비슷하지만, 이산화탄소 등 온난화 물질 배출량이 적다. 에르메스가 당장 모든 제품에서 동물 가죽을 배제하겠다고 선언한 것은 아니지만, 동물 가죽 사용을 줄이려는 시도 자체는 매우 의미 있어 보인다.

가죽, 모피, 울 등 동물성 소재를 사용하지 않는 비건 패션으로의 변화 움직임은 이전부터 포착됐다. 구찌, 샤넬, 프라다, 버버리 등 많은 명품 브랜드가 모피 사용을 중단했다. 동시에 새로운 식물성 소재를 활용한 제품을 선보였다. 구찌는 목재 펄프 소재의 스니커즈인 데메트라를 출시했고, 루이비통은 옥수수를 원료로 한 바이오 플라스틱인 바이오폴리와 재활용 고무 · 섬유 · 나일론 등 소재를 함께 활용해 만든 '찰리 스니커즈'를 판매했다.

이뿐만 아니라 아디다스, H&M, 노스페이스, 헤지스, 구호 등 국내외 기존 패션 브랜드도 잇따라 비건 제품을 출시 중이다. 이 밖에 브랜드 탄생부터 '지속 가능' 패션 철학을 고집해온 세이브더덕, 올버즈 등을 비롯해 식물성 소재 섬유나 가죽 개발 스타트업들도 주목을 받고 있다.

미국 시장조사기관 그랜드뷰 리서치Grand View Research는 2020년 8월 발표한 자료에서 2019년 약 3,969억 달러 규모였던 전 세계 비건 여성용 패션 시장이 2020년 이후부터 연평균 13.6% 가파르게 성장해 2027년에는 1조 956억 달러 규모에 달할 것으로 예측했다.

대체육

환경보호와 윤리적 소비를 지향하는 비거니즘 트렌드의 인기는 식물성 원료를 기반으로 한 대체육이나 대체유제품 등에 대한 수요 증대를 이끌었다. 윤리적 소비, 가치 소비 문화가 형성되고 기후위기 대응에 대한 인식이 높아짐에 따라 동물성 단백질을 대체할 수 있는 대체식품에 대한 수요가 늘었고, 이는 푸드테크 시장의 성장 가능성을 견인했다.

이전에는 단순히 식물성 재료를 사용해 제품을 만드는 것에 그쳤다면, 이제는 실제 육류를 먹는 것과 같은 식감을 구현하는 대체육 식품 제조 기술이 고도화되고 있다. 대체식품은 식물성 대체육, 배양육, 식용곤충, 해조류 단백질 등과 같이 동물성 단백질을 대체하는 식품인데 흔히 대체식품을 '대체 단백질 식품 alternative protein'이라 말한다. 이는 동물성 단백질 식품 제조 시에 전통적으로 사용되는 육류 대신 콩, 밀 등 식물에서 추출하는 식물 추출 방식planted-based, 버섯균 등을 이용한 미생물 발효 방식fermentation, 동물체 근육줄기세포를 증식해 대체육을 만드는 동물세포배양cultivated meat 방식을 통해 인공적으로 단백질을 만들어 맛과 식감을 구현한다.

대체식품은 종류별로 필요한 기술이 상이하나 생산 과정에 필요한 소재 발굴, 공정, 가공 기술 등은 공통적으로 사용된다. 식물성 대체식품 제조에 필요한 식물성 단백질원인 식물, 해조류, 미생물 등 소재 발굴, 식물성 단백질 조직화 기술, 풍미 구현을 위한 첨가물 개발 등이 핵심 기술이다.

배양육은 생산에 사용할 동물 소재 발굴과 세포, 배지, 지지체, 생물반응기 bioreactor, 3D 바이오프린팅[15] 등이 주요 기술이다. 곤충 단백질 기반 식품은 곤충 중 식용곤충으로 등록할 수 있는 곤충 소재 발굴과 곤충 유지[16], 단백질 등을 추출하기 위한 가공기술 등이 필요하다.

식물성 대체식품의 경우 식물성 조직 단백질Texturized Vegetable Protein·TVP을 만들기 위한 원료 소재 개발 및 조직화 방법과 관련된 연구들이 진행되고 있다. 대표적으로 밀, 대두, 완두로부터 식물성 단백질을 추출하고 있으며, 콩류렌틸콩, 병아리콩 등, 해조류, 미생물 등 다양한 원료를 이용하여 시도하고 있다.

식물성 대체식품 생산의 핵심은 식감이 고기와 유사하도록 구현하기 위한 공정기술을 개발하는 것이다. 식물성 대체식품의 조직화를 위한 대표적인 가공기술은 압출성형공정extrusion method이 대표적인데, 압출성형공정은 수분함량에 따라 고수분과 저수분 압출로 나눌 수 있다. 수분함량이 높아 외형과 식감이 조리된 육류와 유사하기 때문에 고수분 압출성형공정이 대표적으로 사용되고 있다.

배양육 생산 기업들은 동물 소재 발굴을 진행하고 있으며, 생산 과정에 필요한 세포, 생물반응기 등과 관련한 연구에 집중하고 있다. 곤충 단백질 기반 식품

---

15 3D 바이오프린팅은 3D 프린터와 생명공학을 결합한 기술로, 살아 있는 세포를 원하는 패턴으로 적층 인쇄해 조직 또는 장기 등을 제작하는 데 활용됨. 자료: 네이버 지식백과 〈3D 바이오프린팅〉
16 단백질 및 탄수화물과 함께 생물체의 주요성분으로 상온에서 고체상인 것을 지방, 액체상인 것을 기름 또는 지방유라고 하며, 양자를 총칭하여 유지라고 함. 자료: 네이버 지식백과 〈유지〉

은 식용곤충 종류를 확대하기 위하여 식품 원료로 등록 가능한 곤충 소재 발굴, 외형적 특성에서 오는 부정적 인식 전환, 영양성분 보존을 위한 가공기술 개발 중심으로 연구가 진행되고 있다. 또한 식용곤충 소재 발굴을 위해 원료의 특성, 영양성, 독성평가에 대한 연구를 진행하고 있으며, 국내에서는 지난 2020년에 아메리카왕거저리유충과 수벌번데기가 새롭게 등록됐다.

대체식품 시장 성장은 건강에 대한 관심, 가치관의 변화로 인한 채식주의자의 증가에 기인한다. 채식주의가 유행이 되면서 일반인들에게는 새로운 식품에 대한 호기심을 유발시켰다. 시장조사기관 스태티스타Statista에 따르면 2022년 세계 비건 시장 규모는 약 160억 달러로, 2025년엔 220억 달러 수준으로 확대될 전망이다.

다만 국내에서 대체육을 포함한 대체식품 시장의 성장 가능성에 비해 관련 제도는 아직 걸음마 단계다. 예를 들어 식물성 대체 단백질의 경우 곡류, 두류 가공품으로 분류되어, '육', '고기' 등으로 표시하거나 광고할 수 없다. 그러나 이 같은 식품표시광고법은 잘 지켜지지 않는다. 여전히 소비자 혼란을 야기하고 있는 것이다.

대체육을 육류대용식품으로 총칭하고 식물성대체육과 세포배양육의 하위 구분을 사용하는 방안이 제시되기도 했으나 아직 명문화되지는 않았다. 반면, 미국에서는 2019년 식물성 인공육을 고기로 표기하는 것이 금지되는 법안이 발의되어 3개 주에서 통과되었고 프랑스에서도 유사한 법안이 제정된 바 있다.

배양육을 어떻게 정의할 것인지, 안정성은 어떻게 평가할 것인지, 제조 시설은 어떤 기준으로 가져갈 것인지 등 관련 법률과 제도를 정비도 필요하다. 세포 배양육은 식물성 단백질과 다르게 동물의 근육세포에서 배양된 식품이지만, 축산물 위생관리법에서 정의하는 축산물에 포함되지는 않는다.

조리 로봇의 진화

"선생님, 미역국이랑 진미채 볶음 좀 더 먹을 수 있어요?"

급식실에 느지막이 들어온 중학생 배진호 군. 남은 밥과 잔반을 긁어모아 식사를 마쳤지만 영 배가 안 차 영양사 선생님에게 이 같이 요청했다. 배 군의 추가 배식 요구에 영양사 선생님은 컴퓨터를 열고 미역국, 진미채를 입력한 뒤 클릭을 한다. 그러자 조리대에서 윙윙 하는 기계음과 함께 로봇 팔들이 열심히 미역국과 진미채 볶음을 만들기 시작했다. 로봇 조리사였다.

미래의 일처럼 들리는가. 놀랍게도 올해부터 우리네 학교에서 일어날 일이다.

서울시교육청이 2023년 하반기부터 학교 급식 조리실에 국과 튀김 등을 하는 '급식 로봇조리용 로봇팔'을 도입한다고 밝혔다. 학교 급식실에 배치된 로봇 팔이 음식 재료들을 튀김 솥이나 냄비 등 조리 도구로 옮긴 뒤 뒤집기, 돌리기, 흔들기 등 기계적인 움직임으로 여러 요리를 만드는 것이다.

시범 사업에는 볶음, 국·탕, 튀김 로봇 등 네 대가 들어와 위험했던 조리 업무를 일부 대신한다. 학교 급식 조리실에 사람의 업무를 대신할 로봇이 들어오는 것은 처음 있는 일이다. 앞서 산업통상자원부와 국방부가 육군훈련소에 비슷한 방식의 단체급식용 조리 로봇을 투입한 바 있다. 주로 많은 분량의 음식을 젓거나 유해물질이 많이 배출되는 튀김 조리 과정 등에서 조리병의 손을 덜어주는 효과가 기대됐다.

조리 로봇은 푸드테크 산업에서 빼놓을 수 없는 영역이라는 말이다. 현재 F&B 업종 관련 기업들은 첨단 로봇 공학과 AI 솔루션을 통해 제품 생산 자동화뿐만 아니라 소비자 수요 데이터 분석을 통한 생산 효율 증대, 오염된 제품 선별 등 다양한 목적을 실현하고 있다.

시장조사기관 마켓앤드마케츠MarketandMarkets에 따르면 글로벌 푸드 로봇 시장 규모는 2020년 기준 약 19억 달러로, 연평균 13.1%로 성장해 2026년 약 40억 달러에 도달할 전망이다.

푸드테크 로봇 중 음식료 제조 공정 등에 사용되는 로봇은 산업용 로봇이라 구분하며 서빙, 배달 등에 사용되는 로봇은 서비스용 로봇으로 칭한다. 조리 로봇은 일반적으로 협동 로봇을 활용하는데, 협동 로봇 팔에 조리 도구를 결합해 뒤집기, 흔들기, 돌리기 등 사람의 팔로 할 수 있는 다양한 동작을 구사해 조리하는 형태다.

초창기에는 커피를 내리거나 치킨을 튀기는 등 요리 과정의 일부분인 단순 반복 작업만 수행했다면 최근에는 조리 로봇이 바리스타와 요리사를 대체해 요리의 전 과정을 담당하고 있다.

또 피자, 치킨, 커피 등 패스트푸드 전문점과 카페에서 주로 사용되던 조리 로봇은 미국, 유럽에서는 주로 피자와 햄버거 같은 패스트푸드 음식 조리 로봇이 중점적으로 상용화되었으며, 최근에는 한식 전문점에서 탕을 끓이는 로봇까지 도입해 주목받고 있다.

관련 기술 개발도 활발하다. 스타트업 로보버거RoboBurger는 2022년 4월 뉴저지주 저지시티에 있는 사이몬몰Simon Mall에 햄버거 만들어주는 로봇 자판기를 설치해 운영 중이다.

이 로봇 셰프는 12피트 평방미터의 크기이며, 전원에 바로 연결해 사용할 수 있다. 냉장고, 자동화된 번철, 세척시스템 등으로 구성되어 있다. 이 로봇 셰프는 5단계의 요리 과정을 통해 고객이 주문한 햄버거를 만들어낸다. 패티와 빵을 굽고, 양념을 치고, 버거 형태로 쌓는 과정을 홀로 처리한다. 전체 조리에 들어가는 시간은 6분 정도다. 햄버거의 가격은 6.99달러이며 신용카드, 애플페이, 구글

햄버거 만들어주는 자판기의 모습

자료: 로보버거RoboBurger 홈페이지

페이로 결제할 수 있다. 고객은 자판기 터치스크린을 눌러 케첩, 겨자, 치즈 등이 곁들여진 버거를 주문할 수 있으며 자신이 원치 않는 양념은 뺄 수도 있다.

또한 일본의 기업 오텍Autec은 스시 로봇을 개발했다. 스시와 롤을 만들어주는 로봇으로, 밥 덩어리를 통에 넣으면 초밥에 쓸 수 있도록 동그랗게 또는 길쭉하게 만들어주는 식이다. 밥의 온도, 뭉침 상태 등을 세심하게 관리하고 시간당 최대 450개의 스시 롤 제조가 가능하다.

한국에서도 로봇이 만드는 1인 피자를 판매하는 고피자 매장을 전국 곳곳에서 만날 수 있다. 비트커피 같은 로봇 커피는 아파트 단지에서도 만나 볼 수 있다. 조리 로봇은 이미 일상이 됐다.

배달 로봇

배송 로봇은 지능형 로봇 분야에 속하는 기술로, 소매 창고에서 고객의 문 앞까지 배달 음식, 식료품 또는 모든 소포를 배달하는 데 사용되는 로봇을 의미하는데 라스트 마일last-mile 배송 로봇이라고도 부른다.

라스트 마일 배송이란 상품을 개별 소비자에게 직접 전달하기 위한 배송 마지막 구간을 의미한다. 과거 택배기업의 운송비 절감을 위한 기술적 방안을 논할 때 주로 사용되는 용어였으나, 최근 유통 및 이커머스, 음식 배달업체들까지 라스트 마일 딜리버리 구간에 진입하며 사용 범위가 확대됐다.

보통 라스트 마일은 배송단계 중 비효율성이 높아 수익성 개선 여력이 크고, 공급자 중심의 퍼스트 마일First Mile 대비 소비자 빅데이터 확보가 가능한 구간이기 때문에 관련 기술과 플랫폼 개발이 중요하다. 핵심이 되는 것이 바로 배달용 로봇과 드론, 자율주행 기술이다.

라스트 마일 배달 로봇이란 주로 5~10km 정도의 단거리에서 포장된 음식 또는 소형 택배를 최종 소비자가 위치하는 곳으로 운반해주는 로봇을 뜻하는데, 배달 로봇이 실험 공간 밖으로 나갈 때 중요한 요건은 주행 능력이다. 특히 복잡한 도심지에서 자신과 목적지의 위치를 특정하고, 장애물을 회피하는 능력도 중요하다. 식당 내부만 오가는 서빙 로봇이 빠르게 상용화한 것도 이 때문이다.

서빙 로봇은 주로 외식업계에서 음식 서빙과 퇴식 등의 기능을 수행하는 상업용 서비스 로봇으로, 대부분 동시적 위치추적 및 지도작성Simultaneous localization and mapping·SLAM 알고리즘 기반 자율주행 기술이 적용되어 있다. 서빙 로봇에 주문 시스템과 연동된 솔루션을 적용하거나 태블릿PC에 테이블 번호를 입력하면, 로봇이 사람과 물체를 피해 지정된 테이블까지 음식을 전달하고 복귀하는 방식이다. 이러한 서빙 로봇은 주변 식당에서도 쉽게 찾아볼 수 있을 정도로 보편화됐다.

서빙 로봇 시장에서 가장 두각을 나타내고 있는 국가는 중국이다. 현재 글로벌 시장 내 점유율도 높을 뿐만 아니라 성장 속도 또한 타 국가 대비 빠른 편이다. 국내 서빙 로봇 시장의 대부분은 중국산 서빙 로봇이 차지하고 있다. 서빙 로봇 시장에서 주요 포지션을 차지고 있는 기업은 중국의 푸두 로보틱스Pudu Robotics, 키논 로보틱스Keenon Robotics, 미국 스타트업 베어로보틱스Bear Robotics가 있다. 한국에는 LG전자의 클로이 서브봇과 우아한형제들배달의민족의 딜리플레이트가 있다.

미국 스타트업 오토노미에서 개발한 배달 로봇 오토봇Ottobot은 미국 공항에서 배달 서비스 수행 중이다. 공항 고객들은 오더앳cvg닷컴orderatcvg.com에서 식음료 주문이 가능하며, 휴대폰으로 주문 업데이트 받을 수 있고, QR코드로 배달 로봇의 보안 물품 칸을 열고 주문한 것을 수령한다.

미국 스타트업 카본오리진스에서 개발한 배달 로봇 스키피Skippy는 VR기기를 통해 원격제어가 가능하다. VR 기기 착용하면 메타버스로 구현된 도로와 건물 사이에 배달 로봇 스키피가 등장하고 로봇이 장애물을 피하도록 조종이 가능하다. 로봇의 신경망을 실시간으로 훈련시키고 제어할 수 있다. CES 2022에도 출품되어 시연된 바 있다.

캐나다 로봇 제조사 지오프리Geoffrey가 개발한 배달 로봇 지오프리는 음식 배달업체인 푸도라Foodora의 서비스에 사용된다. 토론토 식당 반경 약 1.62km 거리에 있는 고객들에게 시속 6km로 이동해 15분 안에 음식을 배달한다. 무게 약 4.53kg의 AI 배달 로봇으로, 약 2.7kg 수준의 주문량을 운반할 수 있다. 리모컨 뒤 드라이버에 광각과 줌 기능을 제공하는 5대의 카메라를 장착해 건물주소 볼 수 있고, 야간에도 운행이 된다.

국내 기업 배달의민족은 자율주행 배달 로봇 딜리드라이브를 활용해 식당에서 아파트 세대 현관 앞까지 음식을 배달해주는 서비스를 하고 있다. 아파트 세대별로 QR코드를 부여해 배달 접수 후 세대 위치를 인식, 사전입력된 경로에 따라 이동할 수 있도록 설계돼 있다. 공동현관문이나 엘리베이터 연동 문제는 IoT 기술을 적용해 해결했으며, HDC랩스의 홈IoT서버와 연동해 1층 공동현관 통행이 된다.

업계가 배달 로봇에 주목하는 이유는 코로나19 팬데믹으로 경험한 폭발적인 배달 수요 증가 때문이다. 거리두기 해제로 엔데믹에 접어들었지만, 이미 경험한 배달의 편리함으로 앞으로도 배달 폭증 추세는 이어질 것으로 예상된다. 다만 여기에서 발생하는 문제는 원활한 라이더의 공급 여부다. 시간이 지날수록 계속 부족해질 수밖에 없고 이는 원활한 서비스를 저해할 가능성이 높다.

또 라이더들의 안전도 사회적인 이슈로 떠오르고 있어 이에 대처하기 위해 근본적인 시스템 개선에 대한 요구도 커졌다. 지속적인 인건비 상승도 고려 요인이다. 이를 해결할 방안으로 자율주행하는 로봇이 부상한 것이다.

해외 기술 발전 속도는 빠르다. 영국에서 창업된 스타십테크놀로지스는 배달 로봇으로만 전 세계 누적 이동 거리 1,000만km를 돌파했다. 미국에선 오토노미, 뉴로, 포스트메이트 등이 저장 용량을 키우고 자율주행 수준을 사람 도움이 필요 없는 '레벨 4' 수준까지 끌어올렸다. 미국 도로교통안전국은 2020년부터 배달 로봇 자율주행을 허가했다.

국내에선 2023년 상반기 배달 로봇의 법적 근거를 다지는 법안들이 차례로 통과됐다. 3월 배달 로봇이 주행 목적으로 촬영한 보행자 얼굴은 개인정보보호법 위반이 아니도록 조치했고, 4월에는 도로교통법 개정안을 통해 보도를 이용할 수 없었던 로봇을 보행자 정의에 포함했다. 30kg 이상 동력 장치의 공원 출입을 금지하는 공원녹지법은 지난해 9월 정부 규제 개선과제에 포함돼 논의가 진행 중이다.

또한 생활물류서비스법 개정도 해결해야 할 과제다. 해당 법은 택배 서비스와 화물배송대행 서비스 운송 수단의 정의를 다루고 있는데, 현재는 화물자동차와 오토바이만 포함돼 있다. 국회에 발의된 다수 개정법안은 대부분 운송 수단에 드론과 로봇을 추가하는 데 초점을 맞췄다. 통합개정안이 4월 국토교통위원회 법안소위원회를 통과했지만, 남은 과제가 적지 않다.

본격화될 식품 3D 프린팅 산업

식품 3D 프린팅 산업은 전 세계 최첨단 가전 쇼인 세계가전전시회CES에서 최근 몇 년 간 소개되어 왔다. 3D 프린팅을 통해 음식도 인쇄를 할 수 있게 된 것인데, 이제는 참신한 아이디어가 아니라 미래 먹거리로서 위상이 올라간 만큼 관련 산업이 확대될 것으로 전망된다.

식품 프린팅 기술은 식용 잉크로 3D 모양의 음식을 만들어내는 적층제조기술의 응용 분야다. 2005년 미 컬럼비아공대가 처음 도입했지만 식용 잉크로 쓸 수 있는 식재료에 제한이 있어 지금까지 초콜릿 등 가벼운 디저트를 만드는 데만 사용되었는데, 식품 3D 프린팅 기술의 장단점과 미래 주방의 모습을 연구한 조나단 블루팅거 미국 컬럼비아대 연구팀은 일곱 가지 재료로 케이크를 만드는 로봇을 설계하고 '소프트웨어가 제어하는 요리의 미래'라는 제목의 연구 결과를 내놨다. 이를 통해 식품 3D 프린팅 기술이 단순히 참신함을 넘어 소셜 미디어에서 다양한 음식이 공유되는 과정에서 창의력을 발휘시키고 사람들이 먹는 칼로리와 영양소까지도 추적할 수 있을 것으로 내다봤다.

연구팀은 다섯 번의 실패 끝에 3D 프린팅 케이크가 무너지지 않도록 각 층에 알맞은 모양과 두께를 찾아냈다. 레이저를 사용해 비스킷 페이스트, 땅콩버터, 딸기잼, 누텔라, 바나나 퓨레, 체리 이슬비, 설탕으로 만든 혼합물 등 일곱 가지 재료로 30분 만에 치즈 케이크를 만들어냈다.

이러한 3D 프린터는 치즈 케이크 뿐 아니라 닭고기, 소고기, 채소, 치즈는 물론 페이스트, 액체 또는 분말로 만들 수 있는 것은 무엇이든 만들어낼 수 있는 것으로 알려졌다. 물론 식품 3D 프린팅 기술은 아직 초기 단계. 식품 카트리지 제조업체가 더 많이 등장해야 한다. 또 레시피를 만들고 공유할 수 있는 환경이 조성돼야 한다.

식품 3D 프린팅 기술은 맞춤형 제작이 가능한 식물성 육류 시장에 실용적일 것이라는 분석이다. 어린 자녀를 둔 부모, 요양원 영양사, 운동 선수 등 식사를 계획적으로 제공해야 하며, 막춤형 식단이 필요한 이들에게 수요가 있을 것으로 보인다.

스페인의 기업 내추럴 머신Natural Machines이 개발한 푸디니Foodini는 식품 생산 용도로 만든 세계 최초의 상업용 프린터다. 전자레인지와 모양이 비슷하지만 파스타와 피자, 햄버거, 쿠키 등 다양한 음식을 조리할 수 있다. 프린터에는 조리법이 함께 탑재됐는데, 이를 자신의 레시피로 수정해 활용할 수도 있다. 현지 미슐

랭 레스토랑에서는 3D 식품 프린터를 사용한 음식을 판매하기도 한다.

고령화 시대에 맞춰 건강에 대한 관심이 늘어나면서 케어푸드, 메디푸드 시장이 확장될 것으로 전망되는데 3D 식품 프린터로 제작한 식품 개발이 함께 이어지고 있다. 독일의 바이오준 푸드Biozoon Food는 3D 식품 프린터로 제작한 고령친화식품을 내놓았다. 치아가 튼튼하지 않은 노년층을 위한 젤리 형태의 요리로 각종 영양소가 담긴 채소를 잘게 썰고 찌는 방식으로 재조합했다.

3D 식품 프린터는 특별한 날을 위한 이벤트 관련 시장이 확대될 가능성도 있다. 결혼이나 프로포즈, 환갑 잔치나 돌 잔치 같은 것들 말이다. 예를 들어 호주의 캐드버리 데이러 밀크Cadbury Dairy Milk는 세계 초콜릿의 날을 맞아 기획한 체험형 상품을 내놨다. 문자, 기호 등 개인별 취향에 맞는 모양으로 초콜릿을 인쇄한 것이다. 또 영국에서는 3D 프린팅 레스토랑 푸드잉크Food Ink가 등장했는데, 네덜란드의 휴대용 다중 3D 프린터 제조업체 바이플로우byFlow와 협력 기획한 레스토랑으로 기기를 통해 음식을 제공하는데 더 나아가 식기, 인테리어 소품모두 3D 프린터로 제작했다.

3D 식품 프린터는 친환경에 일조하기도 한다. 네덜란드의 업프린팅 푸드 Uprinting Food는 레스토랑에서 남거나 사용하지 않는 식재료를 구워 수분을 날린 뒤 3D 식품 프린터를 활용해 페이스트, 비스킷 형태로 재가공하는 기술을 개발했다.

이스라엘의 리디파인 미트REDEFINE MEAT는 식물성 재료를 원료로 지방층을 쌓아 마블링을 구현해 일반 육류 맛을 재현한 대체육을 개발했고, 스페인의 노바미트Novameat는 캡슐 커피머신형 대체육 제조기를 내놓았는데 완두콩과 쌀에서 추출한 단백질을 넣은 캡슐을 이용해 소고기와 닭고기를 제조한다. 또한 오스트리아의 레보 푸드Reve foods는 세계 최초의 3D 식품 프린팅 훈제 연어를 개발했는데 콩, 해조류, 아마씨 기름 등 100% 식물성 원료로 만든 연어 살코기 제품이다. 이스라엘의 스테이크홀더 푸드Steakholder Foods는 근육용, 지방용 2종의 바이오 잉크로 조직층을 구현해내 마블링 비율, 모양, 폭 등을 자유자재로 인쇄할 수 있다.

지금까지 개발된 기술은 재료를 압출해 식품을 증착하는 기술에 기반을 두는데 이럴 경우 만들 수 있는 식품은 제한적일 수밖에 없다. 일반 소비자들이 편하게 일상에서 사용하기 위해선 준비과정의 간소화, 비싼 가격 등도 해소돼야 한다. 그러나 새로운 가치를 창출해 사회적, 환경적 문제들을 해결하기 위한 기술이라는 측면에서 3D 푸드 프린팅에 관심을 가져야 할 이유는 충분하다. 가스레인지 대신 3D 푸드 프린터가 가정에 놓여질 날이 머지않았을지 모른다.

제2의 LK-99,
기술 강대국을 향한 꿈은 유효한가

먼 미래. 인류가 지구에 존재하는 우라늄 등 이용 가능한 에너지 자원을 다 써버렸다. 새로운 자원을 찾아야 한다. 그것이 바로 언옵테늄. 매우 귀하고 값비싼 이 자원을 캐고자 인류는 외계 행성 판도라를 침략한다.

판도라에는 공중에 둥둥 떠 있다. 언옵테늄이라는 물질을 함유하고 있어서다. 언옵테늄은 SF 영화·소설 등에서 자주 나오는 '구할 수 없는 자원'이란 뜻의 신조어다. 그만큼 엄청난 가치를 지닌다는 의미이기도 하다. 학계에서는 언옵테늄을 초전도체라고 부른다. 이는 전기 저항이 0인 초전도 현상과 자기장을 밀어내는 마이스너 효과Meissner effect를 동시에 일어나게 하는 물질이다.

핵융합 기술이 인류의 지속 가능한 미래를 위해 청정, 무공해 에너지를 생산하기 위한 수단이라면 상온 초전도 기술은 자원이 가진 에너지를 100% 이상 활용해 지금으로선 불가능한 미래 기술들을 상용화할 수 있는 토대다. 영화에서 언옵테늄은 1kg당 2,000만 달러약 270억 원의 가치를 가진 광물로 묘사된다. 실제로 상온 초전도체가 가능해지면 이에 못지않은 경제적 효과를 창출할 것으로 기대된다.

초전도체가 영화에서 언급된 건 아바타가 처음은 아니었다. 사실 첫 사례는 '스타워즈' 시리즈 〈제다이의 귀환〉1987 속 스피더 바이크라 할 수 있다. 하늘을 나는 이 오토바이를 타고 전투를 치르는 장면은 당시 시각특수효과VFX의 최고봉이었다. 이후 개봉된 〈백 투 더 퓨처 2〉1989에는 타임머신을 타고 2015년 10월 21일로 간 주인공이 날아다니는 스케이트보드인 '호버보드'를 타고 이동하는 장면이 삽입됐다.

꼭 탈것이 아니더라도 영화 〈미션 임파서블 4〉2011에서 자석이 붙은 옷을 입고 높은 곳에서 뛰어내린 주인공이 바닥에 닿기 직전 공중에 멈추는 것도 초전도 현상을 활용한 것이다. 영화 〈아이언맨〉 속 비행 슈트 역시 초전도 현상을 기반으로 한다. 특히 주인공 아이언맨의 가슴에 있는 초소형 핵융합로도 초전도체를 이용해 만들어진 장치로, 아이언맨은 비행 슈트로 자유롭게 하늘을 날아다닌다.

온몸이 수은처럼 자유자재로 변형되는 최첨단 로봇 T-1000을 등장시킨 〈터미네이터 2〉 속 설정 모두 초전도 현상에 뿌리를 뒀다. 십수 년간 영화 속 공상이었던 기술이 이제는 실체로서 다가올 것만 같다.

초전도 현상이란

초전도 현상superconductivity을 쉽게 풀어 설명하면 낮은 온도에서 특정 물체에 전기저항이 없어져 전류가 장애 없이 흐르는 현상이다. 초전도 현상을 이해하기 위해서는 도체Conductor, 부도체Insulator 개념을 알면 좋다. 종이나 나무, 지우개 같은 물질은 전기가 통하지 않는다. 이를 부도체라고 한다. 열 또는 전기의 전도율Conductivity이 비교적 작은 물질들이다. 반면 사람이나 금 같은 물질은 전기가 통한다. 이를 도체라고 한다. 열 또는 전기의 전도율이 비교적 큰 물질들이다.

도체에 전기를 보내면 통상 저항이 발생한다. 젖은 손으로 헤어드라이기를 콘센트에 꽂을 때 감전의 위험이 높지만, 마른 손으로 같은 행위를 하면 감전의 위험이 적은 건 상대적으로 저항이 커져서 그런 것이다.

전기는 통상 송전선을 통해 내보내고 그 송전선은 구리로 만든다. 구리로 만드는 이유는 다른 물체보다 상대적으로 저항값이 적어서 그렇다. 발전소에서 가정집으로 전기를 보낼 때 상대적으로 더 많은 양의 전기를 내보낼 수 있다는 뜻이기도 하다. 구리는 무엇보다 가격이 저렴하지 않은가. 전기를 흘려보내기에 가성비가 좋은 도체인 것이다.

이제 초전도 현상을 다시 한번 생각해보자. 특정 온도가 되면 특정 물체에 저항이 아예 없어진다. 해당 물질을 초전도체라고 한다. 초전도체는 여러 가지 도체 중에서 통전전류에 대한 전기저항이 전혀 없는 완전도체라 할 수 있다. 바로 앞서 말한 아바타의 언옵테늄이다. 구리 대신 언옵테늄으로 송전선을 만든다면 어떻게 될까? 상대적으로 더 많은 전기가 옮겨갈 수 있다. 우리가 알고 있는 어떠한 물질보다도 전기 전도성이 뛰어나 '최고의' 전도체Conductor라는 의미로 초전도체라는 이름을 붙인 것이다.

초전도체가 되기 위한 조건은 이처럼 온도Temperature, 자기장Magnetic field, 전류Current 등이 있다. 인류는 1911년 극저온절대 온도 0도·섭씨 -273.15도 상태의 임계치에서 전기 저항이 0이 된다는 초전도 현상을 발견한 후 현재 이 같은 상온 초전도체Superconductor 개발에 도전하고 있다.

초전도 기술 활용한 '날아라 슈퍼보드'

2015년, 도요타 렉서스는 초전도 기술을 이용해 공중 이동이 가능한 '호버보드'를 개발했다. 자기부상으로 작동되는 렉서스 호버보드는 냉각된 액체 질소와 초전도체, 영구 자석 등을 이용해 구현했다. 호버보드를 타면 영화 백 튜더 퓨처에 등장했던 스케이트보드처럼 공중에 뜬 채로 이동할 수 있게 된 것이다.

슬라이드Slide라는 이름의 렉서스 호버보드는 이전에 나온 몇몇 시제품처럼 자기 부양방식을 이용해 이동 시 발생하는 마찰력을 없앴다. 액체 질소 냉각 초전도체와 영구 자석을 결합시켜 그동안 불가능했던 공중 부양을 가능하게 만들었다는 것이 렉서스의 설명이다.

렉서스가 제작한 호버보드는 초전도체와 자기장으로 공중 부양을 구현한다는 점에서 자기부상 열차와 작동원리는 기본적으로 동일하다. 호버보드의 양옆에서 뿜어져 나오는 증기는 액체 질소다. 액체 질소는 초전도체를 영하 197도로 냉각시키는 역할은 맡는다. 그래야만 초전도 기능이 발휘될 수 있다.

호버보드는 초전도체가 자성을 밀어내는 원리를 이용한 것으로 바닥에는 자석 레일을 깔아 호버보드가 정해진 경로로 움직이도록 만들어졌다. 초전도체는 자성을 밀어내는 마이스너 효과를 갖게 되는데, 이를 이용해 보드를 공중에 띄우는 방식이다. 90kg 하중까지 견딜 수 있다.

렉서스 호버보드는 초전도체를 영구 자석 형태로 떠오르게 하는 구조를 지니고 있어 영화 〈백 투 더 퓨쳐 2〉에 등장했던 호버보드와는 달리 땅속에 있는 전용 레일 위에서만 작동한다.

초전도체란

초전도 현상을 보인 대표적인 금속이 수은, 납 등이라고 한다. 문제는 저온에서만 초전도 상태가 나타난다는 것이다. 집에서 냉동실, 김치 냉장고를 운영하는 것보다 더 저온 상태를 유지해야 하기 때문에 비용이 많이 든다는 단점이 있다.

희토류나 철과 같은 것들도 복합 초전도체로 불린다. 앞서 언급한 납, 수은 등에 비해 조금 더 높은 온도에서 초전도 상태를 보일 수 있어서 더 좋은 재료라는 얘기가 나오는 것이다. 이것보다 더 높은 온도, 그러니까 우리가 일상에서 살고 있는 상온에서 초전도 현상이 나타나는 물질을 발견한다면 소위 말해 대박이라는 얘기가 나오는 이유다.

초전도체의 또 다른 특징은 자기장을 밀어내는 현상마이스너 옥센펠트·Meissner Ochsenfeld이다. 자기장이 물체 내부에 들어오는 것을 막기 위해 표면에 반대 방향의 자기장이 형성돼 서로 밀어낸다. 자기부상열차의 원리와 같다.

다른 물질과 닿았을 때 초전도성을 갖게 만드는 조셉슨 효과도 나타난다. 이런 초전도 현상이 일어나는 이유는 온도, 압력에 따라 전자 두 개가 한 쌍을 이루는 쿠퍼쌍Cooper pair 현상 때문이다. 쿠퍼쌍 현상이 일어나면 내부 전기 저항이 0이 된다. 꽉 막히던 도로를 일방통행으로 바꾸면 교통 체증이 사라지는 원리와 유사하다.

이는 1911년 네덜란드 물리학자 헤이커 카메를링 오너스가 액체 헬륨을 이용한 극저온 실험 도중 우연히 발견했다. 여러 금속의 저항을 측정하던 중 약 영하 269도에서 수은의 전기저항이 비정상적으로 낮아지는 현상을 발견한 것이다. 초전도 현상이 처음으로 발견된 것이다. 이후 납과 니오븀 합금, 주석에서도 초전도 현상이 나타나며 그는 노벨 물리학상을 받았다. 우리가 건강검진을 받을 때 쓰는 자기공명영상MRI 기기에도 초전도체로 만든 전자석이 들어가는데 이때 사용되는 나이오븀-티타늄Nb-Ti 합금의 전이온도도 약 10K섭씨 영하 263.15도이다.

그렇다면 초전도체의 전기저항은 왜 0이 될까. 전도성이 좋은 금속성 물질을 전자현미경을 통해 보면, 물질을 이루는 원자들이 규칙적으로 배열된 격자구조로 되어있음을 확인할 수 있다. 이런 물질 내에 전기 흐름의 매개체 역할을 하는 자유전자free electron들이 있다. 자유전자들은 원자들과 충돌 등을 일으키며 무작위 방향으로 운동을 한다. 그러나 외부적으로 어떤 전압 등이 걸리면 전위차에 따른 방향으로 일제히 움직이는 힘을 받는다.

이때 열적 효과로 인한 격자들의 진동 혹은 물질 내부의 불순물, 결함으로 전자들의 충돌양이 많아져 전자들이 가지고 있는 운동에너지 등을 잃어버리고 이동 속도가 늦어진다. 전기저항Electric Resistivity이 생기는 원인인 것이다.

그럼 극저온에서 순도가 높은 금속의 전기저항이 작은 이유는 무엇일까. 불순물이나 결함들이 없고 격자들의 열적 진동이 거의 없어 이동 전자들의 충돌이 적어지고 자유롭게 움직일 수 있어서다. 육상의 장애물 경기에서 장애물의 수와 정도에 따라 얼마나 쉽게 또는 방해 없이 달릴 수 있는지와 마찬가지인 셈이다.

초전도 현상의 이론적 해석은 1957년 미국 일리노이주립대학의 물리학자 존 바딘, 레온 쿠퍼, 존 슈리퍼 등 세 명의 물리학자들에 의해 이루어졌다. 세 사람은 자신들의 이름을 딴 BCS이론을 발표하고, 그 공로로 1972년 노벨 물리학상을 받았다.

BCS 이론의 핵심은 앞서 말한 쿠퍼 전자쌍Cooper Pair 개념이다. 아주 낮은 온도에서 두 개의 전자가 한 쌍을 이뤄 안정한 상태가 된다. 이를 쿠퍼쌍이라고 부른다. 쿠퍼쌍은 금속의 원자들이 일으키는 진동에 영향을 받지 않아 에너지를 잃어버리지 않고 저항 없이 자유롭게 움직일 수 있다. 즉 저항을 받지 않는 상태가 된다. 물리학자들은 이 현상을 '전자가 춤을 춘다'고 표현한다.

BCS 이론에 따르면 초전도 현상의 전이온도 한계는 25K섭씨 영하 248.15도다. 초전도 응용에 있어서의 약점은 극저온 환경을 필요로 한다는 점이었는데, 이들의 발견은 BCS 이전에는 생각조차 못 했던 초전도의 응용 분야를 열어놓았다. 그러나 BCS 이론은 고온 초전도체가 작동하는 원리는 설명할 수 없다는 한계가 있었다.

그러다가 1986년 스위스 취리히 IBM 연구소의 게오르크 베드노르츠와 알렉스 뮐러가 구리 화합물에서 초전도 전이온도 35K를 구현하면서 처음으로 상온 초전도체의 가능성이 제시됐다. 이후 2015년에는 수소화물이라는 물질에서 임계온도 203K섭씨 영하 70.15도인 초전도 현상을 발견했다는 논문이 나와 과학계를 흥분시켰다.

그 후로도 많은 물리학자들이 초전도체 연구에 나섰다. 그 결과 초전도 현상이 일어나는 온도는 점차 높아졌다. 실제로 우리 생활에서 초전도체가 사용될 정도로 기술은 발전해왔다. 그런데도 여전히 상온 초전도체는 찾지 못하고 있다. 일부 연구자들이 상온 초전도체를 만들었다는 연구 결과를 발표하기도 했으나 아주 높은 압력이 필요한 수준이거나 또 일부는 검증되지 못했거나 데이터 조작으로 판별됐다.

2020년 미국 로체스터대학교 연구팀은 섭씨 영상 15도에서 초전도성을 보이는 물질을 개발했다고 발표했다. 문제는 상온에서 작동하지만 260만 기압이라는 초고압 조건이 필요하다는 것이었다. 그마저도 데이터 조작으로 밝혀져 이 논문은 철회됐다.

상온 초전도체

초전도체를 구분하는 방법에는 여러 가지이나 초전도성이 나타나는 임계 온도를 기준으로 잡는다면 크게 저온, 고온, 상온 초전도체로 나눌 수 있다.

저온 초전도체는 영하 269도 가량에서 초전도성을 나타내는 물질이다. 액체 헬륨을 이용하면 이 온도를 만들 수 있다. 반면 고온 초전도체는 이보다 조금 높은 온도인 영하 230~250도의 액체 수소나 액체 질소를 사용해 초전도성을 나타낸다. 그에 반해 상온 초전도체는 약 25도 온도에서도 초전도성이 나타난다.

초전도체의 임계 온도가 중요한 이유는 저온을 유지하는 데 필요한 막대한 비용과 거대한 설비 때문이다. 초전도체는 다양한 산업에서 사용될 수 있는데 임계 온도가 높아질수록 비용과 설비는 더 적게 든다.

고온 초전도 자석

국내에서 '고온 초전도 자석' 기술의 상용화를 지원하는 사업은 내년 산업의 게임 체인저로 불린다. 고온 초전도 자석은 전기저항이 0에 가까워져 전류를 손실 없이 전송할 수 있는 '초전도 현상' 유발에 쓰이는 중요한 기술이다. 의료, 국방, 전력, 에너지, 교통 등 다양한 산업에서 전력 효율을 극대화할 수 있어 기대를 모으고 있다.

초전도 현상은 1986년 처음 밝혀진 이후 항공기나 선박 등에 필요한 대형전기 추진 시스템, 진단용 자기공명영상MRI, 신약개발 분석 장비 등 산업 전반에 파급효과를 불러왔다. 절대온도 0도영하 273.15도의 극저온 환경을 갖춰야 하는 한계를 과학자들은 극복하고 비교적 고온에서 초전도 현상을 구현하는 연구를 활발히 진행해 고온 초전도 자석을 개발했다.[17]

고온 초전도 자석은 절대온도 0도에 가까운 환경에서 구동되는 초전도 자석보다 비교적 높은 온도영하 173도에서 구동된다. 기존 초전도 자석 대비 낮은 냉매 비용과 높은 자기장, 성능 대비 크기의 소형화가 가능하다는 강점이 있다.

---

17 〈500억원 들여 고온 초전도 자석 왜 만들까〉, 고재원 기자, 동아사이언스, 2022. 02. 08.

입자치료가속기 등 의료와 풍력발전 등 에너지, 도심항공모빌리티UAM와 항공기용 초전도 모터 등 교통 등 여러 분야에 활용될 것으로 기대된다. 다만 다양한 응용 분야별 맞춤형 고온 초전도 자석 개발과 운전 안전성 확보 등이 풀어야 할 과제다.

적용 사례를 보면 최근 미국 MIT와 커먼웰스퓨전시스템사가 공동 개발 중인 차세대 초소형 핵융합 장치SPARC를 들 수 있다. 후발 주자인 영국의 토카막에너지사도 이와 비슷한 초소형 핵융합 장치를 무절연 고온 초전도 자석 기술로 개발하고 있다. 미국 국립고자기장연구소, 프랑스 그르노블 국립고자기장연구소, 중국 과학원 등에서 개발 중인 40T급 초고자기장 연구용 자석이나 일본 도시바의 9.4T급 의료 진단용 초고자기장 MRI, MIT와 일본 이화학연구소의 신약 개발용 단백질 분석 장비도 이 기술로 개발이 진행 중이다.

유럽 핵물리연구소와 일본 스미토모중공업 등에서 개발하고 있는 암 치료용 초소형 가속기, 미국 나사NASA의 1.4MW 항공기용 전기 추진기, 러시아 고등기술연구소의 500kW급 항공기용 전기 추진, 일본 중부전력의 초전도 자기에너지 저장 장치도 마찬가지다.[18]

과학기술정보통신부는 고온 초전도 자석 기술개발 사업에 2026년까지 총 464억 원을 투입한다는 계획이다. 고온 초전도 자석을 여러 분야에서 활용하기 위

---

18 〈크기 · 무게 100분의1 줄인 초전도자석 개발〉, 고광본 기자, 서울경제, 2021. 03. 31.

한 표준모델 개발과 부품, 장비로 활용하기 위한 소재와 냉각, 통합설계와 제작 등의 연구를 지원하는 것이다.

기존의 구리로 만든 상전도 전기 기기 대비 100배 이상의 에너지 밀도를 보이는 정도의 성능 향상과 소형화의 기반인 고온 초전도 자석 원천기술 개발을 통해 제조산업과 신산업 경쟁력을 확보하겠다는 목적이다. 정부의 마중물이 산업 기반을 형성하는데 일조하기를 기대해본다.

LK-99?

한국 연구진이 세계 최초로 구리와 납을 이용해 상온, 상압에서 작동하는 초전도체LK-99를 개발하는 데 성공했다고 발표하자 전 세계가 들썩였다.

국내 민간연구회사인 퀀텀에너지연구소 이석배 대표와 한양대 오근호 명예교수, 김현탁 미국 윌리엄앤드메리대 교수가 2023년 7월 논문 사전공개 사이트인 아카이브에 상온, 상압 조건에서 초전도체 물질 'LK-99'을 개발했다고 두 편의 논문을 게재한 것이다.

LK-99는 고려대 화학과 故 최동식 명예교수1943~2017가 1991년 발표한 '통계역학적 방법에 의한 초전도ISB 이론'에 기반한다. 당시 최 교수는 초전도 현상을 설명하는 기존 이론이 잘못됐다며 본인만의 이론을 내놨다. 하지만 학계에선 "이론의 기반이 취약하다" 등의 이유를 들며 비판적으로 보는 시각이 지배적이었다.

그의 제자였던 이석배 대표는 동료 연구진과 함께 퀀텀에너지연구소를 세우며 후속 연구를 이어왔다. 그 과정에 대해 2023년 3월 발표한 논문에서 "지구상에 가장 풍부한 물질 중 네 개 원소납, 구리, 황, 인를 선택해 간단한 시스템에서 새로운 시도를 1999년 처음 진행했다"고 설명했다.

이들은 특정 제조방법을 활용해 실험을 반복하다 어떤 샘플의 자화율물질의 자기화 세기와 자기장 세기의 비율이 26~76도 사이에서 반응하는 것을 발견했다. 하지만 제조방법에 문제가 있어 이 특정 샘플의 구조조차 찾아낼 수 없었고 연구는 답보 상태에 놓였다.

연구는 퀀텀에너지연구소 설립과 2017년 이후 급진전된 것으로 보인다. 이들은 실험을 계속해서 반복하던 중 특정 경우에 어떤 물질이 독특한 자성을 갖는다는 걸 알게 됐고 이후 고려대 권영완 교수 등과 협업해 상온, 상압에서 초전도 특성이 나타나는 물질 LK-99에 대한 설명을 정립했다. 이에 대해 해외 주요 외신은 물론이고 소셜미디어SNS를 통해 일반인들도 이번 연구의 실체를 두고 갑론을박이 벌어졌다.

국내 연구진은 "영상 127도 이하에서 구현되는 새로운 초전도체를 만들었다"고 주장했다. 사실이라면 영상 20~30도 상온에서도 초전도체로서의 성질을 보인다. 거대한 냉각장치가 필요 없기에 초전도체를 이용하는 기계의 운영비용이 줄어들고, 크기도 소형화할 수 있다. 이를 통해 전기 손실 없는 송전선을 만들거나 데스크톱만 한 양자컴퓨터도 제작할 수 있다.

지금까지는 초저온, 고압 등 제한된 환경에서만 구현할 수 있었으나 이번 논문은 상온, 상압 환경에서도 가능하다는 점에서 대비된다. 이것이 사실이라면 노벨상 수상은 물론 산업 현장에서 엄청난 혁명이다. 이후 미국과 중국의 일부 연구팀이 이 논문을 일정 부분 뒷받침할 수 있는 연구 결과를 내놓으면서 기대감은 더 커졌다.

중국의 창하이신 화중과학기술대 재료공학부 교수 연구팀은 2023년 8월 2일 중국 동영상 플랫폼 빌리빌리에서 초전도체 LK-99 합성에 성공해 마이스너반자성 효과를 검증했다고 주장했다. 마이스너 효과는 초전도체가 자기장을 투과하지 않아 완전 반자성체처럼 자석 위에 뜨는 현상이다. 다만 연구팀은 현재 반자성 현상만 재현하는 데 성공했으며 전기저항이 0인지에 대해서는 추가 실험이 필요하다고 했다.

앞서 시니드 그리핀 미국 로런스버클리국립연구소 박사 연구팀도 LK-99의 구조를 시뮬레이션한 결과 기존 초전도체보다 높은 온도에서 초전도성이 나타날 것으로 보인다는 연구 결과를 2023년 7월 31일현지 시간 기준 아카이브에 공개했다. 다만 계산적으로는 가능해도 실제 실험을 통해 LK-99를 검증할 필요가 있다는 단서를 달았다.

과학계의 의심과 냉담 속에 국제학술지《네이처》는 2023년 8월 16일 한국 연구진이 상온 초전도체라고 발표한 'LK-99'가 초전도체가 아니라는 내용의 연구 결과를 보도했다. 네이처에 따르면 최근 독일 슈투트가르트 막스플랑크 고체연구소 연구팀은 LK-99가 초전도체가 아니라는 증거를 발굴하고 실제 특성을 알아냈다고 밝혔다.

연구진은 LK-99가 초전도체로 보인 것은 황화구리 때문이라는 판단인데, LK-99의 불순물인 황화구리가 초전도체 특성과 유사한 전기 저항의 급격한 저하, 자석 위에서의 부분 부상공중에 뜨는 것 현상을 나타냈다는 것이다. 또 황화구리 불순물이 없는 순수한 LK-99 단결정을 실험한 결과, 초전도체가 아닌 저항성을 띤 절연체인 것을 확인했다고도 전했다.

한국 연구팀이 LK-99가 초전도체라고 발표하며 공개한 영상에 대해서도 반박했다. 당시 한국 연구팀은 자석 위에 떠 흔들리는 동전 모양의 샘플을 공개한 바 있는데,《네이처》는 연구 결과를 확인하려고 시도한 연구원 중 누구도 초전도체의 특징인 공중에 물체가 뜨는 현상을 발견하지 못했다고 밝혔다.

한국 연구팀의 연구 결과가 해프닝으로 끝나더라도 상온 초전도체에 대한 연구는 불이 붙을 전망이다. 상온 초전도체는 아직 검증되진 않았지만 세상에 없었던 신소재다. 지금은 낮은 임계 온도와 불편한 가공 방식 때문에 활용 범위가 제한된 초전도체지만, 쉽게 가공할 수 있는 상온 초전도체가 개발된다면 다른 어떤 기술보다 파급력이 클 것이다. 전력 효율이 높은 배터리를 만들 수도, 우주

탐사를 위한 강력한 전기 모터를 만들 수도 있다. 그래서 물리학자들은 여전히 '꿈의 물질'인 상온 초전도체를 찾아 나서고 있는 것이다.

누군가는 상온 초전도체는 없고, 이를 찾기란 불가능하다고 말하지만 물리학자들은 지금까지 찾은 것보다 많은 초전도체가 있을 것이고 그중 상온 초전도체가 있다고 믿고 있다.

일상을 뒤흔들 상온 초전도체

초전도체 시대가 오면 우리 일상에 어떤 변화가 올까. 기업들은 이 초전도 제반 기술을 전력 설비에 적용하기 위한 노력을 지속해왔다. 놀랍게도 공공기업인 한국전력은 2019년에 경기도 용인시 신갈에서 흥덕 에너지센터변전소 간 약 1km 구간에 초전도 케이블을 전 세계 최초로 상용화했다. 구리를 도체로 삼았는데, 전기 저항을 줄이는 노력 끝에 기존 송전 대비 송전 손실을 10분의 1로 획기적으로 줄였다. 또 송전 용량을 5배 이상 늘렸다.

초전도 케이블은 도심 고도화에 따른 필수 설비가 될 것으로 보인다. 설비 규모 자체를 기존 대비 대폭 축소시킬 수 있어 선로 증설이 어려운 도시에 적합하다. 한편으로는 전력 설비 등을 기피 시설로 인식하는 사회적 분위기 속에서 효과적인 대안이 될 수 있다. 무엇보다 이산화탄소나 절연유 같은 물질을 사용하지 않아 친환경적이다.

한전의 초전도 케이블 상용화 사업은 국제에너지기구IEA에서 발행하는 백서에 등재되기도 했다. '세계 최초 초전도 상용국'으로 말이다. 초전도 케이블은 우리나라를 비롯한 미국, 독일, 일본 등 전 세계에서 4개국만이 보유하고 있다고 한다. 한국전기연구원, 창원대, LS전선 등이 지난 2011년 9월 세계 네 번째로 교류 22.9kV 50MVA, 직류 80kV 500MW급의 초전도 케이블과 단말, 접속함, 냉각시스템, 제어시스템으로 구성되는 실용화급 초전도 케이블 시스템 개발을 완료했다.

한전은 이 같은 레퍼런스를 기반으로 또 한 번의 세계 최초에 도전한다. 도심지에서 친환경적인 전력 공급이 가능하도록 초전도 플랫폼 실증사업을 시작한 것이다. 경기 파주 문산 변전소와 선유 변전소 간 초전도 스테이션을 만들고 영하 200도 이하로 유지되는 초전도 케이블로 연계해 인근 지역에 전력을 공급한다는 계획을 갖고 있다. 이르면 2024년 6월부터 전력설비에 활용된다고 하는데 상온에서의 초전도체 발견에는 한참 모자라기는 하나 한 발자국씩 진보하고 있는 것이다.

한전 얘기를 했지만 이 같은 변화는 건설인프라 산업에도 영향을 끼친다. 기존 전력 케이블보다 적은 자원과 공간을 사용할 수 있게 되면서 더 효율적인 건설이 가능하게 되는 것이다. 최근 유행하는 초전도체 '밈'처럼 공중 도시를 만드는 것도 아예 불가능한 얘기만은 아니다. 토지 활용성이 극대화될 수 있다는 얘기다. 에너지 발전과 송전 효율이 올라가면서 지구 환경 문제도 해결된다. 새로운 초고속 이동 수단 등장으로 주거가 분산되면서 지방 분권 가능성도 훨씬 커질 수 있다.

우리 일상에서 가장 많이 쓰이는 컴퓨터의 효율을 엄청나게 끌어올릴 수도 있다. 컴퓨터 핵심 장치인 CPU나 GPU 성능이 비약적으로 향상될 수 있다. 현재도 CPU와 GPU 성능을 올리는 것은 어렵지 않다. 더 많은 전력을 투입하면 투입할수록 성능이 좋아지는 구조기 때문이다. 문제는 역시 과도한 전력을 쏟아 부을 때 나타나는 발열이다. 소자가 뜨거워지면서 녹아버릴 수 있다. 아무리 성능 좋은 CPU라도 녹아버리면, 혹은 녹기 직전까지 단시간만 사용한다면 무용지물이다. 전자 제품에서 냉각장치가 중요한 이유도 그 때문이다. 하지만 초전도체 소자가 사용되면 애기가 달라진다. 발열 걱정 없이 전력을 있는 대로 쏟아 부어도 된다.

나아가 서버용 컴퓨터, 더 멀리는 양자컴퓨터 분야에서 활용도도 기대된다. 서버용 컴퓨터의 경우 일상적으로 사용하는 PC나 노트북 대비 수만 배 이상의 전기 자원을 쓰고 있다. 그러다 보니 발열 문제는 더욱 심각하다. 초전도체로 발열도 줄이고, 서버실 자체의 규모도 줄일 수 있다.

상온 초전도체가 발견됐다는 소식이 들리면서 초전도체 테마주 열풍이 불었는데 곧이어 양자컴퓨팅 테마주도 떴다. 두 가지가 상호 연관되어 있기 때문이다. 양자컴퓨터는 큐비트^{qubit}를 양자 계산 기본단위로 쓰는 새로운 개념의 컴퓨터다. 기존 컴퓨터의 비트^{bit}는 0과 1중 한 번에 하나의 값만 나타낼 수 있지만, 양자컴퓨터의 큐비트는 0과 1을 동시에^{중첩} 나타낼 수 있어 여러 계산을 병렬로 처리 가능하다. 큐비트가 늘어날수록 양자컴퓨터의 정보처리 능력은 기하급수적으로 늘어난다.

현재 양자컴퓨터 분야에서 가장 앞서나가는 곳은 IBM, 구글 등 글로벌 기업으로, 초전도체를 이용해 큐비트를 개발하고 있다. 하지만 양자컴퓨터는 극저온 환경에서 동작하므로 상온 초전도체가 발견되면 냉각 장치의 필요성이 없어 빠르게 활성화될 여지가 있다.

한국과학기술연구원^{KIST}은 상온에서 동작하는 양자컴퓨터에 대한 가능성을 보여줬다. 상온, 대기압에서 동작이 가능한 다이아몬드 큐비트 기반 양자컴퓨터를 개발하고 있는데 나노 홀 마스크를 이용해 다이아몬드 큐비트를 나노미터 단위 정밀도로 생성하는 데 성공했다고 한다.

나노 홀 마스크는 10nm 이하 사이즈로, 이온이 마스크의 나노 홀을 통해서만 주입되기 때문에 정확한 위치에 다이아몬드 큐비트가 생성될 수 있다. 연구진은 실리콘과 알루미늄을 동시에 쌓을 때 잘 섞이지 않는 특성을 이용해 나노 홀 마스크를 고안해냈다. 이는 물과 기름을 나노미터 단위로 촘촘히 가까이 배치해 기름 안에 물기둥을 만드는 것과 유사한 원리다. 기름에 해당하는 실리콘 안에 물기둥에 해당하는 나노 알루미늄 기둥을 만든 다음 알루미늄 기둥만 제거하면

구멍이 생겨 나노 홀 마스크가 완성된다. 연구진은 나노 홀 마스크를 통해 제작한 큐비트를 측정해 정밀하게 제어된 세 개 이상의 다이아몬드 큐비트를 관측한 것으로 알려졌다.

상온, 상압 초전도체를 활용하면 누구나 들고 다닐 수 있는 휴대용 양자컴퓨터도 가능하다고 전문가들은 보고 있다. 박영준 서울대 전기정보공학부 명예교수는 "현재 기술로 양자컴퓨터 구현이 어려운 이유는 아주 작은 신호를 '추출'하는 과정에서 이를 방해하는 '열잡음'이다. 열잡음의 가장 큰 이유가 전기 저항인 만큼, 초전도체 상용화 시 양자컴퓨터도 쉽게 만들 수 있다"고 밝혔다.[19]

초전도 제반 기술이 전기차, 고속 철도에 혁신을 불러올 것이라 믿어 의심치 않는다. 초전도 기술이 적용된 모터는 더 강력하고 에너지 효율적이며 경량화할 수 있기 때문이다. 모터는 전류가 흐를 때 발생하는 전기 에너지를 회전 운동 에너지로 바꿔준다. 회전력은 전력의 크기에 비례하지만, 일반적으로 전기 에너지의 20%는 저항에 의한 열에너지로 사라진다. 모터에 초전도체가 적용되면 적은 전기 에너지로도 충분한 모터 성능을 발휘할 수 있게 된다.

예를 들어, 현재의 전기차는 저항으로 손실된 전기 에너지를 감안해 크고 무거운 배터리를 탑재해야 한다. 현대자동차의 중형 전기차 세단인 아이오닉6은 공차 중량이 최소 $1800kg$, 크게는 $1930kg$이지만 비슷한 크기의 내연기관 세단 쏘나타의 공차 중량은 $1500kg$로 훨씬 가볍다. 초전도체 기술이 적용되면 더 가

---

19 〈초전도체가 바꿀 미래, 상상해보니〉, 나건웅 · 조동현 기자, 매일경제, 2023. 08. 11.

법고 적은 용량의 배터리로도 충분할 뿐 아니라 전기차 주행거리도 지금보다 더 늘어날 수 있다.[20]

전기차 대중화 때 가장 큰 걸림돌이라고 지목되는 느린 충전 속도와 짧은 주행 가능 거리가 획기적으로 개선될 수 있다. 아무리 높은 전압을 사용해도 전기차나 전선에 부담이 없기 때문에 고압 고속 충전도 가능하다. 또한 배터리 효율도 크게 개선된다. 초전도 코일 내에서 전류가 무한히 맴도는 성질을 이용하면 현재 리튬이온 배터리 같은 화학식 배터리를 대체할 가능성도 있다. 발열 걱정이 없으니 화재 위험도 줄어든다. 전기차뿐 아니라 배터리가 필요한 다른 모든 전자 제품에도 해당될 수 있는 건데, 스마트폰이나 PC 같은 전자 제품은 몇 분만 충전하면 수만 시간 동안 쓸 수 있다는 전망도 나온다.

완성차 업체들이 눈독 들이고 있는 신사업인 도심항공교통UAM에서도 초전도체는 활용도가 높다. 모터를 장착하는 프로펠러의 효율 역시 좋아지고, 공중에 띄우기 위한 무게 부담도 줄어든 배터리만큼 덜어낼 수 있다.

인류의 미래 에너지로 손꼽히는 핵융합발전도 냉각장치가 필요 없어지면서 플라스마 구현이 수월해 상용화를 앞당길 수 있을 것으로 예상된다. 초전도체를 사용하면서 전력의 효율성이 극대화돼 산업계는 전기세 문제에서 자유로워지는 것은 물론 과전류로 인한 전기화재 사고도 줄어들 수 있다. 전 세계가 이처럼 관

---

20 〈'상온 초전도체' 차 업계도 보고 있다… "배터리 혁명" 두근두근〉, 이형진 기자, 뉴스1, 2023. 08. 01.

심이 뜨거운 이유다.

기본적으로는 앞서 언급한 것처럼 전기 저항으로 손실되는 에너지가 사라지며, 따라서 전기의 가격이 내려갈 것이다. 전기는 수많은 공산품의 생산을 담당하기에 물가 전체가 내려갈 수 있다.

상온 초전도체는 의료 기기에 사용돼 진단의 정확성을 높일 수도 있다. 인체 내부를 들여다볼 수 있는 자기공명 영상장치MRI에 액체헬륨을 사용하지 않아 비용이 낮아질 수 있다. 지금까지 개발된 초전도체는 영하 243도 이하의 초저온과 초고압의 특별한 장치 내에서나 동작이 가능하다. 그래서 영하 243도보다 더 차가운 물질인 액체헬륨을 이용해야만 제 성능을 낼 수 있다. 전기 저항을 없애기 위해 값비싼 액체헬륨을 계속 투입해야 하는 상황을 감수하고 있는 것이다. MRI 검진 가격이 비싼 것도 액체헬륨 값이 비싸기 때문이다. 이는 초전도체를 산업 곳곳에 완전히 투입하는 것에 대한 걸림돌이 되고 있다. 일상 온도에서 동작하는 초전도체가 개발된다면 MRI 가격은 지금보다 몇 십 배는 낮아질 수 있다.

초전도체 전자석으로 만든 '인공 근육' 출현에 대한 얘기도 나온다. 발열 걱정 없고 경량화된 인공 근육으로 신체 일부가 마비되거나 불편한 장애인 삶을 크게 개선시킬 것이라는 기대감이 나온다.

영국의 언론 매체 〈가디언〉은 "LK-99는 무위에 그쳤으나 학계에선 새로운 상온 초전도체 발견에 대한 희망을 끈을 놓지 않고 있다" "관련 연구는 계속될 전망이다"라고 보도한 바 있다. 가디언에 따르면 UC 샌디에고 물리학과 교수 조지

히르슈는 "언제라고 확언할 수는 없지만 상온 초전도체는 분명 발견될 것이다" "그 날이 오면 우리가 그동안 상상치 못한 모든 일들이 현실이 될 것이다"라고 말했다. 이처럼 초전도체는 유행이 아니다. 진행이다.

하늘을 나는 슈퍼보드?
SF가 현실이 되는 미래 모빌리티

① 20××년 아침 8시, 서울 강남구 잠실동에 사는 A 씨는 직장이 있는 여의도로 출근하기 위해 집을 나섰다. 그는 지하철역이나 버스 정류장이 아닌 도심항공교통 UAM 터미널로 향했다.

UAM이 뜨고 내리는 정류장 '버티포트vertiport·수직이착륙장'에서 A씨는 미리 예약한 UAM 택시를 탄다. 순식간에 고도 300m로 이륙한 UAM 택시는 시속 $300km$로 여의도로 날아간다. 터미널에서 여의도까지는 $20km$ 거리지만 도착 시간은 5분 남짓이다. 교통 체증이 심한 출근시간대 자가용이나 대중교통을 이용하면 1시간은 넘게 걸리는 거리다. A 씨는 애플리케이션앱으로 오후 4시쯤 김포공항 UAM 터미널로 가는 UAM 택시도 미리 예약한다. 공항에서 여객기로 환승해 부산으로 출장을 가기 위해서다.

② 2054년을 배경으로 펼쳐지는 SF 영화인 스티븐 스필버그 감독의 〈마이너리티 리포트〉. 지난 이 영화는 제작 과정에서 미래학자들이 참여해 실현 가능성이 높은 미래상을 만들었다는 점에서 화제를 모았다. 영화 속 주인공 존 앤더튼**톰 크루즈**는 투명 디스플레이를 향해 투명 장갑을 끼고 지휘하듯 손을 움직인다. 그의 손동작에 따라 화면에서 자료가 열리고 움직이고 닫힌다.

개봉한 지 20여 년이 지난 지금, 영화의 기술 예측은 상당수 현실이 됐다. 영화에서 나온 투명 디스플레이와 동작인식 기반 입력 기술은 이미 상용화 단계이고, 장갑과 같은 보조 도구 없이도 제스처 입력을 할 수 있는 기술은 이미 나와 있다. 영화 속에서 그려지는 2054년은 IT와 빅데이터가 인간 생활의 모든 부분에 연결되어 있다. 또 자율주행 자동차가 보편화된 것으로 나오는데, 사람이 운전하는 장면은 거의 나오지 않는다. 도시의 도로는 기존에는 사람이 운전하기 불가능한 연직 도로로, 마치 롤러코스터와 비슷한 동선으로 자동차가 움직인다. 주인공이 차 안에서 "집 도착"이라고 말하자 집의 전등이 켜지는 장면도 나오는데, 자동차와 주변 사물이 모두 연결된 미래를 내다본 것이다.

영화에서 그려졌듯 연결성Connected, 자율주행Automated, 차량공유Shared & Service, 전기차Electirc 등이 더해져 과거 100년간 내연기관 자동차가 주도한 세상과는 완전히 다른 형태의 모빌리티 환경이 차츰 현실화되고 있다.

자동차 데이터 공유 플랫폼 주목해야

내연 기관차에서 전기차로 빠르게 전환하고 있는 시장 중 하나가 유럽이다. 그러다 보니 다른 국가 대비 친환경, 자율주행차로의 전환에 대한 패러다임 변화도 발 빠르다. 이미 전기차를 넘어 자동차 산업 데이터 공유플랫폼까지 논의가 진전되고 있다.

EU가 주도하는 카테나Catena-X가 대표적인 사례다. 이는 자동차 산업 공급망에 속한 기업들이 서로 간의 데이터를 공유할 수 있는 개방형 플랫폼이다. 카테나-X의 목표는 이산화탄소 배출량을 줄이고 제반 규제에 대응하며 나아가 자동차 산업 경쟁력을 강화하는 데 있다. 카테나-X는 세계적인 자동차 제조사가 밀집해 있는 독일 정부의 주도 하에 만들어졌다. 메르세데스-벤츠 등 완성차 업체를 비롯한 전 세계 144개 회원사가 모여 부품 및 완성차 관련 데이터를 공유하고 있다.

EU가 자동차 데이터를 빠르게 선점하고자 하는 이유는 미국이나 중국과 같은 G2가 구글이나 바이두 같은 핵심 IT 기업을 기반으로 데이터를 무자비하게 확보한 영향도 있다. 데이터 패권을 미·중에 다 넘겨줬다는 일종의 위기의식이 깔린 것이다. 이 때문에 EU는 이에 맞서 디지털 주권을 확보하기 위해 카테나-X를 선보인 거다.

카테나-X를 좀 더 들여다보면 자동차 제조사, 부품기업, 소재·생산 장비 · SW · 재활용 업체, 연구기관 등이 참여 중이다. 2021년에 벤츠나 폭스바겐, BMW 등 자동차 제조사가 참여했으며 부품사로는 보쉬나 셰플러, ZF 같은 유명 기업들이 합류했다. 소재 기업으로는 BASF 등이 있고, 소프트웨어 업체로는 SAP 나 지멘스 같은 곳들이 들어왔다. 2023년 3월 현재에는 미국 포드를 비롯해 아마존웹서비스와 같은 업체도 들어와 있으며 일본 덴소나 NTT 등도 합류했다. 중국 화웨이도 회원사로 들어와 있다.

글로벌 기업들이 카테나-X에 속속들이 참여하는 이유는 사실 EU 차원의 규제 대응에 있다. EU에서는 이산화탄소 배출량을 줄이는 방향의 규제를 도입하고 있는데 배출량을 산정하는 기준 등이 국가마다, 기업마다 다르기 때문에 카테나-X에서 통일적인 방식으로 계산할 수 있도록 하는 것이다.

특히 EU는 배터리 여권 규제를 2026년 시행할 예정인데 카테나-X가 유력한 플랫폼으로 꼽는다. 배터리 여권이란 용량2kWh 이상인 모든 산업용 · 자동차용 배터리의 재료 원산지, 탄소발자국, 재활용 원료 사용 비율, 내구성, 용도 변경 및 재활용 이력 등 정보를 실시간으로 상호 접근할 수 있는 개방형 전자 시스템에 기록한 것이다.

아울러 EU는 폐차처리지침End of Life Vehicle을 2023년 내 개정할 예정인데 신차 제조 시 재생소재 사용을 의무화할 가능성이 있으며 이행을 확인 · 독려하기 위해 카테나-X가 활용될 수 있다. 또한 기업 공급망 전반의 인권 · 환경 관련 책임을 의무화하는 EU 공급망 실사지침이 2023년 내 발효될 가능성이 있는데

카테나-X의 협업 표준^{Use case}이 촉발할 것으로 예상되는 변화

협업 표준과 내용	예상되는 변화·기회
① CO2/ ESG Monitoring : 공급망 내 배출량 데이터 통일·공유	·CO2 배출량 계산체계, 방법론 표준화 ·글로벌 자동차 제조사·부품기업과 협력하여 생산부터 유통, 폐차까지 CO2 배출량 추적, 저감 가능.
② Circular Economy : 순환경제 관련 데이터 통합, 재이용·재활용 정보 제공	·자동차·부품·재활용 업체 등 기업 간 데이터 연계 확산, 자원 순환 개선 ·중고차·부품 평가, 수재 회수가 용이 ·자동차 제조사·부품기업이 소재 회수·폐차 단계까지 관여하여 생산자책임재활용제도^{EPR} 등 준수
③ Demand/ Capacity Management : 수요·공급 데이터 공유	·자사·파트너사의 수요예측 데이터에 따라 공급 조정, 공급망 탄력성 확보 ·수주 범위 확대, 공급 최적화, 공급망 병목현상 해소에 소요되는 기간 단축 ·정확한 수요 예측 데이터를 공유하지 못하는 기업은 점차 배제될 수 있음
④ Onlin Control/ Simulation : 시뮬레이션을 통해 제조, 배송 프로세스 안정화	·공정·부품기업별 생산현황 등을 실시간으로 파악하여 문제 개선 ·부품기업·생산 절차·설비배치 등을 시뮬레이션으로 분석하여 생산성 향상 ·자동차 제조사·부품기업은 생산·조달 계획을 빠르게 재개편할 수 있음
⑤ Manufacturing as a Service^{MaaS} : 공정의 서비스화	·각 기업의 양적 생산능력, 질적 생산역량 정보가 기업 간에 공유되고 가시화됨 ·자본투자를 줄이고 여유 역량·자원을 사용하는 방향으로 패러다임 전환 ·각 기업의 유휴 설비를 파악, 생산 공정을 배분하는 매칭 서비스 등장 ·자동차 제조사의 생산조달 유연성 개선, 부품기업의 생산역량 가동률 향상
⑥ Modular Production : 생산 공정의 모듈화	·생산 공정이 효율화, 유연화되고 출하 리드타임이 단축될 수 있음 ·공장·라인별 공정이 통일되고 공급망 전환이 용이해짐
⑦ Live Quality Loops : 데이터에 근거한 실시간 품질 관리	·자동차 제조사의 현장 품질 데이터와 부품기업의 생산 데이터를 결합하여 생산 품질을 관리, 이를 통해 품질관리 비용·다운타임 비용 절감 ·차·부품 판매 후 품질 모니터링을 통해 소비자 효용 개선 ·사후 서비스 시장 기회 확대
⑧ Behavior Digital Twin : 디지털 트윈 구축	·데이터·모델 중심 개발로 제품 설계·기업 간 협업이 용이 ·디지털 트윈에 기반한 새로운 비즈니스, 서비스 기회 창출
⑨ Traceability : 공급망·가치사슬망 전체의 추적성 확장	·데이터 체인 연속성 확보, 비참가 기업은 공급망·가치슬망에서 배제될 수 있음
⑩ Business Partner Management : 비즈니스파트너 식별, 관리시스템 효율화	·비즈니스파트너의 중복 데이터 저장·관리 비용 절감

자료: 〈Catena-X가 함의하는 車 산업데이터 공유 방향〉, 한국자동차연구원, 2023. 05. 30.

EU 협력사와 거래를 이어가기 위해서는 ESG 경영 정보를 공유할 필요가 있다. 한편으로 카테나-X에 중소기업 등의 참여가 활발한 까닭은 데이터 사용과 수익에 있어서 권한 보호 방안을 명시하기 위한 노력을 보이고 있기 때문이다.

중소기업용 솔루션을 갖춘 개방형 네트워크를 구축해 모든 파트너의 동등한 권리를 보장하고 있다. 이에 따라 참가 기업은 공유 데이터 범위나 접근 권한, 수익 창출 방식을 자유롭게 정할 수 있다. 카테나-X가 데이터 공유의 기밀성과 투명성을 확립하는 역할을 해 특정 플랫폼이나 기업의 데이터 독점을 방지한다는 대의가 있기 때문이다.

이제는 레벨4⋯자율주행 언제쯤

흔히 레벨에 따라 구분되는 자율주행기술 수준은 미국도로교통안전청NHTSA, 0~4단계과 미국자동차공학회SAE, 0~5단계의 기준이 근거가 되고 있다. 유럽에서 주로 사용하고 있는 미국자동차공학회의 기준을 살펴보면 레벨0은 운전자가 모든 판단을 하고 주행에 관련된 물리적인 행동을 해야 하는 단계다.

레벨1은 특정 기능의 자동화 단계다. 운전자가 직접 운전하며 '스마트 크루즈 컨트롤ASCC' '차선유지 지원 시스템LKAS' 등 운전 보조기능을 사용한다. 레벨2는 기존 자율주행기술들이 통합돼 기능한다. 고속도로 주행 시 차량과 차선을 인식하고 앞차와의 간격 유지, 자동 조향 등이 가능하다. 현재 가장 널리 상용화된 기술로 스티어링휠을 잡지 않으면 경고음이 울리고 수동으로 전환되는 식인데, 테슬라의 '오토파일럿' '풀 셀프 드라이빙FSD' 기술도 레벨2에 속한다.

레벨3은 부분자율주행 단계다. 운전자의 조작 없이도 도심에서 신호를 인식해 자동으로 차량을 제어하고, 고속도로에선 일정 구간의 교통 흐름을 고려해 자동으로 차선을 변경해 끼어들 수 있다. 레벨4는 정해진 조건에서 운전자가 전혀 개입하지 않는다. 시스템이 정해진 조건 내 모든 상황에서 차량의 속도와 방향을 통제한다. 레벨5는 운전자의 개입 없이 차량이 스스로 목적지까지 운행하고 주차까지 가능해지는 완전한 단계다. 운전자가 차량에 타지 않아도 주행이 가능한 통합 자율주행 단계로 시동을 켠 후 목적지에 도착해 주차가 완료될 때까지 사실상 완전한 자율주행이 가능하다.

자율주행차는 사람의 생명과 직결되어 있다 보니 최첨단 기술의 집약체일 수밖에 없다. 차량에는 주변 상황을 인지하기 위한 라이다, 센서 등 정밀기술이 탑재되고 방대한 주행데이터와 상호작용한다. 이를 바탕으로 최종 주행 판단은 인공지능AI이 결정한다. 현재 전 세계적으로 레벨3을 상용화한 브랜드는 메르세데스 벤츠와 혼다 등이다. 일본의 혼다는 2021년 3월 준대형 세단 '레전드'에 레벨3 기능을 탑재해 출시했다. 레전드가 취득한 레벨3 인증은 일본 국토교통성이 마련한 자율주행 형식이다. 고속도로 주행이나 시속 50㎞ 이하로 일반도로에서 주행할 때 같은 특정 조건에서만 자율주행시스템이 운전자 대신 차량을 제어할 수 있다.

독일의 대표 브랜드인 벤츠는 2021년 말 레벨3 수준의 자율주행기술승인 규정UN-R157을 충족하는 대형 세단 'S클래스'를 출시했다. UN-R157은 유엔 유럽 경제위원회가 제정한 자동차 관련 국제 기준이다. S클래스에 탑재된 자율주행기술인 드라이브 파일럿Drive-Pilot은 고속도로 특정 구간과 시속 60km 이하 도로운행 시 작동한다.

드라이브 파일럿 시스템은 2022년 5월부터 독일에서 출시되는 신형 S클래스와 순수전기차 'EQS'에 선택사양으로 제공되고 있다. 벤츠는 미국 캘리포니아와 네바다주에서도 당국의 승인을 받기 위한 절차를 밟는 중이다.

국내에서도 레벨3 기술이 적용된 세단이 양산될 예정인데, 현대차가 새롭게 선보이는 제네시스 'G90'에 적용되는 '하이웨이 드라이빙 파일럿HDP'이 레벨 3 단계의 자율주행기술이다. 안전한 HDP 구현을 위해 현대차그룹은 G90 차량 전면과 측면에 라이다 두 개를 장착했다. 라이다를 기존 카메라·레이더 등과 함께 사용하는 센서 퓨전, 2세대 통합 제어기를 통해 기술적 완성도를 높였다.

HDP는 스티어링휠에 손을 떼고도 시속 80km 범위에서 자율주행이 가능하며, 교차로 진·출입 시 스스로 가속과 감속을 제어한다. 현대차는 G90를 시작으로 현대차와 기아의 신차에도 HDP의 탑재를 확대할 계획이다.

자율주행 스타트업에 투자한 현대차

각국의 글로벌 완성차 기업들은 자율주행기술을 확보하기 위해 너나할 것 없이 경쟁적으로 뛰어들고 있다. 이들 기업의 목표는 레벨4 상용화다. 특히 선도적으로 앞서나간 정보통신기술ICT 업체들과 협업이나 자율주행 관련 스타트업 인수를 통해 빠르게 기술을 받아들이고 있다.

피아트크라이슬러·푸조·시트로엥그룹이 합병해 탄생한 스텔란티스는 자율주행 스타트업 AI모티브를 인수했다. 2015년 헝가리에서 설립된 AI모티브는 AI·데이터 처리 소프트웨어, 반도체 지적재산권, 자율주행 등 미래 자동차 기술 솔루션을 보유한 회사다. AI모티브는 자율주행 통합 소프트웨어인 ai드라이브를 스텔란티스에 공급할 예정이다.

미국의 GM은 지난 2016년 자율주행 스타트업 크루즈를 인수, 자회사로 편입했다. 현재 이를 통해 레벨3 수준의 '슈퍼 크루즈'를 운행 중이다. 슈퍼 크루즈는 GM의 독자적인 자율주행시스템으로 레벨 3단계 수준으로 평가받는다. 2022년 9월엔 샌프란시스코에서 완전 무인 로보택시 영업도 시작했다. 안전요원이 탑승하지 않는 무인 로보택시를 유료로 운행하는 건 크루즈가 처음이다.

현대차는 자율주행 스타트업 코드42현 포티투닷에 2019년 20억 원을 초기 투자한 이후 2022년 8월 경영권을 인수했다. 네이버 최고기술책임자CTO 출신 송창현 대표가 설립한 이 스타트업은 라이다 없는 레벨4 자율주행기술을 갖고 있다.

라이다는 정확도는 높지만 전력 소모가 많고 가격이 비싼데, 이는 테슬라가 자사 전기차에 라이다 대신 카메라를 장착한 이유다.

포티투닷은 카메라, 레이더, 글로벌내비게이션위성시스템GNSS을 통합한 AI로 주변 환경과 차간 거리와 속도를 예측한다. 현대차그룹은 포티투닷 인수를 계기로 소프트웨어 중심의 자동차SDV 개발체계 조기 전환, 소프트웨어 경쟁력을 강화한다는 입장이다.

자율주행, 지상보다 하늘이 더 기대되는 이유…도심항공교통UAM

'하늘을 나는 슈퍼보드.'

도심항공교통UAM을 쉽게 풀어 설명한다면 이렇다. 복잡한 도심 속에서 쉽게 이동할 수 있는 비행형 이동수단. 드론 형태로 구현될 수도 있고, 헬리콥터처럼 생겼을 수도 있고, 영화 〈백 투 더 퓨처〉에 나오는 하늘을 나는 자동차의 모습일 수도 있다. 아직 현실화되지 않은 미래이지만 도심의 교통 문제를 한번에 해결할 수 있는 솔루션으로서 기대가 높은 산업이기도 하다. 혹자는 무인 드론이 러시아-우크라이나 전쟁에서 활보하는 것을 지켜보면서 자율주행보다 자율비행이 더 빠를 것이라고 예견하기도 한다.

UAM은 배터리 충전으로 움직이는 최대 5인승 소형 기체가 활주로 없이 뜨고 내리는 버티포트^{수직} ^{이착륙장}를 이용해 정해진 하늘길을 오가는 형태로 개념화되어 있다. 여행을 위해서 활용되거나 화물을 운송하는데 사용될 수도 있다. 응급환자를 이송하는데 쓰일 수도 있다.

UAM을 중심으로 펼쳐지는 혁신은 1930년대 후반에 등장한 제트 엔진의 혁신과도 비견할 만하다. 20세기 말 UAS^{Unmanned Aerial System}, UAV^{Unmanned Aerial Vehicle}로 불리는 무인 항공 시스템은 이미 제시됐다. 이름에서 알 수 있듯이 비행기에는 조종사가 탑승하지 않았고 지상에서 원격으로 조종되는 방식이다. 비행기에 반드시 조종사가 탑승해야 한다는 통념을 깨뜨리는 혁신이었다.

이 같은 맥락에서 UAM의 발전은 전기차 발전과 궤를 같이할 것이라는 평가가 나온다. 내연 기관차가 전기차로 전환되면서 탈 것의 패러다임 전환이 일어나고 있는 가운데 주도권 확보를 위해 UAM으로 까지 나아가는 혁신 경쟁의 모습을 보이는 것이다.

앞서 살펴본 전기차의 핵심 동력인 배터리 기술의 진보 역시 UAM 발전에 직간접적인 동력이 되고 있다. 십 수 명을 태우는 탈 것까지 이르지는 못했으나 소형 UAS나 드론의 개발은 가능한 상태다.

에어택시

하늘을 나는 에어택시는 현실화 중이다. 우리 정부는 UAM 실증사업을 2023년 8월 시작했다. 실증 첫 단계는 기체의 무인 자율비행과 이착륙 안전성 확보다. 여기에는 대한항공과 인천국제공항공사 컨소시엄, 현대차와 KT 컨소시엄, SKT와 한화시스템, 한국공항공사 컨소시엄, 카카오모빌리티와 LG유플러스, GS건설 컨소시엄, 롯데와 민트에어 컨소시엄, 대우건설과 제주항공 컨소시엄 등이 참여하기로 했다. 2024년 1월이면 실증사업이 진행되는 비도심인 전남 고흥 국가종합비행성능시험장에서는 뜨고 내리는 에어택시를 만나볼 수 있다는 얘기다.

항공사의 UAM 관심은 논할 이유가 없으나 통신사가 주 사업자로 참여하고 있는 건은 상공 10km에서의 통신이 원할 해야만 하는 이유에서다. 또 건설사의 적극적인 참여는 정거장인 버티포트 건설에 이들 사업자가 강점을 보이고 있기 때문이다.

또한 2024년 7월부터는 도심인 수도권에서 다음 단계의 실증에 나설 수 있다. 첫 번째는 인천 서구 오류동 드론시험인증센터에서 계양신도시를 오가는 '아라뱃길' 구간14km, 두 번째는 고양 킨텍스에서 김포공항14km, 세 번째는 김포공항에서 여의도18km를 잇는 '한강' 구간이 실증 노선폭·길이·고도가 한정된 좁은 공간이고 네 번째는 잠실헬기장에서 수서역을 잇는 '탄천' 구간8km 등이다.

UAM 요금은 km당 3000원[1]인당 정도로 예상된다. 시속 200km로 비행할 경우 5분 정도 소요되는 김포공항부터 여의도까지의 노선은 5만 4,000원에 책정될 것으로 보인다. 카오모빌리티는 UAM 요금이 현재 택시 서비스에 적용 중인 '카카오 블랙' 수준일반택시의 2~3배이 될 것이 예상하고 있다.

우리나라뿐만 아니라 미국, 영국, 프랑스 등에서도 2024년부터 UAM 실증에 돌입하는데, 이는 UAM이 미래 초대형 글로벌 산업으로 성장할 수 있다고 예상되는 지점이다. 우선 오사카 · 간사이 엑스포가 그 물꼬를 터줄 것으로 기대된다. 일본 항공사 전일본공수ANA와 미국 UAM 기업인 조비 에이비에이션은 오사카 · 간사이 엑스포에서 에어택시를 선보일 예정이다. 마찬가지로 독일 UAM 회사 볼로콥터도 엑스포 기간에 에어택시를 운용할 계획을 갖고 있다.

UAM은 주로 도시의 강가나 녹지, 해안 등을 중심으로 발달할 것으로 보이는데, 비행 장애물이 적고 비상착륙 시 여유공간이 있어 안전성을 확보하기 용이해서다. 실증사업에서 아리뱃길, 한강, 탄천 등이 포함되어 있는 이유이기도 하다. 지금은 지하철 인근 역세권이라는 말이 많이 나오는데 몇 년 후면 '드세권'이나 'U세권'이 등장할 수도 있는 것이다.

UAM 이용 방식은 항공사가 맞춰놓은 스케줄대로 이용하는 것이 아니라, 우리가 원하는 때에 택시를 호출하듯 부를 수 있는 온디맨드 모빌리티가 가능하다는 장점도 있다. 일반적으로 신도시가 건설되면 항상 교통이 이슈가 되는데 UAM 단기적으로는 해당 도시의 교통 문제를 일부 해결해줄 여지도 있다. 이렇게 지역 사회를 유기적으로 연결해주고 나아가 도심의 혼잡을 줄여주는데 큰 도움이 되는 것이다.

물론 정부 차원에서 해결해야 할 자율비행의 안전표준 확보와 제반 인증 방법, 그리고 그에 따른 정책과 규정 수립, UAM과 지상 교통의 유기적인 통합 등의 과제가 남아있다. 아울러 유발되는 소음으로 인한 민원도 해소해야 할 문제일 것이다. 기업 입장에서는 배터리의 경제성, 버티포트와 충전소 인프라 구축 등이 마련되어야 할 것이다.

하늘을 나는 택시는 우리 도시를 2D 세계에서 3D 세계로 더욱 입체적으로 만들어줄 것으로 기대된다.

커넥티드카

커넥티드카Connected car는 통신망에 연결된 자동차[21]를 말한다. 차가 롱텀에볼루션LTE나 와이파이WiFi 통신을 주고받아 차 주변의 인프라들과 커뮤니케이션을 한다. 내 차 옆을 주행하는 다른 차량, 정차되어있는 내 차 앞을 지나가는 보행자와 신호등 등. 운전자 편의와 교통안전 증진이 기대되는데 이런 점에서 커넥티드카를 거대한 사물인터넷IoT이라고 부르기도 한다.

---

21 〈커넥티드 카〉, 한국정보통신기술협회 정보통신용어사전

교통 센터에서는 커넥티드카에 교통안전을 지원하고 실시간으로 최적의 경로를 안내해 줄 수 있으며 또 제조사에서는 차량 점검 서비스를 통지해 줄 수 있다. 또한 차 내부에서는 카 인포테인먼트 시스템을 활용해 실시간 날씨와 뉴스 등을 제공 받을 수 있다. 최근에는 차량 원격 진단 및 무선Over-the-Air·OTA 소프트웨어 업데이트, 차량 내 간편 결제, 비디오·오디오 스트리밍 등 혁신적 서비스로 진화하는 모양새다.

최초의 커넥티드카는 1996년 제너럴모터스GM에서 만든 온스타OnStar 서비스다. 온스타는 셀룰러 통신과 위성 통신 기반으로 내비게이션, 차량 추적, 긴급 구조 요청 전화 등의 서비스를 제공했다. 그 이후에는 커넥티드카 발전의 속도가 더뎠는데 5세대5G 이동통신의 발전으로 말미암아 다시금 물꼬가 텄다. 2014년 아우디는 최초로 LTE 내지 와이파이 핫스팟 접속 기능을 탑재한 A3 자동차를 출시했고, 이후 GM에서도 유사한 기능을 탑재한 자동차를 내놨다. 또한 2016년 SK텔레콤은 에릭슨과 5G 시험망을 공동 구축하고, BMW와 세계 최초 5G를 탑재한 커넥티드 카 T5를 시연했다.

커넥티드카 발전이 장밋빛인 이유는 전 세계에서 관련 기술을 확보하기 위해 다량으로 특허 출원을 하고 있다는 점에 기인한다. 특허청에 따르면 2011년부터 2020년까지 한국, 미국, 중국, 유럽, 일본 등 주요국 특허청IP5에 출원된 커넥티드카 관련 특허 증가율은 연평균 16.4%로 집계된다. 우리나라의 연평균 증가율은 25.5%로 중국에 이은 세계 2위를 차지했다.

통상 커넥티드카 기술이라 하면 차량 자체 서비스 부문 기술과 주변 사물과의 소통을 가능케 하는 통신기술로 구분한다. 서비스 분야에선 중국이 36.8%로 특허출원 비중이 가장 크고, 통신 분야에선 미국이 41.0%로 1위를 차지해 기술 분야별로 주도하는 국가가 달랐다.

우리 기업들도 선전하고 있다. 2011년부터 2020년까지 커넥티드카 서비스 부문 기술 관련 특허 출원 순위는 도요타5.8%·3,207건가 1위에 올랐고 현대자동차 3.2%·1,757건, 혼다2.6%·1,450건, 위포드2.6%·1,404건 등이 뒤를 이었다. 또한 차량이 주변 사물과 5G로 소통하는 5G-V2XVehicle to Everything 통신기술 부문에선 LG1위와 삼성2위의 경쟁력이 선두 그룹에 포진했다.

우리나라가 현재 커넥티드카 특허경쟁에서 앞서 있다고 할 수 있는 상황은 아니지만 향후 어떻게 하느냐에 따라 결과는 달라질 수 있다. 한국은 이미 글로벌 5G 경쟁에서 우위를 선점했다. 앞선 5G 경쟁력을 커넥티드카 경쟁력으로 이어질 수 있도록 해야 한다.

자율주행 레벨 4~5 상용화까지는 갈 길이 멀다. 미리 준비하고 지속적으로 첨단기술을 개발하면 기회를 잡을 수 있다. 특허 라이프사이클이 짧은 첨단 분야에서 성패는 기술력 확보가 관건이다.

모빌리티 서비스의 미래

급한 일이 생겨 을지로에서 강남역으로 이동해야 한다면 어떤 방법이 가장 빠를까. 쉽고 편한 것은 택시지만, 오후 6시 퇴근길 교통 체증이 심한 시간대라면 지하철이 나을 수 있다. 그런데 지하철 역까지 걸어가기 애매한 위치에 있다면, 다시 고민에 빠진다.

최근 택시, 지하철, 버스, 자가용 뿐 아니라 공유 자동차, 자전거, 킥보드 등 다양한 공유 모빌리티가 등장했다. 선택지는 많아졌지만 비교해야 하는 요소들도 그만큼 많아져 복잡해졌다. 가장 적은 비용으로 원하는 장소에 빠르게 이동할 수 있는 방법을 찾기 위해 주목받는 서비스가 MaaS이다. MaaS는 'Mobility as a Service'로서 모든 교통수단을 하나의 통합된 서비스로 제공하는 개념이다. 대중교통뿐 아니라 개인 교통수단을 포함해 모든 교통수단이 하나의 앱을 통해 최적의 이동 방법을 제시하고, 예약과 결제까지 원스톱으로 가능한 서비스를 MaaS라고 보면 된다.

이미 우리에겐 익숙한 서비스이지만 MaaS는 모빌리티 혁신의 마지막 퍼즐로도 불린다. 이용자가 출발지에서 목적지까지 이동하는 동안 이용 가능한 모든 모빌리티 수단을 묶어 이용자의 요구 조건에 맞춰 하나의 서비스처럼 제공하는 '멀티모달Multi-Modal' 서비스를 실현하는 것이기 때문이다. 앞서 설명한 미래교통수단인 UAM을 이용하더라도 연계할 수 있는 모빌리티 수단이 필요하다. 모빌리티 수단 간 연결을 최적화해주는 서비스가 MaaS이기 때문에 MaaS는 여러 모빌리티 수단들을 연결해주는 서비스 플랫폼이다.

시장조사업체 스태티스타는 2021년 745억 달러약 99조 원였던 MaaS 시장 규모가 2023년 1,310억 달러약 175조 원, 2025년 2,034억 달러약 271조 원로 빠르게 커질 것으로 전망했다.

해외에서는 핀란드의 'Whim', 스웨덴의 'Ubigo' 등 MaaS 플랫폼이 성공적으로 구축·활용되고 있지만 이 플랫폼들은 도시 단위 서비스로, 지역적 범위가 좁다는 한계가 있다. 한국의 경우 도로 밀집도와 도시 구조, 교통 문제의 다양한 복합성 등으로 인해 해외 사례에서 찾아볼 수 없는 장애요소가 많다. 한국의 교통산업과 시장구조에 맞는 접근방식과 전략을 마련해 한국형 MaaS로 경쟁력을 갖출 필요가 있다.

광역교통은 여러 개의 시·도, 기초지자체들을 걸쳐 운용되는 만큼 각 지자체의 이해관계가 다를 수밖에 없는 구조다. MaaS는 공공과 민간의 이해관계까지 충돌하기 때문에 중앙정부가 컨트롤타워로서 역할을 해줘야 한다. 향후 중앙정부는 MaaS 운영 플랫폼 기술 등 핵심기술 개발을 위한 R&D 투자 확대, 교통수단 공유화 기술 개발, 관련 법령 마련·정비 및 사업에 필요한 공공데이터 제공과 민간데이터 개방을 적극적으로 지원할 필요가 있다.

MaaS가 미래에 성공적으로 정착된다면 기존 교통수단의 수송 효율을 높일 수 있고, 대중교통 이용률도 향상시킬 수 있다. 또 도심 교통의 혼잡을 줄이고, 자가용 통행을 감소시키는 등 효과를 낼 것으로 예상되면서 온실가스 감축과 탄소중립 등 교통 분야의 지속가능성을 제고시킬 것으로 전망된다.

TREND 9

데이터 자산을 보호하라, 사이버 보안 산업

지금은 디지털 트랜스포메이션 시대다. 전 세계가 더욱더 긴밀하게 연결되고 있다. 이제 기업들은 디지털을 수용해야만 최소한 디지털 생태계 변화에 쫓아갈 수 있다. 디지털 전환은 생산성, 확장성 측면에서 많은 이점을 제공하며, 동시에 데이터에 기반한 전략과 첨단 기술을 조합해 새로운 기회를 창출할 수도 있다.

물론 디지털 전환이 좋은 점만 있는 건 아니다. 상호 연결성은 조직의 보안을 위협하는 요소로 작용하고 있다. 강력한 아이덴티티 보안이 성공적인 디지털 전환을 위한 필수 요소인 이유다.

디지털 전환으로 인한 자동화, 인공지능^AI, 사물인터넷^IoT 등 신기술의 부상은 더 이상 조직들이 직원만을 관리해서는 안 된다는 것을 뜻한다. 특히 로봇, 가상 어시스턴트, 스마트기기와 같은 신기술 도입은 이제 업무 환경에서 필수적이다.

이러한 디지털 기술은 일반 직원들과 마찬가지로 조직의 주요한 시스템에 접근할 수 있고 민감한 데이터에도 접속할 수 있어 언제든 사이버 공격의 대상이 될 수 있다.

디지털 기술의 도입은 조직이 관리해야 할 새로운 취약점과 리스크가 생겼음을 의미한다. 악의적 행위자들은 이러한 보안상의 허점을 적극적으로 이용하거나 위장된 자격으로 무단 액세스를 시도할 수 있다.

러시아의 우크라이나 침공이 장기화되면서 오프라인 세계에서의 전쟁뿐만 아니라 온라인 세계에서의 전쟁, 즉 글로벌 해킹 조직의 활동이 더욱 증가할 것으로 예상된다. 러시아, 북한, 중국 등이 해킹의 중심에 있는데 전쟁을 위한 자금줄 확보에 더욱 매진할 것으로 점쳐지기 때문이다.

이에 따라 주요 국가 기반 시설뿐만 아니라 글로벌 기업을 대상으로 한 대규모 사이버 공격 시도가 더욱 많아질 것으로 보인다. 업계에서는 공격자 연령이 점차 어려지고, SNS를 통해 공격 행위를 공개하는 등 사이버 범죄 조직의 대담한 활동이 앞으로 더욱 많아질 것으로 본다.

이밖에도 랩서스와 같이 비국가적, 비조직적 공격자에 의한 침해사고 우려도 크다. 또 직접적인 수익 창출을 위해 가상거래소나 전자지갑, 디파이DeFi, Decentralized Finance,탈중앙화 금융등을 겨냥한 가상자산 공격도 더욱 활발해질 것으로 예측된다.

사기 GPT와 웜 GPT

영국에서는 AI 규제와 관련한 세계 첫 정상회의가 2023년 11월 열린다. 이 자리에선 주요 국가와 선도적 기술 기업, 그리고 연구자가 모여 AI의 가장 주요한 위험을 평가하고 감시하기 위한 안전 조치에 합의할 예정이다. 아울러 유럽연합 EU은 세계 최초 법률 제정에 총력을 기울이고 있다. 생성형 AI가 만드는 콘텐츠에는 반드시 AI에 의해 생성됐다고 표기하고, AI 훈련에 어떤 정보가 활용됐는지 공개하라는 것이다.

범정부 차원에서 이 같은 움직임을 보이는 것은 챗 GPT가 새로운 혁신의 시대를 열고 있지만 한편으로는 보안에 있어서 중대한 위협의 시대 또한 열고 있기 때문이다. 유사 AI 모델 서비스를 빙자하는 건 애교이고 AI 모델을 악용한다든지 데이터를 유출하고 플러그인과 확장 프로그램, API 취약점을 들춰낼 것이라는 우려가 벌써부터 문제로 떠오르고 있다.

AI 모델은 사용자의 요청에 따라 다양한 유형의 언어를 출력하거나 생성할 수 있다. 이런 유연성은 거꾸로 말하면 해커가 AI 모델에 적대적 시스템 메시지를 보내 유해한 답변을 생성할 수도 있다는 뜻이다. 사용자에 요청에 대한 적절한 제한이 없다면 AI 모델이 사용될 경우 심각한 결과를 초래할 수 있다.

짐작할 수 있듯 AI 모델은 사용자가 주로 활용하는 텍스트 스타일을 모방하는 데 매우 탁월하다. 이를 통해 범죄를 위한 피싱 문자, 이메일 등을 제작하거나,

특정 개인이나 집단, 조직의 말투를 도용·사칭하는 식으로 악용될 수 있다. 이렇게 생성된 피싱 문자, 이메일은 사람들로 하여금 가짜를 진짜로 인식하게 만들며 기존의 보안 시스템도 속이게 만드는 결과를 낳을 수도 있다.

나아가 AI 모델은 소프트웨어 코드 또한 모방할 수 있다. 악성 코드를 만드는 데 탁월하다는 얘기다. 보안 시스템을 회피하는 악성 코드를 다량 생성해내고 유포한다면 정보 보안에 심각한 위협을 초래할 수 있다.

전 세계 정부들은 생성형 AI 기술이 악용되고 상황에 대해 우려를 표하고 있다. AI 모델 개발 및 운영 회사들에게 개인정보보호규정GDPR과 데이터 처리에 관한 법적 준수를 요구하는 사례들이 차츰 늘어나고 있다는 것이다. 우리 정부는 2023년 5월 챗GPT와 관련된 주의사항을 전국 행정 기관 약 300곳에 배포했다. 공무원들이 업무를 처리함에 있어 의사결정이 완료되지 않거나, 공표되지 않은 정보를 생성형 AI에 입력하지 말라는 것이다. 민원인정보처럼 업무 처리 과정에서 수집한 개인정보도 챗GPT에 공유하지 않을 것을 명시했다.

미국의 경우, 대통령 비서실 주재 하에 매주 두세 차례 회의를 열고 AI의 안전한 사용에 관한 연방정부 정책을 개발 중이며 중국은 국가인터넷정보판공실에서 2023년 4월 생성형 AI 서비스 관리 방안 초안을 발표했다. 판공실은 "알고리즘 설계와 데이터 훈련 시 차별을 방지하고 허위 정보의 생성을 방지하는 조치를 취해야 한다"며 업체들로 하여금 생성형 AI 훈련에 사용되는 데이터의 합법성에 책임을 지울 것을 분명히 했다.

글로벌 보안업체 넷엔리치 위협연구팀은 2023년 8월 텔레그램을 통해 '사기 Fraud GPT'라는 AI 도구가 유포되고 있다고 발표한다. 사기 GPT는 스피어 피싱spear phishing·지인이나 회사에서 보내는 이메일처럼 위장한 공격이나 해킹 도구 작성 등 사이버 공격을 돕도록 짜인 생성형 AI 프로그램이다. 악성 코드를 작성해 주거나 사기 이메일을 쓰고 해킹 방법 등을 알려준다. 사기 GPT를 만든 것으로 추정되는 캐네디언킹핀12canadiankingpin12은 다크웹 시장과 텔레그램에서 월 200~1700달러로 높은 수준의 스피어 피싱 메일을 제작, 유포할 수 있다며 홍보하기도 했다.

2023년 7월에는 보안기업 슬래시넥스트가 피싱 이메일 공격을 도와주는 '웜 GPT'를 발견했다. 웜 GPT는 챗GPT와 같은 챗봇 형태인데, 차이라 하면 다른 생성형 AI와 달리 악의적인 요청이 들어오면 답하지 못하게 하는 윤리적인 보호 장치를 없앴다는 점이다. 정부나 기업에서 보내는 이메일처럼 보이도록 둔갑시켜 악성 이메일 공격을 쉽게 하도록 돕는 것이다.

보안업체 입장에서는 생성형 AI가 동전의 양면이기도 하다. 앞서 언급한 것처럼 악성 코드를 쉽게 제작하고 널리 유포할 수 있는 도구로 사용되는 한편 해커의 공격을 탐지하고 방어할 수 있도록 돕는 기술 또한 생성 AI의 역할 중 하나이기 때문이다.

클라우드 해킹

2022년 클라우드를 도입한 중동 지역 A사. 직원 계정이 해커에게 탈취 당했는데, 직후 회사 클라우드 사용량이 폭발적으로 늘어난다. 쓴 만큼 돈을 내는 클라우드 서비스 특성으로 말미암아 시간당 1,500달러가량의 비용이 증가했다. 불행 중 다행인건 이상 징후를 곧바로 탐지해 5시간 만에 정정 조치를 한 점이다. 이는 클라우드 계정이 탈취 당하면 자칫 막대한 손실을 볼 수 있는 대표적인 사례다.

코로나19 장기화로 분야 가릴 것 없이 많은 기업들이 시공간의 제약이 없고 업무 확장은 용이한 클라우드를 공격적으로 도입해왔는데 자연스레 관련 보안 위협도 늘어나게 됐다. 클라우드 도입 과정에서 새로운 보안상의 결함이 나타나고 보안 전략상의 결함도 나타나며 클라우도 보안 아키텍처 미흡으로 위험도는 커진다.

특히 고객의 자산 등 민감 정보를 많이 다루는 금융권에서 특히 주의가 필요하다. 보수적인 금융권에서도 최근 클라우드 도입으로 디지털 전환에 앞장서면서 앞으로 관련 보안사고기 일어날 가능성이 있다.

2022년 2월 국내 한 기업이 가상서버의 인터넷 연결 문제로 인해 수도권 데이터센터 장애가 발생했다. 해당 클라우드 서비스가 20분 정도 접속이 안 됐다. 물론 보안 업계에서는 관리상의 문제가 가장 큰 해킹 원인으로 꼽는다. 보안 담당자가 계정 관리에 착오를 일으키거나 도난을 당할 수도 있으며 운용의 미숙으로 인한 설정의 오류 등으로 서비스가 중단되는 사태가 벌어질 가능성도 높아졌다는 것이다. 2021년 12월엔 한 온라인 예약 소프트웨어 제공업자의 클라우드 접근 계정이 도난당했는데 이름, 이메일 주소, 전화번호 등 무려 37만 명의 개인정보가 유출된 바 있다.

전문가들은 클라우드 자원과 애플리케이션, 데이터를 안전하게 관리할 수 있도록 클라우드 보안 형상 관리Cloud Security Posture Management·CSPM 등 통합 모니터링과 관리 기능을 사용할 필요가 있다고 지적한다. 다수의 클라우드 업체를 동시에 사용하는 멀티 클라우드 이용 등도 방법이다.

클라우드를 도입한 기업들은 접근을 통제할 수 있는 인증 수단과 제반 절차를 갖추는 등 관리 전략을 수립해야 한다. 또 하이브리드 클라우드, 멀티 클라우드 등 각 기업의 업무 특성을 반영해 빈틈없는 보안 대책을 수립해야 한다.

음성 AI에 대한 보안

"다음 노래는 프레디 머큐리가 부르는 양화대교입니다."

어쩌면 라디오 DJ가 이 같은 선곡을 하는 것이 특별하게 느껴지지 않는 날이 올 거 같다. 유튜브에 아리아나 그란데가 부르는 뉴진스의 〈디토Ditto〉 같은 영상들을 쉽게 찾아볼 수 있는 세상이 왔기 때문이다. AI 음성 기술이 그만큼 보편화, 일상화되고 있다는 얘기다.

금융, 통신과 관련된 고객 콜센터에 전화해보면 AI가 이미 일상으로 들어와 있음을 알 수 있다. 인간 상담원에게 연결하기 전 AI 상담원이 먼저 전화를 받은 뒤 민원 제기자의 민원 내용에 대해 음성으로 받아 처리해주고 있지 않은가.

재난 방송에도 자동으로 스크립트를 읽어주는 AI 앵커를 고용한 사례도 쉽게 목격할 수 있다. 디즈니플러스에서 방영된 드라마 카지노에서 AI기술을 활용해 30대 시절의 배우 최민식의 외모와 목소리를 재현하기도 했다.

이처럼 음성 AI가 보편화되고 있는 만큼 보안 위협 또한 커지고 있다.

어느 날 친구에게 영상 통화가 걸려온다. "입찰 보증금이 필요해." 다급한 목소리로 도움을 청한다. 휴대폰에 비치는 건 틀림없이 내 친구의 얼굴과 목소리. 정오 전 돈이 필요하다는 말에 서둘러 이체한다. 친구에게 "이체했다"는 메시지를 보내자 곧 답신이 온다. "무슨 말이야?" 이는 2023년 4월 중국 네이멍구에서 벌어졌던 약 8억 원대 보이스피싱 사건이다. 실제 일어나고 있는 일이다.

딥러닝과 가짜 음성을 의미하는 딥보이스Deepvoice는 정말 위협적이다. AI 기술로 진짜 같은 가짜 목소리를 만들어서 바꿔치기하는 시대, 지금이 바로 과도기다. 인터넷 검색을 통해 'AI에 내 목소리 학습시키기' 등 기술을 다루는 방법에 대해서 자세한 설명을 들을 수 있지 않은가.

2021년 아랍에미리트^{UAE} 한 은행에서는 평소 거래하던 대기업 임원의 전화를 받고 420억 원을 송금했다가 해당 전화가 딥보이스 범죄임이 밝혀졌다. 배우 엠마 왓슨이 히틀러의 '나의 투쟁'을 낭독한 듯한 오디오클립 등 유명인의 목소리를 활용한 불법 복제물이 온라인에 확산돼 논란이 일기도 했다. 2022년 3월엔 우크라이나 대통령 항복 선언 딥페이크 영상이 SNS에 게시됐고, 지난 2021년 1월 BTS 등 국내 가수의 음성을 편집해 '신음 소리'처럼 만든 음성파일이 퍼지는 디지털 성폭력 사건까지 일어났다.

억양뿐만 아니라 음색과 말투까지 복제하는 등 기술이 점점 정교해지고 있다. 무엇보다 이 같은 기술을 이용하는 비용이 무척 저렴해졌다. 불과 얼마 전까지만 하더라도 음성 복제를 위해서는 샘플이 많이 필요해 노고가 들었는데 이제는 그럴 필요가 없다. 틱톡, 유튜브, 릴즈 같은 곳에서 가져온 십수초 영상의 음성만 있어도 복제가 가능하다.

한국에서는 보편화되지 않은 인증 방법이기는 하지만 화자 인증의 경우 딥보이스 기술에 취약할 수 있다. 챗GPT 같은 생성형 AI는 딥보이스 기술과 결합해 모방이 가능하기 때문이다. 때문에 유튜버나 사기꾼에게 속아 통화를 하거나 돈을 보내는 세계의 지도자와 기업들에 대한 뉴스가 뜨기도 하는데 이제는 의심조차 할 수 없는 속임수에 놀아날 가능성이 커졌다. 타인의 목소리를 차용해 명예훼손이나 허위사실유포 등 범죄에 활용될 여지도 높아졌다.

딥페이크 범죄

정부는 관련 법안을 마련하기 바쁘다. 우리나라에는 현재 딥페이크 피해자 권리보장 등을 위한 법안이 발의되어 있다. 2020년 6월에 시행된 딥페이크 처벌법 **성폭력범조의 처벌등에 관한 특례법**에 따라 특정인의 얼굴이나 신체, 음성을 대상으로 성적 수치심 등을 유발하는 영상물 등을 제작하는 행위만으로도 처벌이 가능해졌다.

중앙선관위는 선거운동에 딥페이크 이용 시 위법 여부를 판단하기 위한 기준을 마련하기도 했다. 선거운동에 딥페이크를 이용하려면 이를 표시해야하고, 후보자 동의 없는 딥페이크 영상 및 음성 제작은 금지된다.

미국은 딥페이크 관련 연방 법안의 입법이 다수 시도됐지만 표현의 자유 등으로 인해 처리되지 못했다. 다만, 각 주 별로 딥보이스를 포함한 딥페이크 범죄의 범위, 기준 등 규정을 만들고 있다. 캘리포니아주는 2023년 2월 '당사자의 동의 없이 성행위를 하는 개인을 거짓으로 묘사한 시청각 미디어의 배포 행위를 범죄로 규정'하는 법안이, 뉴저지주는 2023년 3월 딥페이크 포르노 금지 및 당사자 동의 없는 공개 시 민형사 처벌하는 법안이 발의됐다.

다행스러운 점이라고 한다면 딥페이크를 잡아내는 AI 기술 역시 개발되고 있다는 점이다. 미 캘리포니아대 리버사이드 연구팀은 2022년 딥페이크 영상에서 조작된 얼굴표정을 감지해내는 심층 신경망 모델을 개발했다. 딥페이크로 합성된 이미지 내지 영상의 특정 영역을 감지하는 얼굴 표정 조작 감지Expression Manipulation Detection·EMD 기술을 써서 조작 정보를 찾아내는 것이다. 보다 세부적으로는 얼굴 표정 인식Face Expreesion Recognition·FER으로 눈, 코, 입 등 특정 영역에 대한 정보를 추출한다. 이후 인코더-디코더encoder-decoder 아키텍처를 통해 정보 내에서 조작 영역을 잡아내는 식이다.

마이데이터 보안사고

마이데이터가 시작된 2022년, 서비스가 시작되자마자 보안사고가 터졌다. 2021년 12월 하나은행, 하나금융투자, 하나카드 등 하나금융 계열사 서비스를 한데 모은 마이데이터 서비스 '하나 합'에서 본인 정보가 아니라 타인 개인정보가 조회되는 유출사고가 발생했다. 고객 카드 사용 내역, 투자정보, 대출내역, 입출금 내역, 전화번호 등이 타인에게 노출됐다. 대응도 미숙했는데, 당시 하나은행은 "확인할 수 없다"며 숨기기에 급급했다.

같은 달, 유사한 정보유출 사고는 네이버파이낸셜 마이데이터 서비스에서도 발생했다. 네이버파이낸셜은 마이데이터 서비스 전환 과정에서 고객 계좌번호, 카드번호뿐만 아니라 송금 · 이체 내역 등을 불특정 다수에게 노출했다. 타인의 개인정보가 조회되는 유출 사고가 발생한 것이다. 기존 네이버페이 '내자산' 서비스를 마이데이터로 전환하는 과정에서 시스템 오류로 고객 자산 정보인 계좌번호·이체내역·주식거래정보 등이 다른 고객에게 자신의 자산정보인 것처럼 노출됐다.

네이버파이낸셜 고객 A 씨는 은행·증권·카드 등의 계좌번호뿐만 아니라 송금·이체 내역, 주식거래 등 금융정보가 또 다른 고객 B씨에게 그대로 전달됐다. 정보 유출 피해 고객은 100명에 달했다. 유출 경위는 연계정보CI를 처리하면서 오류가 발생한 것으로 파악됐다.

마이데이터 서비스가 보건·의료, 교육 등으로 확대되는 2024년엔 마이데이터 보안 위협에 대해 철저한 대비가 필요하다. 금융뿐 아니라 다양한 영역으로 마이데이터 서비스가 확대된다는 건 그만큼 많은 빅데이터가 모이기 때문에 사고가 터지면 피해가 커질 수 있다는 뜻이기도 하다.

슈퍼앱 사고 유의해야

"편리하고 통합된 효율적인 환경을 제공해 사람들이 생활의 일부로 사용하는 생태계."

이는 블랙베리 창업자인 마이크 라자리디스가 정의한 슈퍼앱이다. 슈퍼앱은 메신저, 예약, 쇼핑, 금융서비스 등 다양한 기능과 서비스를 하나의 애플리케이션으로 통합해 제공하는 서비스를 뜻한다. 각 기능별로 앱을 설치할 필요 없이 슈퍼 앱 한 개만 설치하면 앱 안에서 수십 수백 개 다양한 기능의 미니 앱 사용이 가능한 것이 특징이다.

글로벌 IT 전문 조사업체 가트너는 오는 2027년 세계 인구 50% 이상이 일상생활에서 슈퍼앱을 사용할 것이라고 분석한 바 있다. 슈퍼앱은 하나의 앱에서 다양한 서비스 제공이 가능해 고객 유치 비용을 줄일 수 있고, 서비스 간 연계를 통해 신규 비즈니스 창출과 자사 서비스 이탈을 막는 고객 락인Lock-in 효과도 커서 국내외 기업들이 대부분 슈퍼앱으로 전환하는 추세다. 전통적 금융회사들도 슈퍼앱으로 전환을 고려 중이며, 페이팔, 레볼루트 등 일부도 슈퍼앱으로의 전환을 추진하고 있는데 레볼루트의 경우 해외 결제, 송금서비스로 시작한 인터넷전문은행으로 선제적 서비스 확충을 통해 글로벌 금융 슈퍼앱 전환을 진행 중이다.

슈퍼앱은 크게 두 가지로 구분할 수 있다. 하나는 슈퍼앱 관리 주체가 미니앱까지 직접 관리하는 형태인데, 관리는 용이하지만 다양한 사업 주체가 미니앱 개발에 참여하기 어려워 슈퍼앱 확장성에 제약이 있는 것은 약점이다. 국내의 경우 네이버나 은행권은 모두 이 형태로 관리되고 있다.

또 하나는 슈퍼앱 관리 주체가 미니앱 개발이나 운영환경API 등만 제공하고, 미니앱 개발업체가 미니앱을 관리하는 구조다. 슈퍼앱 내 미니앱 생태계가 구축돼 미니앱 확장성이 다목적 슈퍼앱에 비해 크다. 중국의 위챗, 알리페이, 메이츄

안, 바이두 등이 이 같은 형태다. 이 경우 슈퍼앱은 내부, 앱 연계 구간, 슈퍼 앱 관리 등에서 보안 위협이 발생할 수 있다.

슈퍼앱은 단일앱 대비 슈퍼앱 내에서 처리·보유하고 있는 개인정보가 많아 유출 시 큰 피해가 있을 수 있다. 상대적으로 중요도가 낮은 비금융정보와 자산정보 같은 고객 금융정보 등이 혼재되어 있으면 보안관리 소홀 등이 발생할 위험도 있다. 다양한 서비스가 포함된 슈퍼앱 특성 상 클라우드 등 제3자 서비스와 연계가 많아 공격 위험에 노출될 수 있다.

해외에선 슈퍼앱 데이터 유출사고가 이미 발생했다. 지난 2022년 9월 R앱에서 전체 이용객의 0.16%에 달하는 약 3만 명의 고객 개인정보가 노출됐다. 2019년 8월 G앱의 2만 명의 차량 정보, 승객 이름, 전자지갑 잔액 등 개인정보가 업데이트 도중 발생한 오류로 노출되기도 했다. 이후 공격자는 2022년 9월 W앱에 연결된 클라우드에 접근해 20억 건의 사용자 정보와 결제 정보를 탈취했다.

앱 연계 구간의 보안 위협도 있다. 슈퍼앱과 미니앱 간 연계 시 대부분 비밀번호 등 추가인증 없이 자동화된 인증을 사용하고 있다. 이런 자동화된 인증의 경우, 토큰이 변조되거나 탈취·유출 될 경우 슈퍼앱에 비인가 접근이 가능하다. 일부 미니앱은 슈퍼앱이 사용하는 중요 API[22] 접근이 허용된다. 보안에 취약한 미니앱을 사용할 경우 중요 API를 통해 슈퍼앱 내 사용자 데이터를 빼돌리거나 불

---

22 계좌번호, SNS 친구 목록, 전화번호 등 사용자 데이터 등에 접근하거나 위치정보, 카메라, 마이크 등 운영체제 접근 권한을 가지는 API

법적으로 접근할 수 있다.

슈퍼앱 관리 측면에서 슈퍼앱 내 미니앱 관리를 위해 미니앱 별로 ID를 부여하고 있지만 미니앱 호출과정에서 ID 검증이 미흡하면 공격자가 미니앱을 가장해 슈퍼앱 내 중요정보를 가로챌 위험이 있다. 슈퍼앱은 처리 대상 업무가 많고 앱 간의 연계나 인증 등 슈퍼앱에 특화된 보안위협이 존재하므로, 슈퍼앱 맞춤형 보안대책을 정용하고 취약점 분석이나 평가 등 자체 보안 관리할 때 이를 확인하고 검증할 필요가 있다.

전문가들은 금융권 슈퍼앱에 카드, 보험, 결제 등 모든 기능이 통합되어 있어 장애 발생 시 파급력이 막대하기 때문에 특정 미니앱의 장애가 슈퍼앱 전체에 영향을 미치지 않도록 구성하는 등 기능별 모듈화 구성이 필요하다고 지적한다. 예컨대, 토스 내 뱅크에 장애가 발생하더라도 증권 기능은 정상적으로 동작되게 해야 한다는 것이다.

제로데이

한 소프트웨어의 취약점이 발견되면 전문가들은 그날을 제로데이라 칭한다. 제로데이 당일에는 개발자가 관련 패치를 만들어내기는 쉽지 않다. 그래서 취약점이 그대로 노출돼있다. 소프트웨어 수정이 어려운, 그래서 제로데이다. 해커들은 이 때를 놓치지 않는다. 악성코드를 만들어 소프트웨어를 공격한다. 이름하야 '제로데이 공격'. 관리자가 취약점을 발견하기 전, 패치하기 전 감행되는 공격 말이다.

제로데이를 찾아내거나, 개발하기 위해서는 최소 100만 달러 이상의 비용이 든다고 한다. 이런 까닭에 제로데이는 국가적 지원을 받아 운영되는 스파이 그룹의 컴퓨터에서만 발견돼 왔다. 그런데 최근에는 이 같은 양상에도 변화가 있다고 한다. 구글 클라우드가 54억 달러를 주고 산 보안업체 맨디언트^{Mandiant}에 따르면 2021년 제로데이를 악용한 해커 단체의 3분의 1은 정부가 지원하는 사이버 스파이 단체가 아닌 금전적인 동기를 가진 범죄자들이었다. 이러한 변화는 수십억 달러 규모의 랜섬웨어 산업과 관련이 있다.

랜섬웨어 '워너크라이'가 제로데이 공격의 대표 사례다. 워너크라이는 마이크로소프트^{MS} 윈도의 네트워크 파일 공유 프로토콜인 SMB의 보안 취약점을 악용해 여러 컴퓨터를 무작위로 감염시켰다. 이후 취약점이 보완됐음에도 윈도 업데이트를 꺼놓은 PC나 업데이트 기간이 만료된 윈도XP 사용자는 지속적으로 위협에 노출될 수밖에 없어 피해가 속출했다.

이처럼 제로데이 공격은 한 소프트웨어를 무방비 상태로 만들 수 있어서 해커들 사이에서는 꿈의 병기라 부른다. 그래서 제로데이 취약점을 발견한 뒤 공격해 해커로서 명성^{惡名}을 얻기보다는 팔아넘겨서 금전적 이득을 취한다.

소비자 입장에서 제로데이 공격을 막는 가장 효과적인 방법은 패치를 잘하는 거다. 윈도를 예로 들면 업데이트를 하라고 요구하는 건 사용성의 측면도 있으나 취약점이 발견됐기 때문이라고 봐도 무방하다. 또한 불필요한 애플리케이션 사용을 자제하는 것도 중요하다. 앱이 많을수록 자연스럽게 취약점의 수도 늘어날 수 있고, 소프트웨어 오류가 발생했을 때 어떤 앱에서 문제가 발생했는지 파악하는 것도 어렵다.

방화벽 운영도 중요 포인트다. 회사, 학교, 집 등에 구축된 로컬 네트워크를 인터넷으로부터 보호해주어 인터넷으로부터 멀웨어malware·악성 소프트웨어 등 공격이 왔을 때 막을 수 있고, 또한 화이트리스팅은 신뢰할 수 있다고 판단되는 프로그램만 허용하기 때문에 아직 알려지지 않은 프로그램이라면 그게 무엇이든 사전에 차단하기 때문에 효과적이다.

국가 위협하는 글로벌 해킹 조직 증가

러시아-우크라이나 전쟁의 장기화, 남북관계 경색, 소원한 대중 관계 등으로 한국에 대한 해킹 공격 위협은 다른 어느 때보다 높은 수준이다. 따라서 국방, 방산 등 주요 기관 산업들은 철저한 사전 대비가 필수다.

랩서스LAPSUS$와 같이 소규모, 비국가적, 비조직적 공격 가능성도 높아지고 있는데 이들의 목적은 돈이다. 사전에 공격 대상에 대한 체계적인 스터디와 전략을 수립하는 치밀함까지 보여준다. 가상거래소나 전자지갑 등이 표적이 되기 쉬운데, 북한 정찰총국과 연계된 해킹단체 라자루스가 가짜 암호화폐 사이트를 만들어 악성코드 '애플 제우스AppleJeus'를 배포하는 등의 사례도 있다.

돈 많은 금융회사가 공격 대상 1순위인데, 간편결제 금융 애플리케이션 페이코의 경우 본인 여부를 인증할 때 핵심적인 기능을 하는 데이터인 서명키가 외부로 유출되는 경우도 있었다. 나아가서는 깃허브GitHub 같은 소스 및 커뮤니케이션 공유사이트 내지 소프트웨어 개발 공유 사이트를 공격해 이와 연계된 산업의 공급망과 밸류 체인에 타격을 주는 공격도 염려스러운 상황이다.

과학기술정보통신부가 발간한 사이버 보안 위협 분석 보고서에 따르면 2022년 한 해 국내 사이버 보안 침해 사례는 전년 대비 1.6배 증가했다. 특히 해킹된 메일, 웹서버의 취약점, 인증 관리 서버와 원격 액세스의 허점을 악용하는 사례가 증가하고 있다. 오픈소스나 상용 해킹 툴을 통한 인증 정보 탈취 및 권한 강화 형태의 공격 방식은 두드러지는 현상이다.

끝없이 진화하고 발전해나가는 사이버 위협에 맞서기 위해 대비책이 필요한 시점이다. 이러한 측면에서 나온 용어가 사이버 레질리언스Cyber Resilience, 즉 사이버 복원력이다. 이는 공격에 대한 면역력을 키우는 것으로, 탐지 · 대응 · 회복의 단계를 거치며 시스템 보호뿐 아니라 외부 보안 위협이나 공격에 상관없이 시스템을 계속해서 실행해 나가며 동일 혹은 유사한 공격을 두 번 당하지 않도록 하는 능력이다.

완벽한 사이버 보안은 있을 수 없다. 언제든 해킹 사고가 발생할 수 있음을 염두에 두고 항상 대비하는 자세가 중요하다. 빠르게 대응하고, 신속하게 조치하는 시스템을 갖출 필요가 있는 것이다.

삼성과 애플의 새로운 격전지, 스마트 웨어러블 경쟁이 시작되다

웨어러블 기기Wearable Device는 착용하는 위치에 따라 핵심 기능이 다르지만 신체와 밀착되어 있다는 점에서 '헬스케어'라는 본질적 기능은 항상 유지한다. 신체에 착용해 사용자의 혈당, 혈압, 체온, 호흡 빈도수 등 지표를 수시로 수집, 측정하고 모니터링 할 수 있는 것이다.

인터내셔널데이터코퍼레이션IDC에 따르면 국내 웨어러블 기기 시장은 2025년 1,515만 대로 예상되며 연평균 3.5% 성장할 것으로 전망된다. 코로나19 역시 스마트 웨어러블의 빠른 보급에 영향을 미친 것으로 보인다. 사람들로 하여금 자신의 건강에 더욱 신경 쓰게 만들었기 때문이다.

웨어러블 기기는 유형에 따라 휴대형accessary, 부착형attachable, 이식·복용형eatable으로 분류할 수 있다. 휴대형은 스마트워치나 스마트밴드, 이어웨어earwear, 스마트안경 등의 제품이며 부착형은 피부에 붙이는 패치나 옷이나 신발 같은 의류 형태의 디바이스다. 이식 · 복용형은 직접 신체에 이식하거나 알약, 스마트 타투, 임플란트 방식의 물체를 말한다.

스마트 웨어러블 중에서도 무선이어폰으로 자리매김한 이어웨어는 주변 소음을 차단해주는 액티브 노이즈 캔슬링 기술 성장에 힘입어 계속해서 성장할 것으로 전망된다.

또한 향후에는 헬스 코칭, 스마트 어시스턴트 등의 새로운 서비스 경험을 제공할 것으로 보인다. 또한 스마트워치로 자리매김한 웨어러블은 활용성에 힘입어 성장세가 높다. 어린이와 노인을 위한 모니터링 워치 등 실시간 위치를 확인할 수 있는 워치들이 선보이고 있다.

스마트 웨어러블은 웨어러블 디바이스에 빅데이터, AI 기술이 결합돼 더 큰 시장을 창출해내고 있는데 특히 의료 분야에서 활발하게 사용될 수 있을 것으로 보인다. 환자로부터 다양한 데이터를 수집하기 용이하기 때문이다.

T맵과 같은 내비게이션 서비스가 자동차보험과 결합해서 높은 운행점수를 받을 경우 운전자의 보험료가 저렴해지듯이, 사용자의 신체 정보가 병원, 보험 데이터 등과 결합돼 새로운 부가 서비스들을 창출해 낼 가능성은 무궁무진하다. 아울러 기존의 치료방식처럼 발병 뒤 사후치료를 받는 게 아니라 수집한 사용자의 신체 정보를 통해 질병 예방 · 예측 및 개인맞춤형, 참여 중심으로 성장할 여지도 크다.

스마트 워치

2015년 4월, 애플워치가 처음 출시됐을 때 많은 사람들의 비웃음을 샀다. 가격이 40만 원이나 됐음에도 배터리가 하루를 채 버티기 어려웠고 쓸 수 있는 애플리케이션이 많지 않아서다. 무엇보다 스마트폰이 하루가 멀다 하고 팔려나가고 있는 상황에서 액정 크기가 작은 스마트워치가 설 자리는 없어 보였다. 출시 직후 "애플워치를 구입하느니 10만 원짜리 시계 네 개를 사서 쓰겠다"는 조롱까지 나왔다.

10년 남짓 지난 현재. 이제는 클래식한 시계를 차고 다니는 사람보다 스마트워치를 차고 다니는 사람을 더 많이 볼 수 있다. 2019년 애플워치 판매량은 약 3,000만 대. 같은 해 스위스 시계 브랜드들의 전체 판매량약 2,000만 대을 제친 기록이다. 2021년에는 전 세계 애플워치 사용자 수가 1억 명을 넘어섰다고 한다. 새로운 디지털 디바이스 시대를 열었다고 평가할 만하다. 덕분에 삼성전자, 인도 파이어볼트, 중국 화웨이 등 경쟁사도 스마트워치 시장에 안착할 수 있었다. 스마트폰 성장세가 주춤한 가운데 스마트워치 시장은 더 커지고 있다.

시장조사업체 IDC에 따르면 2023년 웨어러블 기기 출하량은 전년 대비 2.4% 증가한 5억410만 대로 예측됐다. 내년부터 웨어러블 출하량은 연평균 5% 증가해 2027년 6억 2,940만 대에 달할 것으로 예상된다.

시장조사업체 IDC에 따르면 2022년 판매량 기준 웨어러블 기기 1위는 무선이

어폰62.1%이며, 2위는 스마트워치31.2%, 3위는 스마트손목밴드6.4%였다. 이어폰 기능 외에 아직까지는 큰 의미를 제공하고 있지 못한 무선이어폰을 제외하고, 스마트손목밴드가 유사 기능을 제공하고 있다는 점을 감안하면 스마트워치가 사실상 웨어러블 기기 시장의 선두주자인 것이다.

스마트워치 시장은 단기적으로는 고가 제품과 스마트손목밴드 위주의 저가 제품으로 나뉘어 시장이 형성될 것으로 전망된다. 고가 제품은 유명 브랜드와 콜라보레이션 해 현재보다 고급화를 더 추진하며 파이를 더 키울 것으로 예상된다. 장기적으로는 스마트손목밴드를 스마트워치로 교체하는 수요가 발생할 것이고, 기본 스마트워치를 고가 브랜드로 바꾸려는 움직임을 보일 것이다.

전기차가 테슬라라는 스타트업에서 시작해 산업의 지형도를 바꿔놓자 백 년 넘은 내연 기관 자동차 기업들이 너나 할 것 없이 전기차로 몰려갔듯 명품 브랜드들의 스마트워치 참여가 열리게 되면 그 시장은 더욱 커질 것으로 점쳐진다.

스마트링

최근 명품 브랜드 구찌가 'MZ 세대향' 서비스들을 많이 내놓고 있다. 제페토 같은 메타버스 공간에서 구찌 디지털 굿즈를 판매하는 등 파격적인 행보를 보인다. 그 중에서도 2022년 핀란드 헬스케어 기업 오우라와 협업해 스마트링을 출시한 점이 눈에 띈다. 해당 스마트링은 활동량, 수면 패턴, 체온, 심박수 등을 측정해 스마트폰으로 전송해주는 기본적인 건강관리 기능을 지원하며 이를 바탕으로 건강 정보를 체크할 수 있다.

구찌의 스타트업 콜라보레이션이 다소 뜬금없어 보이지만 오우라는 3세대 제품까지 내놓은 나름 견실한 기업이다. 오우라 스마트링은 2022년 초까지 누적 판매량 100만 대를 기록했다. 2020년 미국 한 대학 연구팀은 오우라로 코로나19 감염 사실을 증상 발현 전 알 수 있다는 실험 결과를 내놓아 주목받기도 했으며 미국 프로농구협회NBA는 선수들의 신체 모니터링을 위해 오우라 2,000개를 구입하기도 했다. 2시간 충전하면 일주일가량 사용할 수 있어 사용 편의성도 높아졌다.

이러한 디지털 디바이스의 새로운 전장은 손목 위에서 손가락으로 옮겨갈 것으로 예측되는데, 이는 손가락 반지처럼 착용하는 스마트링 얘기다. 스마트링은 앞서 살펴본 건강관리 디바이스 오우라, 결제 서비스 및 스마트키로 사용할 수 있는 커브Kerv, 전화 통화가 가능한 오리ORII, AI 비서 알렉사가 탑재된 아마존 에코루프Echo Loop 등으로 구현되고 있다.

물론 해당 제품들은 일부 디지털 디바이스 마니아의 관심만 불러일으켰을 뿐 시장에서 이렇다 할 소구력을 발휘하지 못한 게 사실이다. 그런 와중에 스마트워치로 웨어러블 시장을 키워나가고 있는 애플과 삼성전자가 스마트링 관련 상표권을 잇달아 출원해 관심이 쏠린다.

애플은 올해 4월 11일 미국 특허청으로부터 '애플링'과 관련된 특허를 받았는데 이는 손가락을 활용한 제스처나 애플 펜슬을 통해 기기를 쉽게 조작할 수 있는 기술이다. 현재 이렇다 할 사용성이 입증되지 않은 상태인 만큼 애플 마니아들을 위한 PC, 스마트폰, 스마트워치 등 애플 세계관에서의 확장을 추측해볼 수 있다.

삼성전자는 그에 앞서 올해 2월 한국 특허청에 '갤럭시링' 상표권을 등록했다. 이어 7월에는 '갤럭시 펄스' '갤럭시 리듬' 등 헬스케어 서비스를 염두에 둔 상표권을 출원했다. 삼성전자의 전략은 애플과는 조금은 달라 보인다. 스마트링에 탑재한 광혈류 측정 센서, 심전도 센서를 통한 심박수와 혈압 측정 등에서 볼 수 있듯 헬스케어 기능으로 서비스를 확장해 나가고자 한다.

애플과 삼성은 자사 기기 간 연결성 강화로 여타 기업들이 선보여 왔던 스마트링과 차별성을 내세울 전망이다. 아예 생소한 IT 플랫폼이 아닌, 스마트워치처럼 기존 스마트폰 시장에 기댈 수 있다는 점에서 보급 속도를 늘리는 것이다. 기술력과 원가절감을 통해 100만 원 미만의 가격대로 대중화에 집중할 것으로 보인다.

최근 들어 혼합현실MR 디바이스 시장이 다시 달아오르는 점도 스마트워치에 호재다. 스마트링은 다양한 웨어러블 디바이스와 연동한 입력 장치 및 컨트롤러 역할을 할 것으로 예상되는데, 예를 들어 VR · AR가상·증강현실 헤드셋을 착용한 사용자가 스마트링을 낀 손가락으로 시스템을 작동하고 통제하는 식이다. 손

끝에서 시작된 작은 디지털 혁신이 또 다른 IT와 만나 의외의 파급력을 낼지 모른다.

또한 최근 강력 범죄들이 판치면서 여성 긴급 안전을 강조하는 특화 기능으로서 활용될 여지도 크다. 여기에 결제 기능까지 탑재된다면 사용성이 한층 더 늘어날 것으로 전망된다. 손가락 움직임을 감지해 글씨를 쓰거나 주변 IoT 기기의 입력수단으로 사용하는 컨트롤러의 기능도 기대된다. 작은 배터리 용량으로 인한 사용시간의 제약이 이슈이고 출시 시기는 명확하지 않지만 내년 본격 출시가 된다면 시장에 큰 주목을 받을 것으로 예상된다.

스마트글라스

1980년대 만들어진 일본 만화 드래곤볼에 나오는 캐릭터 베지터가 쓴 글라스. 그 글라스는 안경처럼 쓰이면서도 상대방의 신체를 분석해 전투력, 체력 등을 지표로 보여준다. 영화 〈아이언맨〉의 주인공 토니 스타크는 안경 하나로 현실 세계의 여러 콘텐츠와 정보를 확인한다. 달려오는 차의 속도, 현재 신체 산소 농도, 도로교통 정보 등이 안경에 투시된다. 만화, 영화 속에서만 가능할 것 같던 스마트글라스는 스마트폰 이후 차세대 주요 플랫폼으로 일컬어지며 웨어러블 디바이스 시장 핵심 분야로 주목받고 있다.

스마트글라스는 현실 세계를 바탕으로 각종 디지털 콘텐츠와 정보를 투사해 함께 볼 수 있도록 한 웨어러블 기기다. 흔히 투명한 렌즈 위에 증강현실 콘텐츠를 구현해 'AR글라스'로도 불린다. 안경 쓰듯 쓰고 있으면서 외국어 원서를 비추면 바로 액정에서 번역을 해준다든지, 목적지로 향하는 길을 눈앞에 나타나게 해주는 식이다.

현재는 스마트글라스 제작 비용 탓에 기업과 산업, 의료, 군사 영역에서 주로 사용되고 있다. 현장에서 복잡한 업무 과정을 어렵게 외울 필요 없이 눈앞에 가상으로 시연되는 영상으로 업무를 정확하고 빠르게 익히도록 하는데 도움을 주고 있다.

스마트글라스의 장점은 명확하다. 스마트폰이나 컴퓨터처럼 손으로 기기를 들고 이용할 필요가 없는 것이다. 덕분에 작업 현장에서 휴대폰이나 무전기가 아닌 스마트글라스로 관제실과 소통할 수 있다. 작업자가 보고 있는 환경을 관리자에 공유할 수 있어 현장에서 발생하는 결함을 점검할 수 있다는 장점이 있다.

스마트글라스는 2012년 구글이 '구글 글라스'라는 이름의 프로토타입을 첫 공개했다. 비싼 가격과 개인정보 유출 문제 등으로 출시를 취소했다가 2022년 5월 AR글라스를 다시 선보였다.

애플은 스마트폰 혁신에 버금가는 차세대 플랫폼으로 스마트안경을 꼽으며 2010년대 중후반부터 개발해 왔다. 스마트안경만으로 전화 통화를 하고, 사진을 찍는 등 스마트폰을 대체할 일상 전자기기를 구현할 것이라는 포부였다. 애플은 스마트안경을 2025년까지 선보이기로 했다. 애초에 2023년까지 만들어내겠다는 입장이었는데 안경에 보다 많은 기능을 탑재시키기 위한 부품 경량화 작업을 진행 중인 것으로 알려졌다.

시중에 보급된 크고 무거운 가상현실VR 헤드셋과 달리 스마트안경은 실생활에 불편이 없을 정도로 부품 칩과 배터리를 초경량화가 필수다. 그만큼 생산비가 높아질 수밖에 없다. 배터리 가용 시간부터 전자파가 인체에 미칠 악영향을 해소하는 과제도 있다. 때문에 애플은 당분간은 '가상 · 증강현실AR·VR 헤드셋' 출시에 집중할 것으로 보인다. 2023년 혼합현실MR 헤드셋 비전프로를 공개했으며, 2024년 공식 출시를 앞두고 2세대 비전프로 개발에 착수했다.

삼성전자도 이 시장에 태핑 중이다. 구글, 퀄컴과 함께 XR 기기 개발을 진행하고 있다. 삼성 XR기기는 퀄컴 칩세트와 구글 운영체제OS를 탑재한다는 점 외에 세부 사양이 베일에 싸여 있다. 노태문 삼성전자 사장은 2023년 2월 MWC 2023에서 XR 기기에 대해 "제품의 완성도가 높아지는 시점에 공개하겠다"고 말했다.

스마트 의류

스마트의류는 IT 기술과 첨단 섬유 및 소재가 융합된 옷이다. 옷을 입고 있으면 본인의 심박수, 근육 운동, 신체 움직임 등 신체 정보는 물론 주변 자극이나 외부 환경 등에 대한 감지가 가능하도록 한 콘셉트다.

2017년 구글은 청바지로 유명한 리바이스와 함께 스마트 재킷을 개발했다. 옷 소매를 살짝 만지면 호주머니 속 스마트폰을 조작할 수 있는 식이다. 대도시에 살며 자전거로 출퇴근하거나 레저를 즐기는 사람들을 겨냥한 제품이다.

청바지에 쓰이는 데님 재질로 만들어진 이 재킷은 겉으로 얼핏 보기에는 특별할 것이 없다. 물론 내부를 들여다보면 특별하다. 옷감에 전자회로, 센서, 전선이 내장돼 있고 소매 끝단에는 단추 모양 태그가 부착돼있다. 이 태그는 스마트폰과 옷을 커넥트 하는 역할을 한다. 그래서 소매를 문지르거나 톡톡 치면 무선으로 연결된 스마트폰을 조작할 수 있는 것이다. 또한 전화나 문자 등 정보가 들어오면 LED 빛과 진동식 햅틱 피드백으로 사용자에게 알려 준다.

사용자가 이어폰을 끼고 있으면 통화, 문자 확인은 물론이고 자전거 길 안내를 해주기도 한다. 지금 시간이 몇 시 몇 분인지, 목적지 도착 예상 시간이 언제인지 등을 음성으로 묻고 답을 들을 수 있다. 구글 플레이 뮤직, 애플 뮤직, 아마존 뮤직, 스포티파이 등 주요 콘텐츠도 재킷으로 조작할 수 있다. 다음 곡 듣기, 이전 곡 듣기는 물론이고 지금 나오는 곡의 제목이 무엇인지까지도 알려준다.

조작법은 스스로 정할 수 있게 했다. 손을 소매에 대고 아래위로 문지르는 방식으로 음악 볼륨을 조정하거나, 두 번 두드리면 다음 곡으로 넘어가게 할 수도 있고, 손가락을 살짝 미는 방식으로 길 안내를 받을 수도 있는 식이다. 옷감에 내장된 멀티터치 센서 덕택이다.

태그에는 배터리도 내장돼 있다. USB로 완충하면 최대 2주 간 쓸 수 있다. 다만 세탁할 때는 단추 태그를 떼야 한다. 그리고 가장 중요한 부분은 세탁인데, 열 차례 정도 빨게 되면 옷감 속 센서와 전선이 손상을 입을 수 있다는 치명적 단점이 있었다.

리바이스의 사례에서 보듯이 스마트 의류는 스포츠, 피트니스 산업에서 확장성을 보일 것으로 전망된다. 사실 이제 스포츠 경기에서 데이터 분석은 선택 아닌 필수가 됐다. 데이터를 기반으로 신체 부위별 문제, 개선이 필요한 부위, 원인 등을 진단하고 맞춤 운동을 제안하며 개선 변화를 데이터로 고객과 공유하는 것이다.

과거 미국에는 보디빌딩과 같은 퍼포먼스 운동이 대세였는데, 요즘은 건강 관련 피트니스 영역이 데이터를 기반으로 해 과학적으로 바뀌었다. 때문에 운동 전에 신체 정보, BMI, 체지방량, 근골격량까지 알아야 하는 추세다. AI 센서가 결합된 운동 수트를 출시한 피에트는 미국스포츠의학회ACSM의 관리 지침인 심폐지구력, 근력, 근지구력, 유연성, 신체조성의 다섯 가지 지수는 물론 BPM심박수, HRV심박변이도 등을 기준으로 사용자 관리를 하고 있다. 이것이 스포츠 헬스테크놀로지의 한 사례다.

또 다른 예로는 의학 기술을 토대로 스포츠 분야 제품을 만드는 아토스Athos의 근전도 기록 센서가 삽입된 압축 셔츠와 바지가 있다. 옷에 부착된 센서를 통해 근육 운동, 심장 박동수, 칼로리 소모량, 운동 시간 내지 휴식 시간 등 실시간 신체 기능을 모니터링하면서 효과적으로 운동할 수 있게 도와주는 목적이다. 특히 운동선수에게 효과적인데 근육 피로도를 알려 적절한 휴식시간을 갖도록 해줌으로써 부상 위험을 줄일 수 있다는 것이다. 선수들의 데이터는 축적돼 맞춤형 트레이너 역할을 제공하기도 한다.

미국의 패션테크 기업 웨어러블X은 스마트 요가팬츠 나디^{Nadi}X를 내놓았다. 요가 자세 교정을 돕는 목적이다. 요가복 내 센서가 자세 교정이 필요한 부위에 진동을 주는 식으로 작동된다. 또 블루투스를 통해 백업이 돼 자세 교정 정도를 모니터링 할 수 있게 돕는다.

삼성도 스마트 수트, 골프웨어, 액세서리 등 NFC 플랫폼을 내놨다. 버튼, 와펜 자수 등에 내장된 NFC 칩과 앱을 연동하는 식이다. 특히 스마트 수트는 손목 부위에 내장된 스마트 버튼을 통해 미팅 모드, 드라이빙 모드, 명함 전송 등 비즈니스에 적합한 서비스들을 제공한다. 이 외에도 스마트 골프복 출시 등 시도를 하고 있다.

스마트의류는 스마트워치나 스마트링보다 훨씬 더 많은 섬세한 신체 정보들을 수집할 수 있는 만큼 소비자 입장에서는 만성 질환 진단이 가능해질 것으로 예상되며 병원 입장에서는 환자를 효율적으로 모니터링 할 수 있게 된다.

이 밖에도 유아를 위한 건강 체크 기능에 뛰어드는 스타트업들이 많아 눈길을 끄는데, 올렛 삭스^{Owlet Socks}라는 업체는 아기의 심박수를 모니터링 하는 양말을 개발했다. 병원에서 사용하는 맥박 및 산소 측정 기술을 그대로 적용한 것이다. 이를 통해 아기의 호흡 방해 여부나 수면 상태를 체크할 수 있다고 한다. 나아가 폐렴이라든지 만성 폐질환, 기관지염, 심장 질환과 같은 것들도 사전에 체크할 수 있도록 서비스를 개발 중이다.

뉴욕 소재의 스타트업 네오펜다^{Neopenda}는 센서가 달린 신생아 대상 모자를 개발했다. 아기의 체온, 심장 박동수, 호흡 상태, 혈중 산소농도 등을 실시간으로 체크할 수 있다. 병원 입장에서 보면 1개의 태블릿PC로 최대 24개 모자를 쓴 아이를 체크할 수 있다고 한다. 지금은 병상에서 환자가 아프면 호출을 해야 간호사가 오는데 이제는 실시간으로 한눈에 여러 환자들의 상태를 체크할 수 있게 된 것이다.

웨어러블은 로봇 형태로 진화하기도 하는데, 사람 몸 외부에 부착해 작동시키는 외골격 수트 '엑소스켈레톤^{Exoskeleton}'이 대표적인 사례다. 노약자나 장애인의 운동능력을 보조하는 웨어러블 기기로 미국의 엑소 바이오닉스^{Ekso Bionics}, 일본의 사이버다인^{Cyberdyne}, 이스라엘의 리워크 로보틱스^{ReWalk Robotics} 등이 있다. 자동으로 운동하는 지능화된 엑소스켈레톤을 위해 캐나다 워털루대와 미국 노스캐롤라이나 주립대에서는 자율주행차처럼 착용자 몸의 움직임과 다가올 지형에 대해 분석해 다양한 실내외 환경에서 걸어 다닐 수 있는 연구를 진행 중이라 한다.

국내의 경우 KAIST가 '워크온 슈트Workon Suit'를 개발하고, 서울대는 '엑소슈트 Exo Suit'를, 현대자동차는 제조 현장용 조끼형 외골격인 '벡스VEX'를 선보이며 국내외로 엑소스켈레톤에 대한 시장이 늘어날 것으로 전망된다.

스마트 웨어러블, 정책과 만나 시너지

한국은 고령화 사회 진입이 빠른 국가다. 고령화 사회에서 노년층의 웰스 케어와 건강관리가 주요한 국가 과제로도 떠오를 가능성이 크다. 때문에 싱가포르의 사례를 참고할 만하다. 싱가포르는 지난 2020년부터 애플과 ICT 기반 국민 건강관리 프로젝트를 진행하고 있다.

싱가포르의 65세 이상의 고령인구는 2018년 14.4%에서 2030년 24%까지 상승할 것으로 전망된다. 이에 따라 싱가포르는 새로운 장기요양보험제도를 도입하면서 동시에 디지털 헬스케어를 도입했다. 애플과 진행하는 이 사업은 '루미헬스LumiHealth'로, 싱가포르 건강진흥청과 애플이 공동으로 앱을 개발하고, 자발적으로 국민 건강습관을 개선하는 것을 목표로 한다.

루미헬스는 개인화된 트레이닝 프로그램을 제공하고 운동 인센티브를 제공해 건강한 습관을 만들 수 있도록 돕는다. 앱을 설치하면 개인화된 운동 가이드를 비롯한 각종 미션이 주어진다. 이를 달성하면 한화 30만 원 상당의 온라인 쇼핑

쿠폰을 2년에 걸쳐 제공한다.

특히 앱에서는 단순한 운동량이나 칼로리 측정이 아니라 나이, 성별, 몸무게에 따라 다양한 게임 형태의 운동을 제안한다. 명상이나 걷기 요가 조깅 같은 형태 인데, 건강검진 일정이나 예방접종 시기도 알려주고 수면습관도 관리해준다.

한국에서도 유사한 실험이 진행되고 있는데, 바로 서울시에서 진행하는 손목 닥터9988다. 시민들의 건강 생활을 형성하고자 시에서 스마트워치를 제공하고, 전용 모바일 앱을 설치해 1일 8,000보를 체크하게끔 한 것이다. 건강 활동 참여 도에 따라 6개월 간 최대 10만 포인트를 지급해 현금처럼 사용할 수 있게 인센 티브를 부여하고 있다. 이에 참여한 23만 명의 시민 중 85%가 건강 증진 효과를 봤다고 한다. 웨어러블이 정책과 만나 시너지를 내고 있는 것이다.

웨어러블, 헬스케어 산업을 확장시키다

웨어러블은 단순히 심박수를 체크하는 것을 넘어 심전도나 혈당 측정까지 정 교한 신체 데이터를 수집하는 기기로 진화 중이다. 삼성전자의 삼성 헬스 모니 터는 세계 최초로 스마트워치에서 심장의 전기적 활동을 분석하는 심전도 측정 을 가능케 했다. 나아가 삼성전자 종합기술원은 미국 메사추세츠공과대MIT 연구 팀과 함께 라만 분광법을 통해 레이저 빛을 피부에 쏘면 혈액 내 혈당 수치를 파악할 수 있는 기술을 개발했다.

또 삼성벤처투자는 채혈 없이 혈당을 측정하고 관리하는 기술을 개발하는 독일 스타트업 디아몬드테크DiaMondTech의 500만 달러약 61억 원 규모 펀딩에도 참여했다. 이 회사는 적외선을 피부에 쏴 포도당 분자를 계산할 수 있는 특허를 갖고 있다. 오는 2024년 손목에 착용하는 제품인 '디-센서D-Sensor'를 상용화하겠다는 입장인데, 삼성이 이 시기에 맞춰 스마트워치나 스마트밴드에 혈당 측정 기능을 적용할 것으로 관측된다.

애플 역시 당뇨병 환자를 위한 혈당 모니터링 기능 등을 개발 중인데, 최근 찌르지 않고 혈당을 측정하는 비침습 혈당 측정 기술에서 큰 진전을 이룬 것으로 알려졌다. 이는 실리콘 포토닉스로 알려진 반도체를 이용하는 것인데, 레이저를 사용해 피부 아래 모세혈관에서 나온 간질액에서 혈당을 측정하는 것이다. 시장에서는 당뇨병 환자들이 애플워치를 통해 피부 자극을 주지 않고 지속적으로 혈당을 체크할 수 있게 돼 수요가 더욱 늘어날 것이라는 기대감이 커졌다.

애플은 창업자인 스티브 잡스 때부터 극비리에 비침습적 혈당 측정 기술을 연구해왔다. 지난 10년 동안 수백 명을 대상으로 채혈 없이 혈당을 측정하는 기술을 시험해 왔으며 그 결과값을 실제 혈액 샘플에서 나온 혈당과 비교해온 것이다. 현재는 개념증명 단계로, 애플은 혈당 측정기를 조금 더 실용적인 크기로 줄이기 위해 노력하고 있는 것으로 알려졌다.

또한 스마트 웨어러블은 최근 각광받고 있는 심리 치료에도 중요한 역할을 해

줄 수 있을 것으로 기대된다. 코로나19 이후 명상 앱 사용이 크게 증가했는데 같은 맥락에서 웨어러블이 정신 건강 치유에 도움을 제공할 수 있을 것으로 보인다. 스마트폰 카메라를 통해 표정이나 음성을 인식하고 스마트워치를 통해서 심박수, 심전도, 스트레스 지수 등을 체크하는 등 통합 데이터를 활용해 심리를 분석하는 것이다. 여기에 더해 AI와 딥러닝을 통해 개인맞춤형 멘털 헬스 측정 및 개선 서비스를 제공하는 방향으로 진화와 발전을 지속해나갈 것으로 기대된다.

부록

디지털 산업 전망 이해를 위한 참고 자료

2023년 9월 과학기술정보통신부에서 〈전국민 AI 일상화 실행계획〉과 〈디지털 공동번영사회의 가치와 원칙에 관한 헌장 : 디지털 권리장전〉을 발표했다.

오는 2024년까지 9,090억의 예산 투입이 예정되어 있는 〈전국민 AI 일상화 실행계획〉은 국민일상, 산업현장, 공공행정 등 전방위적인 인공지능 확산을 통해 전 국민 인공지능 보편화 시대를 목표로 하고 있다. 또한 새로운 디지털 질서의 방향을 제시하는 〈디지털 권리장전〉은 인공지능으로 대표되는 디지털 기술이 나날이 발전함에 따라 새롭게 등장한 사회 문제에 대응하는 데 필요한 보편적인 질서 규범과 기본 방향을 담았다.

매 순간 판도가 바뀌는 디지털 트렌드의 흐름 속에서 또다시 새로운 기술과 산업의 가능성을 발견하고자 한다면 해당 부록을 통해 미래를 주도할 디지털 핵심 기술이 인간의 삶과 융합되는 현장을 눈여겨보길 바란다.

전국민 AI 일상화 실행계획

I. 추진 배경

● **디지털 심화 시대를 주도하는 글로벌 모범국가 도약 추진**

· 신정부 출범 이후 '뉴욕구상('22.9)', '대한민국 디지털 전략('22.9)'을 통해 국민과 함께 세계의 모범이 되는 디지털 강국 실현 추진

- '파리 이니셔티브('23.6)'를 통해 새로운 디지털 질서 정립 본격화

· 디지털 핵심인 AI 경쟁력 강화를 위해 'AI 일상화 및 산업 고도화 계획('23.1)', '초거대AI 경쟁력 강화 방안('23.4)' 등 정책적 노력 지속

* V 주재 '캐나다 AI 석학과의 대화('22.9)'를 통해 우리나라 AI가 나아가야 할 방향 모색

● **그간의 노력을 국민이 피부로 느끼는 혜택으로 본격 실현할 시점**

· 독자적 초거대 AI 플랫폼 확보 등 그간 축적한 AI 기술·산업 경쟁력*을 토대로 AI에 대한 국민적 관심·기대**를 충족할 필요

* 한국 AI 종합경쟁력 순위(글로벌 AI 인덱스, 英 토터스미디어)가 '23년 6위 기록('22년 7위)

** 우리 국민은 AI에 대한 관심(72.2%)이 높고, AI 활용으로 긍정적 변화 응답(NIA, '23.6)

· 새로운 AI 국면*에 대응하여 사회적 약자 배려, 민생현안 해결 등 AI를 가장 잘 활용하는 디지털 모범 국가로 발돋움할 시점

* (스탠포드 HAI) 생성AI 기술이 변곡점에 도달, 사회적 영향력이 전방위적으로 확대

● 범부처 역량 결집을 통한 국가 전방위적 AI 일상화 실행

· 의료 · 복지 등 국민 삶과 밀접한 생활환경 뿐만 아니라, 산업현장·일터 및 공

공분야까지 AI 일상화 조기 실현을 위한 범부처 역량 결집

· 국민 누구나 일상 속에서 AI 혜택을 누릴 수 있도록 하고, 이를 대규모 AI 수요

창출로 연결하여 AI 산업 육성 추진

⇨ AI를 국민의 삶 전반에 전방위적으로 확산하고, 디지털 모범 국가의 탄탄한 기초로서

범부처 AI 일상화 실행계획 수립

참고 | 「전국민 AI 일상화 실행계획」 추진경과

● 「대한민국 디지털 전략」 및 「新성장 4.0 전략」 수립

· '뉴욕구상'의 기조 · 철학을 반영하여, AI 등 디지털 역량 강화, 포용하는 디지털 사회 등

을 포함한 '대한민국 디지털 전략('22.9)' 수립

· "디지털시대는 인류와 AI이 함께 살아가는 시대입니다"(뉴욕구상)

· "AI 경쟁력 세계 3위 수준으로 끌어올릴 것"(제8차 비상경제회의)

· 초일류 국가 도약을 위한 '新성장 4.0 전략('22.12)'을 수립하고, 'AI와 함께하는 일상' 등

'내 삶 속의 디지털' 프로젝트 포함 · 추진

● AI 일상화 정책방안 마련

· 「AI 일상화 및 산업 고도화 계획('23.1)」, 「초거대AI 경쟁력 강화 방안('23.4)」을 통해 국

　민과 AI 혜택을 공유하기 위한 정책과제 마련

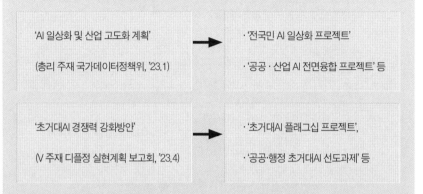

· 「新성장전략 TF('23.5)」를 통해 국민일상, 공공행정, 산업현장 등 전방위적인 '전국민 AI

　일상화 추진방향' 논의

* 「AI 일상화 및 산업 고도화 계획('23.1)」에 포함된 정책과제를 구체화하고, 각 부처 소관영역(도메

　인)에서 추진해야 할 AI 적용·확산 정책을 종합

● 민간 의견수렴 및 대국민 설문조사

· '디지털 국정과제 현장 간담회('23.2)', 'AI 최고위 전략대화('23.3)' 등 AI 확산을 위한 산학

　연 전문가 의견 수렴

· AI 제품·서비스에 대한 국민 관심도, 만족도, 미활용 이유, 수요 분야 등 대국민 온라인

　설문조사* 실시

* 18~60세 일반국민 1,000명 대상('23.5~6월, 한국지능정보사회진흥원(NIA))

참고 | 우리나라 국민들이 생각하는 AI

● 우리나라 국민은 AI에 대한 관심도가 높음

· AI에 대한 관심도(72.2%)가 높고, AI의 적용으로 인해 조사 분야* 모두에서 삶이 긍정적으로 변화되었다고 응답

* (조사분야) 교육·학습, 주거·편의, 쇼핑, 미디어·엔터, 금융, 교통, 의료, 공공·복지

● AI 만족이 가장 높은 분야는 교통, 공공·복지

· AI를 많이 이용해본 분야는 ①쇼핑(53.7%), ②주거편의(50%), ③교통(47.1%) ④공공·행정·복지(45.8%), ⑤금융(34.7%) 순서로 나타남

* (교통) 운전보조 시스템, AI 배차 서비스 등, (공공·복지) AI 챗봇, AI 돌봄로봇 등

· AI 제품과 서비스를 이용한 국민의 만족도가 높은 분야는 ①교통(85.1%), ②공공·복지 (84.7%), ③기타*(84.6%) 순서로 나타남

* (기타) 대화형 AI서비스(챗GPT), 스포츠(야핏), 이미지·문서 제작 서비스(미드저니)

● AI 확산을 위해 이용 기회 확대 및 신규 서비스 제공 필요

· 각 분야의 AI 서비스를 이용한 경험이 없거나(46.3%(쇼핑) ~ 79.1%(교육), 이용을 중단 (16.7%(교통) ~ 29.4%(교육))한 비율도 상당수 존재

- 미활용 또는 중단 사유로는 8개 분야 모두에서 '관심 또는 경험해 볼 기회가 없어서'라는 응답이 가장 높은 것으로 조사

· 더불어, AI이 신규 적용 및 확대가 필요하다고 생각하는 분야로 ①주거편의(24.6%), ② 교육·학습(19.8%), ③교통(10.1%)을 꼽음

* (주거편의) AI 홈 제품·서비스 등, (교육·학습) 영어발음 인식·회화, 수학수준 진단·강의 등

⇨ 따라서, 효용이 높거나 AI 확대 수요가 있는 분야를 중심으로

AI 이용 경험을 넓히는 "AI 일상화"의 확대 필요

※ (대상) 18~60세 일반 국민 1,000명 ｜ (기간) '23.5.30~6.2

(방법) 온라인 패널 조사 ｜ (신뢰수준) 95% 신뢰수준, 오차범위 ±3.1%p

(주관) 한국지능정보사회진흥원 ｜ (조사) 코리아리서치인터내셔널

II. AI 일상화 시대의 본격 개막

▷ 초거대 AI 등장으로 AI는 기술적 변곡점에 도달하였으며, 우리일상과 경제·사회

전반의 판을 흔드는 디지털 지각변동의 중심으로 자리매김

● 일상 곳곳에 AI가 스며들면서 AI 대중화가 빠르게 진행

· AI가 부지불식간 우리 생활 곳곳에 깊숙이 활용되고, 누구나 쉽게 AI를 체감할

  수 있는 AI 대중화 시대에 본격 진입

(스마트폰) AI비서(빅스비), AI사진보정기술 등	(냉장고) 김치 제조일 등 고려, 적정 온도설정	(OTT) 개인별 취향 맞춤형 콘텐츠 추천

· 기업도 그동안 AI를 전문영역으로 여겨*왔었으나, 초거대 AI 등장 이후 일반

  사무업무에서도 AI 활용이 시작**

* 글로벌 기업의 34%만 AI 적용, 미도입 이유는 AI 기술·지식 부족이 다수(34%) (IBM, '22)

** 공무원 23.4%가 챗GPT를 업무에 활용한 경험이 있으며, 미활용자의 83.2%도 향후 활용할

의향이 있는 것으로 조사(한국행정연구원, '23.7)

– 이를 통해 AI가 산업현장과 일터에서 노동의 양을 줄이고, 질은 높이는 생산

  성·효율성 제고*의 원천으로 빠르게 확산 중

* (예) 짧은 보고서 작성에 챗GPT 활용 시 약 37% 작업시간 단축(MIT 연구결과, '23.4), 마케

팅분야 생성형 AI 도입 시 주당 5시간 업무 절약(세일즈포스 설문조사, '23.6) 등

● **글로벌 AI 시장은 초거대 AI 성능·활용 경쟁이 치열하게 전개**

· 초거대·생성형 AI 혁신과 함께 의료·금융 등 일상 곳곳에서 활용·확산이 본

　격화되며 新시장 성장*을 주도

* 글로벌 '생성형 AI' 시장(그랜드뷰리서치,억$):('22)101→('30)1,093(CAGR 34.6%)

- 빅테크는 ❶ 초거대 AI 플랫폼 경쟁력 고도화에 더해, ❷ 플러그인 형태 등을

　활용한 초거대 AI 활용성 강화에도 본격 참여

오픈AI 챗GPT 플러그인('23.3월 출시) 적용 서비스 출시 사례

인스타카트 : 레시피추천→식자재 배송까 지 원스탑서비스	익스피디아 : 여행지 및 항공편, 호텔 등 최적추천	클라나 쇼핑 : 수천 개의 온라인 상점에서 가격을 검색·비교

- 도메인 경쟁력을 갖춘 중소·스타트업은 빅테크 ❸ 초거대 AI 플랫폼의 API를

　활용하여 전문화된 AI 제품·서비스 개발에 주력

- **AI 시대의 최종 승자가 되기 위해서는 AI 활용·확산 노력이 필수**

· 미국은 산업혁명을 주도한 영국보다 늦은 출발에도 불구, 발빠른 기술 수용→

　활용→확산으로 단기간 내 경제 강대국으로 성장

 영 국	방적기→증기기관 개발 (1765)를 토대로 산업혁명 주도, 19세기 중반 '세계의 공장'으로 부상, 글로벌 리더 국가로 도약	 미 국	증기기관 소형화(1801), 세계 최초 상업 증기선 개발(1810) 등 英 기술을 빠른개량·활용 하여 단기간 내 경제 대국으로 성장

- 이처럼, 경제·사회의 혁명적 전환은 기술의 발전만으로는 불가, 고도화된 혁

　신기술이 전 산업·사회로 빠르게 적용·확산되어야 가능

· 새로운 AI 시대의 출발선에 선 지금, 결국 고도화된 AI의 혁신적 가치를 잘 활

　용·확산할 수 있는지 여부가 미래 국가경쟁력 좌우

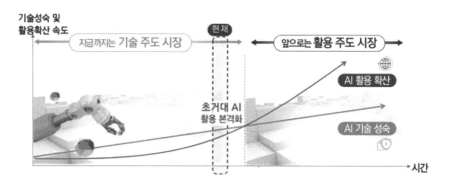

⇨ AI 강국으로 도약하고 AI를 통해 국민 삶의 질을 제고하기 위해, '더 빠르고' '더

광범위'한 AI 일상화는 필수불가결한 과제

Ⅲ. 국내 현황 진단

▷ 전 세계적 디지털 모범국가로 나아가기 위한 정부의 전략 추진과 민간의 선제적 혁신으로 전국민 AI 일상화 초석 마련

· (정부) 디지털 심화 시대에 대응한 신속한 전략·정책 추진을 통해 AI 기술·산업 경쟁력을 강화하고 민간 혁신을 뒷받침

* 대한민국 디지털 전략('22.9) → AI일상화·산업 고도화계획('23.1)→초거대 AI경쟁력강화방안('23.4)

- 「AI 법제정비단('23.8~)」를 통해 AI 확산에 따른 사회적 이슈를 정비하고, AI 거버넌스 정립과 공동 번영을 위한 글로벌 협력 본격화

· (민간) 독자적 초거대 AI 개발·출시 본격화, 중소·스타트업 중심의 다양한 응용서비스 출시 등 산업 생태계 조성 시작

· 네이버, '클로바'	· LG, '엑사원'	· 카카오, KoGPT	· SKT, '에이닷'	· KT, '믿음'

- 의료 등 다양한 도메인에서의 중소·스타트업 역시 초거대 AI기반 전문서비스를 출시, 체감되는 AI활용·확산을 주도

* 의료 AI 기업 '루닛'이 美정부의 암정복 프로젝트 '캔서 문샷' 참여기관으로 선정('23.6)

● **(일상) 국민 삶에 스며든 AI, 보편적 서비스로서의 대중화는 과제**

· 일상생활 속 다양한 AI 응용 제품 · 서비스가 출시되고, 우리 국민의 AI에 대한
  관심도(72.2%)가 높은 상황 (NIA, '23.6)

– 이미 쇼핑(53.7%), 주거편의(50.0%), 교통(47.1%), 공공 · 행정(45.8%) 등 실
  생활 곳곳에 파고든 AI의 혁신성을 본격 체감 중

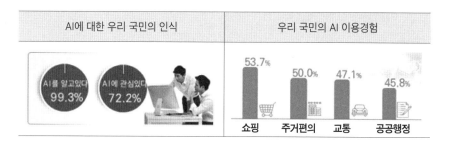

· 다만, ❶ 경험 · 기회 부족으로 AI 제품 · 서비스를 활용하지 못하는 국민이 존
  재, ❷ AI 문해력에 따른 활용수준에도 격차 발생

– 일상 속 편리함 제공(86.1%)등 AI 확산에 대한 긍정적 기대와 AI 안정성에 대
  한 일반 국민의 우려도 공존

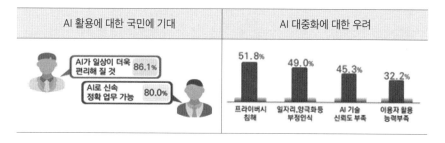

⇨ 일상 모든 곳에서 전 국민이 보다 쉽게 AI를 활용, 더 편리한 삶을 누릴 수 있도록 AI 활용의 양적·질적 확대가 필요

● **(일터) 생산성 제고를 위한 AI 활용 본격화, 전면 확산이 관건**

· 국내 산업현장 · 일터에서도 단순 · 반복업무에 AI를 적극 도입, 노동시간 단축, 업무 효율성 향상 등 효과를 빠르게 체감 중

* SK하이닉스는 냉동기, 외기조화기, 폐열 회수 등 설비 운영에 AI를 도입하여, '22년 기준 142억원 에너지 비용 절감('23.5, SK하이닉스)

– 비용절감 등 AI 도입 효과에 주목한 기업들은 보다 적극적으로 AI 활용에 본격 나서는 상황

AI 도입 효과	AI도입에 따른 1,2,3차 산업 별 생산성 증가 사례
38.5% 생산성　45.5% 품질개선	(인트플로우) AI로 돼지 생체정보관리 ⇒ 육성품질 15%↑
	(LG스마트파크) AI로 공장관리 ⇒ 공장생산성 20%↑
	(딥노이드) 의료영상 정밀판독 ⇒ 생산성 10%↑

* 2022년도 AI 바우처 과제 추진 성과(NIPA, '22.11) 등

· 다만, 국내 기업의 AI 도입률은 14.7% 수준('21, KISDI)으로 여전히 낮고, 산업 분야별 AI 도입 격차*도 존재

* 산업별 AI도입비율(%) : 공공 · 안전 23.7, 교통 · 물류 17.8 VS 제조 ,9.3 의료 8.5

– 이미 AI을 도입한 기업들 역시 적용 대상 · 활용 수준이 모두 제한적으로 전면

도입 · 확산은 여전한 과제

AI 도입 수준 (SPRI, '22)	AI 서비스 활용현황 (SPRI, '22)

⇨ 일하는 방식 혁신, 업무시간 감소 등 국민에게 보다 직접 와닿는 변화를 촉진하

기 위해 산업·일터 전반에서의 AI 내재화 가속화

● **(공공) AI으로 더 빠르고, 더 광범위한 혁신 필수**

· 행정 서비스부터 민생현안 해결까지, 정부 업무혁신과 국민 편익 증대를 위한

공공분야 AI 도입을 적극 추진

- 우리나라의 '정부 AI 전략' 평가도 '20년 31위에서 '23년 6위로 상승(토터스미

디어, 글로벌 AI 지수)

- 초거대 AI로 세계 최고 수준의 대국민 혁신서비스 제공을 위한 디지털플랫폼

정부 인프라* 구현에도 박차('23~)

* 민간 · 공공의 데이터 · 서비스가 연계되고 초거대 AI 활용이 가능한 통합 플랫폼(가칭 DPG

허브) (('23년) ISP → ('24년) 플랫폼 구축)

· 최근에는 AI 기반 공공서비스 혁신이 민간시장 성장의 마중물이자, 각종 사회

문제 해결사로 주목, 다양한 분야 적용 노력 필수

* 중국은 안면인식 분야 경쟁력 확보 및 시장 활성화를 위해 전국 3천여개 지자체, 공공기관

  등 공공부문에 Megvii사의 안면인식 AI(Face++) 도입

사회문제 해결을 위한 AI 적용 사례

재활용품 식별	화재 예측	AI돌봄 서비스
재활용이 가능한 플라스틱의 식별 및 분류 자동화(덴마크)	주요 건축물의 화재위험 수준을 AI로 분석하여 화재 예방 (미국)	AI스피커 등으로 1인 고령가구 고독사 예방, 응급상황판단 (한국)

⇨ 공공·행정 분야부터 선도적으로 AI를 가장 잘 활용, 더 편리하고, 더 똑똑한 공공

   서비스 실현에 주력

VI. 비전 및 추진과제

비전

" 전세계에서 AI를 가장 잘 활용하는 "
대한민국으로 도약

추진전략

범부처 역량 결집, AI 일상화의 체계적 추진

AI를 일상·일터·공공에 접목, 체감 가능한 혁신 창조

민생현안 해결
국민 삶의 질 제고

AI 수요 창출
AI 산업 성장

세부 추진과제

국민생활
(일상)

산업현장
(일터)

정부행정
(공공)

01
AI로 국민 일상을 풍요롭게 하겠습니다

- 복지
  - 사회적 약자 돌봄배려
- 건강
  - 의료·보건서비스 품질 향상
- 보육·교육
  - 아동·청소년 성장환경 개선
- 문화·예술
  - 국민 누구나 문화예술 향유 확대

02
AI 내재화로 산업·일터를 혁신하겠습니다

- 전문직
  - 업무 보조 및 서비스 질 향상
- 농어민
  - 노동부담 경감 및 건강한 먹거리
- 소상공인
  - 매장운영 효율성 향상 및 경영 혁신
- 기업체
  - AI 기반 생산 구조 전환

03
AI를 가장 잘 사용하는 똑똑한 정부를 만들겠습니다

- 공공서비스
  - 고품질 대국민 공공서비스
- 국민안전
  - 재난사고대응 국민안전 확보
- 행정업무
  - 행정업무 자동화·지능화

04 | AI 일상화 기반을 선제적으로 조성하겠습니다

| AI 문해력 제고 | AI 윤리·신뢰성 확보 |

V. 추진과제

1. AI로 국민의 일상을 풍요롭게 하겠습니다

1-1 (복지) 사회적 약자 돌봄·배려

▷ 독거노인, 보호아동, 장애인 등을 대상으로 AI 기기·솔루션을 지원하여 학습역량·정
  서안정, 삶의 질 및 편의성을 제고

▷ 복지 위기가구의 위험징후를 선제적으로 포착·지원하여 복지 안전망 강화

● 독거노인·보호아동·장애인 등 취약계층 돌봄

· (독거노인) 전국 보건소('23년141개소→'27년261개소)를 통해 독거노인 등
  65세 이상 어르신 대상 건강관리 서비스* 제공

* AI 스피커와 건강측정기기(스마트밴드, 혈압계, 혈당계, 체성분 측정기)를 활용하여 6개월간
  건강관리 서비스 제공

※ 독거노인 대상 AI 스피커 효용성을 분석한 결과 행복감은 7% 상승, 고독감은 4% 감소한
것으로 나타나 정서적 안정 효과를 보임(바른ICT연구소, '20)

- 지자체 협업*을 통해 노인 우울증 예방, 인지능력 증진을 위한 AI 반려로봇 보
  급 추진(과기정통부, 지자체)

* (과기정통부) AI 반려로봇 실증·사업화 지원, (지자체) AI 반려로봇 보급('23년 전남 1,100명)

· (보호아동) 전국 보육원 299개소 아동·청소년 8천여명(만6세 이상 전체) 대상 학습역량·문해력 향상, 심리안정 등 AI 서비스 지원 검토(과기정통부)

세부 지원과제(안)

과제	지원내용
학습지원	·AI 스피커, 태블릿 등 디지털기기와 함께 AI 튜터 솔루션 지원 * 학생수준 진단평가 및 맞춤형 교육콘텐츠, 영어 발음 · 회화, SW 코딩교육 등
정서진단	·정서불안, 교우관계, 아동학대 의심 등을 AI를 활용해 1차 검사·진단 * 아동 친화적 상담환경에서 전문가이드 보조 하에 AI 심리검사 실시
문해력향상	·AI 기반 시선 추적 · 분석을 통해 난독증을 진단하고, 수준별 콘텐츠를 통해 문장 · 문단 독해력 훈련 서비스 지원

· (장애인) 대화 상대방 음성, 주변 환경 소음 등을 자막으로 표시하는 스마트 글라스, 문자-음성 변환 기기 등 AI 활용 보조기기 제공(과기정통·고용부)

– 운동 강도, 자세 인식 등을 통해 장애 유형별 최적의 재활 운동을 가이드하는 운동 · 치료기기 개발(문체부)

– 장애인 국가대표 선수* 대상으로 신체기능·체력 데이터 기반의 훈련관리 시스템 구축, 배드민턴 대상 AI 코칭 솔루션 개발·실증(과기정통·문체부)

* (11개 종목) 골볼, 배드민턴, 보치아, 사격, 수영, 유도, 육상, 태권도, 펜싱, 탁수, 양궁

AI 글라스	AI 재활보조	AI 코칭 솔루션

● 복지 사각지대 가구 선제적 판별·해소

· (위기가구 포착) 전국을 대상으로 공공요금, 건보료 체납 등 위기정보(44종)를 AI가 분석하여 복지 위기가구를 촘촘하게 찾아내고(복지부, '24~),

- 발굴된 복지 위기가구(격월 20만 가구 수준)를 대상으로 AI를 통해 복지 필요 확인 및 지자체 등에 안내·지원

· (AI 초기상담) 복지 사각지대 인원에 대해 복지수급의향, 위기도, 복지욕구 등 파악을 위한 AI 초기상담 서비스 체계 구축(복지부, '24~)

- AI 초기상담 결과를 활용하여, 위기 징후 및 복지 수요가 있는 경우 지자체 공무원이 직접 심층 상담 실시

1-2 (건강) 의료·보건 서비스 품질 제고

▷ 중증질환, 소아희귀질환 등 진단을 지원하는 AI를 개발·실증하고, 민간·공공병원 등을 대상으로 디지털 의료 확산

▷ 감염병 확산 예측 AI 모델 개발, 매개체 감시 등 보건 관리체계 강화

● 일반국민의 의료 혜택 향상

· (디지털의료 확산) 의료기관 대상 클라우드 기반 병원정보시스템, 질환진단 AI, 응급의료 시스템 도입 지원(과기정통부)

구분	'23년	'24년(안)	~'27년(안)
클라우드 기반 병원정보시스템	민간 1·2차 병원(54개)	민간 1·2차 병원(52개),	민간 1·2차 병원(52개),
질환진단 AI	민간 2·3차 병원(18개) 공공병원(4개)	민간 2·3차 병원(14개), 공공병원(4개)	민간 2·3차 병원(14개), 공공병원(35개)
응급의료 시스템	강원·충북 지역	2개 지역 추가	총 4개 지역 지원

· (의료AI 개발) 중증질환 및 소아희귀질환 등 진단 · 예후관리를 지원하는 AI 개발 및 임상시험 · 인허가 획득 지원(과기정통부)

* 뇌경색, 간암 등 12대 주요질환, 희귀유전대사질환 · 선천성다발기형 등 9종 소아희귀질환

· (디지털치료기기) 개인 라이프로그(혈압, 운동량 등), 진료기록 등을 활용해 만성질환, 신경퇴행성, 뇌발달질환 분야 디지털치료기기 개발·실증(과기정통부)

– 자폐 스펙트럼 장애 고위험군 선별 및 진단을 보조하고, 학교 · 집 등에서 경과관리, 치료를 지원하는 AI 기술개발(과기정통 · 복지부)

● 감염병 관리 및 위기대응 체계 강화

· (감염병 대응) 확진·사망자수, 전파력 등 감염병 확산 예측 AI 모델 및 대응

시나리오를 개발하고, 방역정책* 수립에 활용(질병청)

* 병상·백신·치료제 예상 수요, 거리두기 및 격리기간 조정, 실내마스크 해제

· (매개체 감시) 전국 보건환경연구원('24년3개) 등에 감염병 매개모기 감시를

위한 AI 일일모기발생감시장비(AI-DMS) 운영(질병청)

* 촬영 영상을 기반으로 중국얼룩날개모기, 빨간집모기, 작은빨간집모기, 흰줄숲모기, 금빛숲

모기 등 주요 감염병 매개모기 인식 및 자동분류

1-3 (보육·교육) 아동·청소년 성장환경 개선

▷ 보육자 중심의 아이돌봄 플랫폼을 운영하여 양육 부담을 해소하고, AI 기반의 급식 관

리 시스템을 통해 균형 있고 안전한 급식 제공

▷ AI 디지털교과서를 개발·도입하여 학생 수준별 개별화된 학습지원

● 어린이·보호자의 안전·편의성을 향상하는 보육환경 구축

· (돌봄 지원) 이용자 요구사항(돌봄방식, 일정 등)을 고려한 아이돌보미 추천

등을 지원하는 아이돌봄플랫폼* 구축·운영(여가부)

* 아이돌보미 통합관리, 아이돌보미 매칭 서비스 지원, 이용자 응대 AI서비스 등

- 아동의 언어·정서 발달을 위해 동요·동화구연·율동 콘텐츠를 제공하는 AI 로

봇을 공공 어린이집에 보급 추진(지자체)

· (급식 관리) AI 기반 맞춤형 식단, 식중독 예방을 위한 급식 관리시스템*을 어

린이 집단급식소 7천 7백개소에 운영(식약처)

* 음식, 식재료, 영양성분 등 고려한 식단관리, 냉장고 온도 및 세척수 염소농도 등 모니터링

● AI 디지털교과서 개발·도입

· (개발 지원) K-클라우드 프로젝트를 통해 발행사의 국산 AI 반도체 기반 클라

우드를 활용한 AI 디지털교과서 개발 지원('23~, 과기정통부)

· (단계적 도입) 초중고 학생의 학습능력·수준에 따른 맞춤형 학습콘텐츠 등

을 지원하는 AI 디지털교과서 단계적 도입(교육부, '25~)

- 학생의 이해도 점검하여 수준별 문제·피드백을 제공하고, 교사에게 학생의

학습 정보를 제공하여 수업 설계 지원

- 특수교육 대상 학생과 장애교원을 위한 화면해설·자막 기능과 다문화 학생

을 위한 다국어 번역 기능도 병행 지원

AI 디지털교과서 도입 계획(안)

연도	'25년	'26년	'27년	'28년
과목	수학, 영어, 정보, 국어(특수교육) 등 18책	국어, 사회, 과학, 기술·가정 등 32책	역사, 생활영어(특수교육) 등 29책	한국사, 정보통신(특수교육) 등 17책

1-4 (문화·예술) AI로 확대되는 문화·예술 향유

▷ 장애인·외국인 등 누구나 문화·예술 작품을 관람토록 지원하고, AI를 활용한 시공간
제약 없는 문화 콘텐츠 서비스 지원

● 누구나 즐기는 문화·예술 관람 지원

· (AI 큐레이터) 누구나 문화·예술 작품을 편리하게 관람할 수 있도록 박물
관·미술관 등에 AI 안내 로봇('23년25대→'27년 59대) 도입(문체부)

- 청각장애인 대상 수어·자막 지원, 시각장애인 대상 동행서비스, 어린이·노
약자 대상 음성안내, 외국인 대상 다국어 해설 등 제공

· (AI 보훈인물) 독립운동가·호국영웅 등을 AI 휴먼으로 제작('23년 김구, 안중
근, 윤봉길 → '24년 3명 이상)하여, 기념관 내 전시 및 교육 콘텐츠로 활용(보훈부)

● 시공간 제약을 넘은 문화 콘텐츠 제작

· (엔터테인먼트) 디지털 아이돌, AI 디에이징 콘텐츠, 뮤지션 복원 등 AI 기술을
활용한 콘텐츠 제작 지원(문체부)

· (자연유산) 영화·방송·게임 등에 활용되는 섬 환경, 지질, 식생 등 자연유산
관련 가상영상, 특수효과 생성 지원 추진(문화재청)

세부 과제(사례)

과제	지원내용
가상 아이돌	·춤·노래 등을 학습한 디지털 아이돌 생성 및 뮤직비디오 등 제작 * (예) 가상 아이돌 그룹 메이브(MAVE:), 이세계 아이돌 등
디에이징 콘텐츠	·얼굴, 목소리 등에 AI디에이징 기술을 적용한 드라마 등 제작 * (예) 배우 윤여정 "KB 라이프", 배우 최민식 "카지노" 등
세대 복원	·고인 뮤지션 등을 복원한 방송 콘텐츠 등 제작 * (예) Mnet <AI 음악 프로젝트 다시 한번> 김현식, 터틀맨편 등
자연 유산	·천연기념물·명승의 영상·사진 기반 특수효과 생성 실감형 콘텐츠 제작 지원 * (예) 매머드 골격표본 재현 및 용천동굴 복원, 독도의 과거 식물 등

2. AI 내재화로 산업·일터를 혁신하겠습니다

2-1 민간 전문영역 초거대 AI 융합 선

▷ 법률, 의료, 심리상담, 콘텐츠, 학술 등 민간 전문영역 종사자의 업무를 보조하고 국민

혜택을 향상할 수 있는 초거대 AI 응용서비스 개발

*수요기관 등이 보유한 도메인 특화 데이터와 초거대AI의 언어·이미지·영상 등 생성 능력을 결합한

민간 전문영역 응용서비스 개발

● 민간 전문분야 초거대AI 플래그십 프로젝트 추진(과기정통부, '24~)

① (법률) 변호사, 로펌 등에서 활용할 수 있는 서류작성(소송장, 계약서 등), 유

사 판례 · 법조문 검색, 소송 규정 · 절차 안내 등 법률 분야 서비스 개발

* 법무법인, 대한변협 등이 보유한 판례, 소송장, 상담기록, 계약서, 증거물 등 데이터를 활용

하여 법률 분야 서비스 개발 · 실증

② (의료) 의사, 의료기관 등이 활용할 수 있는 진단서 등 진료기록 작성, 치료방

법 제안, 아동 발달 컨설팅 등 의료 분야 서비스 개발

* 의료자원이 상대적으로 부족한 소아 · 청소년과 분야 서비스 우선 개발

③ (심리) 일반국민이 이용할 수 있는 정신건강 상담 및 심리진단 서비스*, 상담

결과 요약 · 분석, 치료 방향 등 전문 상담사 대상 서비스 개발

* 선별검사문항에 기반하여 초거대 AI와 주기적 대화, 라이프로그 등을 통해 정서 · 심리 상태

진단 → 위험 감지 시 전문 상담사 연결 지원

④ (콘텐츠) 영화제작자, 작가, 디자이너 등이 활용할 수 있는 이미지·음원 생성, 미디어콘텐츠 번역·더빙 등 문화·미디어 분야 서비스 개발

* 실제 인물 기반의 한류확산 콘텐츠 창작, 시나리오 초안 작성, 이미지 생성 기반 디자인, 그림 스케치 작성 등 초거대 AI 응용서비스 개발

⑤ (학술) 연구자, 개발자 등이 활용할 수 있는 논문 검토 · 요약*, 실험 · 시뮬레이션 방법 제시 등 학술 · 연구 분야 서비스 개발

* 논문상의 중복 · 유사 문장을 찾아 대체 문장을 추천하고, 논문 내용을 바탕으로 자동으로 학회 포스터 및 발표 자료 · 스크립트 제작

2-2 농·어민 노동부담 경감 및 건강한 먹거리 생산

▷ 병충해 방지, 생산시설 관리를 지원하는 AI를 적용하여, 농 · 축산 · 수산업 1차산업 종사자의 노동부담을 경감하고 건강한 먹거리 생산 지원

● 농·축산, 수산업 시설 AI 도입

· (시설온실) 온실 환경(온도, 습도, 광량 등) 및 작물 생육 데이터를 기반으로 원예작물 등의 생육 · 수확량 예측, 에너지제어 AI 개발 · 실증(농진청)

* ('23) 환경 · 작물생육 데이터 구축 → ('24) 모니터링 · 온실관리 AI 개발 → ('25) 현장 실증

· (축사) 가축의 생체정보(체온, 체중 등)와 축사 온습도, 악취 데이터를 기반으로 축사 냉난방 최적화 및 악취발생 예측 AI 개발·실증(농진청)

* ('23) 축사환경·가축생체 데이터 구축 → ('24) 축사관리 AI 개발 → ('25) 현장 실증

· (양식장) 동·서·남해 주요 거점*('23년1개→'26년6개)에 양식 수산물의 종자입식부터 출하까지 全과정을 관리하는 스마트양식 시스템 구축(해수부)

* 스마트양식 클러스터 준공: ('23) 부산 → ('24) 신안, 강원 → ('25) 포항, 고성 → ('26) 제주

- 양식환경(수온, 수질, 산소농도 등), 어류 생장·질병 데이터 등을 통해 수질 관리·사료투입 자동화, 출하량·시기 예측 등 AI 솔루션 적용

● 농업 자동화 및 농산물 병충해 방지

· (자율 농업) 자율주행·무인작업 농기계 통합관제 시스템을 구축하고, 노지 환경 등에서의 AI 농작업 서비스 개발·실증(과기정통부, '24~)

- 사과·양파·벼 등 3개 품목의 주 생산 거점을 대상('24년 28농가)으로 AI 기반의 농기계·로봇* 실증·보급(농진청)

* 자율주행 트랙터·이앙기, 운반로봇, 제초 로봇, 자동조향 장치, 드론 등

· (병충해 방지) 전국 200만 농업인이 활용 가능한 AI 기반의 병해충* 진단(작물 31종, 병해충·바이러스 322종) 및 처방정보 서비스 제공(농진청)

* 채소, 과수, 밭작물 등 31작물, 탄저병·마름병 등 322종 병해충·바이러스

2-3 소상공인 AI 활용 지원

> ▷ 소상공인 업무부담 해소 및 매장운영 효율화를 위한 AI 제품·서비스 지원

● **소상공인 대상 상용화된 AI 제품·서비스 이용 지원**

· (AI 제품·서비스) 소상공인('24년 5,500개 점포)을 대상으로 서빙로봇, 안면 인식 출입장치 등 AI 융합 디지털기기 도입 지원(중기부)

- 미용실, 피트니스 등 서비스업 매장('24년 200개)을 대상으로 두피진단, 체형 분석 등 AI 서비스 도입 지원(과기정통부)

소상공인·서비스업 매장 지원 AI 제품·서비스 예시

· 서빙로봇	· 지능형 키오스크	· AI 두피진단	· AI 체형분석	· 무인패키징

● **골목상권 활성화를 위한 소상공인 경영지원**

· (경영지원) 소상공인·창업자가 활용할 수 있는 상가, 유동인구 등 DB의 종류를 확대*('23년 11종 →'25년 16종 이상)하고(중기부),

* ('23년) 상가, 유동인구, 매출 등 11종 → ('25년) 배달주문, SNS 리뷰 등 16종 추가

- 예비창업자에 대한 상권·입지 분석* 등 창업 지원 서비스, 기존 소상 공인에 대한 경영 컨설팅 등 빅데이터 기반 경영 지원

2-4 산업 생산구조를 혁신하는 AI 확산 가속화

▷ 기존산업에 AI 내재화를 통해 새로운 성장 동력을 마련하고, 디지털 경제 시대를 선도
할 수 있는 산업 구조로 전환

● 산업현장에 최적화된 AI 적용 지원

· (바우처) AI 기업이 보유한 제품설계, 설비진단, 불량검출 등 AI 솔루션을 수요
기업('24년 70개社)에 최적화 · 도입 지원(과기정통부)

* (예시) 인쇄회로기판 불량검출, 화장품 색조 원료배합, 공장설비 이상 예측 등

· (AI오픈랩) 지역 제조기업의 데이터를 지속 활용할 수 있는 플랫폼을 조성하
고, 현장의 문제 해결을 위한 AI 솔루션 확산(과기정통부)

· (제조AI플랫폼) 자율형공장의 AI 적용 성공사례 중심으로 제조 데이터셋을 축
적('24, 50개)하고, AI 활용 접근성을 높이는 인프라 조성(중기부)

- 공정최적화(품질 향상, 작업시간 단축), 예지보전(고장 예측, 사전 정비) 등 제
조데이터에 AI 적용 우수사례 발굴 · 확산

● 산업 분야별 혁신을 위한 AI 개발·실증

· (로봇) 병원 · 호텔 · 학교 등 실환경에서 배달 · 재활로봇 등 다종 로봇과 AI

및 5G 기술융합을 통합적으로 대규모 실증(산업부)

- 물류, 상업, 생활, 실외주행 등 실환경 및 가상환경에서 로봇 실증을 지원하는 국가로봇테스트필드 구축(산업부, '24~'28년)

사례	AI로봇을 활용한 자동 용접 품질 관리

메르세데스-벤츠 팩토리56에서는 자동무인운반차량(AGV) 등을 적용 → 주요부품 이송 자동화로 생산 효율성 25% 향상

· (물류) 주요 항만에 지능형 로봇을 통한 화물적치, AI 기반 재고관리 등 스마트 공동물류센터(인천 · 부산항, ~'25년) 구축(해수부)

- 화물과 선박 간 물류 관리 등을 위한 AI 물류플랫폼을 구축하고, AI 기반 통합 항해시스템(AI-INS)를 탑재한 선박운항 실증(과기정통부)

사례	지능형 로봇을 도입한 아마존 물류창고

미국 아마존 사는 창고용 자율 피킹 로봇을 도입하여 '23년 1분기까지 총 10억개의 물품 처리

· (바이오 · 제약) AI 활용 신약개발 기반 마련을 위해 공공 AI 신약개발 플랫폼 (KAIDD) 고도화*, AI 항체 설계 플랫폼 구축(과기정통부)

* 다중 약물 적응증 최적화 모델, 임상 시뮬레이션 플랫폼 개발 등

- 양질의 데이터를 안전하게 활용하는 신약 · 바이오 연합학습 기술 개발, 기

업·연구계·병원 컨소시엄을 통한 난치 질환 진단·예측, 치료 후보물질 등 발굴(과기정통·복지부)

사례	AI를 활용한 치료제 후보물질 발굴
중국(홍콩) 인실리코 메디슨은 자사 AI신약개발 플랫폼을 활용, 치료제 후보물질 발굴 기간 단축 (기존 5년→18개월 이내)	

· (철강) 전기로 제강공정 효율화 및 에너지 절감, 철스크랩 성분 분석 등을 위한 AI 솔루션* 개발(산업부)

* 전기로 온도 및 품질예측 모델 개발, 철스크랩 데이터 서비스 플랫폼 개발 등

사례	철강 생산라인 스마트화로 생산성 향상
• 빅리버스틸(미국)은 용해, 압연과정의 데이터를 학습후 최적의 용해로, 압연기를 운영하는 Learning Steel Mill 구축 → 에너지 효율 개선: 2,100만달러 절감, 생산성 향상: 4백만불 절감	

· (소재·화학) 물성·원료배합 등 AI 기반 신소재* 개발 플랫폼 구축(산업부)

* 연료전지용 고탄성 알루미늄, 바이오매스 기반 섬유 소재 등

사례	화학 공정에 자율제어 AI 자율 제어 실증
일본 요코가와 JSR의 화학공장 자율제어 AI 실증 → 기존 수동 제어 방식 대비 증기 사용량 및 CO_2 배출량 40% 감소	

· (스마트홈) AI가 적용된 지능형 스마트홈 시범단지 조성 및 지능형 스마트홈 제품 개발 지원 등 추진 검토(과기정통부)

사례	아마존 익스피리언스 센터(8개)

미국 아마존 사는 자사 플랫폼을 중심으로 다양한 디바이스들이 연결된 서비스를 구현한 스마트홈 모델하우스를 운영
* (서비스 예시) 음성비서 Alexa에게 '잘자'라고 명령하면 모든 기기(블라인드 내림, 조명 꺼짐, 도어록 잠김)가 맞춰서 작동

3. AI를 가장 잘 사용하는 똑똑한 정부를 만들겠습니다

3-1 고품질 대국민 공공서비스 제공

▷ AI기반 정수 처리, 식품 안전, 기상 예보 및 지능형 민원대응 등을 통한 대국민 공공서비스 품질의 고도화 추진

● 건강한 식품·식수 환경 제공

· (수입식품 검사) 수입식품 위험성 예측 · 분석* AI 솔루션을 개발하여, 수입식품의 사전 · 통관 · 유통 단계 검사대상 선별**에 활용(식약처)

* 농수산물, 가공식품 등에 대해 수출국, 업체, 제품명, 유통기한, 부적합 비율 등 분석

** ('24년) 통관단계 → ('25~'26년) 사전 · 유통단계

· (정수 처리) 수돗물 생산과정에서 수질관리(이물질 감시, 약품투입 등), 설비 · 전력 관리 등을 자동 · 최적화하는 'AI 정수장' 구축 검토(환경부)

● 국민이 편리한 공공정보 안내

· (공공입찰) 흩어진 공공 입찰공고를 한곳에 모으고 기업데이터 및 RFP 분석결과와 결합한 기업 맞춤형 정부사업 안내(과기정통부)

· (기상) 단기 · 초단기 강수예측 및 폭염 · 강풍 · 호우 예보지원 AI를 개발하여, 국민들에게 신속 · 정확한 기상정보 제공(기상청)

· (일자리) 구인 · 구직정보, 직무데이터 등을 분석하여 구직자가 원하는 일자리

정보 및 24시간 온라인 직업상담 서비스 제공(고용부)

· (행정문의) 초거대 AI(질문 의도파악, 답변생성 등), 지식DB를 활용하여 지자
체 민원 응답 AI서비스 지원(과기정통부, 화성 · 의정부 · 순천)

AI 기반 고품질 공공서비스 과제

· 수입식품	· 정수처리	· 공공입찰	· 기상	· 일자리

3-2 재난 · 사고 대응 국민안전 확보

▷ 화재 · 홍수 등 재난사고에 대한 실시간 감시 · 대응과 생활공간에서의 치안강화 및 위

험상황 방지를 통해 국민 일상 속 안전을 보장

● 화재 · 홍수 등 재난사고 실시간 감시 · 대응

· (산불) 산불 발생위험이 높은 기초 지자체('23년영덕, 울진, 함양, 곡성→'25년
50개소)에 실시간 산불감시 AI 시스템* 도입 확대(산림청)

* CCTV 영상으로부터 불꽃, 연기 등 산불 발생 여부를 실시간으로 분석 · 통보

· (화학물질 화재) 화재특성(불의 색, 흄, 폭발열 등) 분석을 통해 유출된 화학물
질 식별 하는 AI 솔루션 개발 · 실증(과기정통부 · 소방청)

* 출동 소방관이 화학재난 화재, 누출 등 현장 동영상 촬영, 전송, 판독할 수 있는 유해 화학물

질 판독 앱 개발

- 액화석유가스, 질산 등 유해 화학물질 종수를 확대('23년17종→ '24년23종)하고, 울산 화학재난합동방제센터를 통해 현장 실증

* 유출 화학물질에 따라 주수 · 분무 소화, 증기 화재진압, 방호 장비 등 최적 대응 안내

· (홍수) 지류 · 지방하천 수위 관측소를 확충('23년 48개소 → '24년 258개소)하고, 전국 223개 지점에 AI홍수예보 플랫폼 구축 · 운영(환경부)

- 지자체를 대상('24년 포항, 창원)으로 침수 위험성 모니터링 · 예측 등 도시침수 스마트 대응 시스템* 실증(과기정통부)

* 홍수통제소의 실시간 하천 수위 데이터, 지자체의 관로 · 맨홀 데이터 및 빗물저류조 · 배수 펌프장 데이터 등을 AI로 분석하여 도시 침수위험 모니터링 · 예측

● 지역 생활공간 · 주요시설에 대한 안전관리 제고

· (지능형 관제) 사람 육안에 의존하고 있는 지자체 CCTV 관제를 AI 기반의 지능형 관제('22년32%→'27년 100%)로 전환(행안부)

- 재난 예방을 위한 CCTV 활용 법적 근거*를 마련하고, 다기종 CCTV 연계 표준 및 영상분석 AI 초기모델 개발('23.9~'24년)

* 현재 재난사고 사후대응으로 이용 가능한 CCTV 영상정보를 재난예방 단계에서 활용할 수 있도록 '재난 및 안전관리 기본법' 개정 추진

- AI CCTV 및 지능형 관제 시스템 전국 확대를 위한 ISP 추진('24년)

· (시설 안전) 주요 산업 · 생활시설*의 사고(산재, 교통 · 인파 · 붕괴사고 등)

발생을 예측·대응하는 AI 안전관리 플랫폼 구축·실증(과기정통부)

* (충북) 소부장 산단, (충남) 도로·축제현장 (대전) 노후시설물·다중이용시설, (세종) 교량

- 도심공원 등 공공시설 내 물건방치, 쓰러짐, 폭력 등 위급상황을 감지·전파하

 는 안전관리 시스템 개발·실증(과기정통부·경호처)

● **국민의 위험상황 대응·방지 강화**

 · (인파 밀집) CCTV·드론 영상 및 기지국 접속 정보 분석 등을 통한 현장 인파

  관리 및 위험상황 분석 시스템 구축·고도화(행안부)

 · (실종자 탐색) 지자체* CCTV 기반 미아·치매노인 등 실종자 탐색·이동경

  로 추적을 위한 AI 솔루션 개발 및 경찰서 연계 실증(과기정통부)

* 제주도, 서울(강남구), 대구(수성구), 안산시, 청주시 등 5개 지자체 대상 시범적용

 · (신고 대응) 국민의 119 신고 등 급증 시, 위험상황의 유형·긴급성 분류 및

  접수·대응을 지원하는 119 신고대응 AI 플랫폼 개발(소방청, '24~)

* 화재, 응급, 구조 등 긴급 상황을 분류하고, 건축물 등 지역데이터를 활용한 대응 지원

3-3 행정기관 내부업무 효율화

▷ 특허, 산림보호, 통관, 통계 등 행정영역 전반에 AI 활용을 확대하여, 행정 업무 효율성

 제고 및 국민 체감 극대화

· (특허) 특허문서 등을 학습한 특허전용 초거대 AI 언어모델을 구축하고, 이를 특허문서 검색 · 분류 등 심사 업무에 활용(특허청)

- AI · OCR(광학문자인식) 기술로 특허심판 서류 내용을 추출하여, 방식심사 자동화* 및 첨부서류 재분류에 활용

* 필수사항 기재, 수수료 납부 여부 등 법령에서 정한 형식적 요건에 적합한지 판단

AI·OCR을 활용한 특허심판 방식심사 자동화

· (산림보호) 드론영상, 재선충 감염목 사진 및 발생위치 등 활용한 재선충 발생 탐지 · 예측 AI 솔루션 개발(과기정통부 · 산림청)

- 소나무 재선충병 모니터링 센터(임업진흥원 內)에 실증 · 적용하고, 정밀진단 및 방제업무(예방주사, 벌채 등)와 연계

· (통관) 위험물* 등 물품 판독에 필요한 정보를 X-Ray 영상과 함께 제공**하는 AI 솔루션 개발 및 인천공항 특송센터 실증(과기정통부 · 관세청)

* 총기, 칼, 가위, 라이터, 배터리, 스프레이, 송곳류, 인화성 고체, 수갑 등 20종

** 투입된 화물의 수입신고정보, AI 식별결과 등을 X-ray 영상과 동기화 · 병합

· (통계 · 업종 분류) 인구총조사, 전국사업체조사 등의 국가통계 분류 업무*(응

답한 텍스트를 적정 분류코드로 매핑)를 AI 기반으로 자동화(통계청)

* 5종 통계분류(산업분류, 직업분류, 공종분류, 발주자분류, 상품군별분류) 대상

- 산재 · 고용보험 가입서류를 분석하여 사업 업종을 분류하는 AI 솔루션
  을 개발하고, 근로복지공단에 실증 · 적용(고용 · 과기정통부)

4. AI 일상화 기반을 선제적으로 조성하겠습니다

4-1 AI 문해력 제고

▷ 누구나 일상·일터에서 AI를 활용할 수 있도록 AI 기초활용을 제고하고, 학생·구직자 등의 디지털 기본소양으로서 AI 개발·활용 역량 강화

● 초중고 대상 AI 문해력 교육 실시

· (정규교과) 정보(AI·SW) 수업시수를 늘리고(초17→34, 중34→68, '25년 적용), AI 리터러시 함양 교수학습자료* 개발 및 인정과목 개설**(교육·과기정통부)

* (초1~4학년) 초등통합·국어·수학 등, ** (초등) AI 이해 관련 학교장 개설과목 4종

· (소외지역) 디지털 튜터 배치*, 디지털 문제해결센터 운영**, 영재키움 프로젝트*** 등을 통해 소외지역 학생을 디지털·AI 인재로 성장 지원(교육부)

* ('24) 680여명 배치, **('24) 전국 17개소, AI 체험프로그램 등 제공, ***('24) 1:1멘토링 720여명

- 교육 인프라가 부족한 지역('24년 13개)에 SW미래채움센터를 구축·운영하여 초·중·고생 AI·SW 교육* 실시(과기정통부)

* AI 기초원리, 아두이노 이해와 활용, 텐서플로우를 활용한 AI 실습 등

· (선도학교) 'AI 선도학교*'를 통해 AI 교육 및 동아리 활동 등을 지원하고, AI 학습 플랫폼을 통한 신규 AI 콘텐츠** 제공(교육·과기정통부)

* ('24) 1,400여 개교 운영, 학교(년)급별 AI 기초원리 및 활용·체험교육 지원

** (과기정통부) AI 교육 플랫폼 운영, (교육부) AI 학습 콘텐츠 개발·보급(160여종)

● 대학생·구직자·재직자 대상 현장중심 AI 활용역량 강화

· (대학생) 'SW중심대학' 확대('23년 51개 → '24년 58개)와 함께, 전교생 대상 AI·SW 기초교육*을 실시(과기정통부)

* 전공 계열별 학생 수준에 맞는 AI 이해, 컴퓨터 사고력 등 의무 기초교육 실시

- 의과대학 내 정규강좌 확대*를 통해 의료AI 이해·활용 교육을 제공하고, 의료진 대상 의료 AI 활용 사례·방법을 지원(과기정통부)

* ('23) 고려·연세·가톨릭·경상·동아大 등 5개 → ('24) 6개 대학 → ('25) 8개 대학

- 기업 사례 교육, 지역현안 해결 프로젝트 등 D-스텝 이노베이션 과정*을 통해 AI·SW 중심의 문제해결 능력 향상(과기정통부, '24~)

* 기업 활용사례 교육→ 프로젝트 수행·평가→ 심화 실무교육 및 창업 지원

· (구직·재직자) 전국 5대 권역* 'ICT이노베이션스퀘어'와 빅테크 프로그램**을 연계한 AI 교육 및 자격증 획득 등 지원(과기정통부)

* ①서울, ②동남권(부산·울산·경남), ③동북권(강원·경북·대구), ④호남권(광주·전북·전남·제주), ⑤충청권(대전·충남·충북·세종)

* (예시) 구글은 대학생 등을 대상으로 딥러닝 교육 및 자격증 획득 지원, 네트워크 행사 참여 등을 제공하는 'ML 부트캠프' 운영

- 제조, 소재 등 분야의 중소기업, 재직자, 경력단절자를 대상으로 AI 활용교육 등 제공(과기정통부)

'23년 산업 전문인력 AI 역량 강화 프로그램

대상	내용
중소·중견기업	기업 AI 역량 진단, AI 활용 컨설팅 및 검증 프로젝트 지원(45개社)
임원·관리자급	국내외 기업 AI 도입 사례, 공정·업무 프로세스 개선방안 등 교육 (4,320명)
경력단절자	AI·SW 신기술 재교육, AI 서비스 개발 등 프로젝트 실습·멘토링(270명)

● 일반국민 대상 일상 속 AI 제품·서비스 교육

· (고령층) AI 비서 앱, AI 스피커 등 일상생활에서 사용할 수 있는 AI 제품·서
비스 활용 교육 제공 및 체험존 운영(과기정통부)

구분	내용
AI 제품 교육	메시지 보내기 등 AI 비서 앱 활용방법, AI 스피커를 통한 건강관리 등
체험존	226개 기초 지자체별 디지털배움터에 AI 로봇·키오스크 등 체험 제공

· (청년층 등) 음악·그림 등 콘텐츠 창작, AI가 결합된 오피스 SW 활용, AI 개발
교육 등 제공(과기정통부)

구분	내용
콘텐츠 창작	AI을 활용한 나만의 음악 만들기, 그림 그리기, 사진 보정 등
오피스 SW	워드·엑셀·PPT 등 MS 코파일럿 활용, AI 번역 앱 활용 등
AI 개발	학습용데이터 라벨링, 머신러닝 모델링 및 프로그래밍 등

4-2 AI 윤리·신뢰성 강화

▷ 최근 전 세계적으로 강조되는 AI 윤리·신뢰성 이슈에 대응하여, 국내기업이 정부사업

등 AI 개발·적용 과정에서 윤리·신뢰성을 확보하도록 지원

● (민관협업 신뢰성 확립) 신뢰할 수 있는 AI 개발안내서('22)를 기반으로 AI 제품·서비스의

위험요인을 분석, 신뢰성 검·인증 추진

· '23년 검 · 인증 체계 마련 및 민간 자율적 시범인증 지원 → '24년과기정통부

AI 사업(고위험 영역*) 대상 신뢰성 검 · 인증 실시를 의무화**

* 과방위 소위를 통과한 'AI 법' 상의 고위험 영역으로 정의된 에너지 · 교통, 원자력, 의료기

기, 생체정보, 채용 · 대출 · 평가, 공공활용 등 분야를 참고하여 설정

** 사업 공고문에 검 · 인증을 필수 요구사항으로 반영하고, 미이행시 사업비 환수조치

AI 신뢰성 검·인증 프로세스(안)

· 민간이 윤리원칙을 준수하기 위하여 자율적으로 운영하는 윤리위원회의 공정

하고 중립적으로 구성 · 운영을 지원하는 표준지침* 수립

* (주요내용) 위원회 인적 구성, 위원회 회의 운영, 회의록 관리 등 공정성 · 중립성 관련 사항

● (규범 선도) 생성형 AI 규범체계를 정립하여 글로벌 논의를 선도하고, 고위험영역 AI 정의 및 사업자 책무에 대한 해설서 마련

· 민간에 보급 · 적용 중인 개발안내서(가이드라인)의 주요내용을 표준화*하여 국내 AI 기술 체계 정립 및 국제 표준 선도

* ①일반 분야 개발안내서 기술 요구사항과 적용 절차, ②특화 분야 개발안내서의 기술 요구사항, ③신뢰성 검증 방법 및 절차, ④신뢰성 검 · 인증 체계

● (신뢰성 R&D) AI 설명가능성, 공정성 개선을 위한 핵심기술 개발과 함께,

· 그럴듯한 거짓답변(Hallucination), 편향성, 비윤리 · 유해성 표현 등 초거대 AI 한계 극복을 위한 기술개발 신규 추진('24~)

VI. 추진체계 및 계획

● 추진체계 및 향후계획

· '정보통신전략위원회'를 통해 동 실행계획의 추진실적 점검

· 각 부처 소관 영역의 AI 일상화 신규과제 발굴, 예산 반영 협의

· 개발 · 실증 및 현장적용 단계에서 효과가 검증된 AI 제품 · 서비스에 대해서
  는 민관 협업을 통해 대규모 프로젝트로 추진

● 과제 추진계획

① AI로 국민 일상을 풍요롭게 하겠습니다

추진과제	추진시기	소관부처
▶ (복지) 사회적 약자 돌봄 · 배려		
· 독거노인 등 어르신 대상 건강관리·돌봄 서비스 제공	'23	복지부
·보육원 보호아동 대상 학습, 정서안정, 문해력 향상 지원	'25(잠정)	과기정통부
· 청각장애인 대상 AI 보조기기 지원	'23	과기정통 · 고용부
· 장애인 재활운동 및 운동코칭 AI 기기·솔루션 실증·제공	'23	과기정통부 복지부, 문체부
· AI 기반 복지 위기가구 포착 및 복지수요 확인	'24	복지부
· AI 초기상담 서비스 체계 구축	'24	복지부
▶ (건강) 의료 · 보건 서비스 품질 제고		
· 중증질환 및 소아희귀질환 진단·관리 AI 개발	'23	과기정통부
· 자폐성 장애 치료·관리를 위한 디지털치료기기 개발	'23	과기정통부 복지부
·의료기관 대상 클라우드 병원정보시스템, 질환진단 AI 도입 지원	'23	과기정통부

추진과제	추진시기	소관부처
· 감염병 확산 예측 AI 모델 및 대응 시나리오 개발	'23	질병청
· AI 일일모기발생감시장비(AI-DMS) 운영	'23	질병청
▶ (보육·교육) 아동·청소년 성장 환경 개선		
· 아이돌봄플랫폼 구축·운영	'23	여가부
· 맞춤형 식단, 식중독 예방 등 AI 급식관리 시스템 구축	'23	식약처
· 국산 AI 반도체 기반 AI 디지털교과서 개발 지원	'23	과기정통부
· 초·중·고 대상 AI 디지털교과서 단계적 도입	'25	교육부
▶ (문화 · 예술) AI로 확대되는 문화 · 예술 향유		
· 박물관·미술관 등에 AI 큐레이터 도입	'23	문체부
· 독립운동가·호국영웅 등 AI 휴먼 제작	'23	보훈부
· AI 활용 콘텐츠 제작 지원	'24	문체부
· 자연유산 관련 가상영상·특수효과 생성 지원	'25(잠정)	문화재정

② AI 내재화로 산업 · 일터를 혁신하겠습니다

추진과제	추진시기	소관부처
▶ 민간 전문영역 및 소상공인 AI 활용 지원		
· 민간 5대 전문분야 초거대AI 플래그십 프로젝트 추진	'24	과기정통부
· 서비스업 매장('24년200개) 대상 AI 제품·서비스 도입	'23	과기정통부
· 소상공인 점포('24년5,500개) 대상 AI 융합 디지털기기 도입 지원	'23	중기부
· 소상공인 · 창업자 활용 DB 확대	'23	중기부
· 예비 창업자, 기존 소상공인 대상 창업·경영 지원	'23	중기부
▶ 농·어민 노동부담 경감 및 건강한 먹거리 생산		
· 시설온실 원예작물 재배 AI 개발·실증	'23	농진청
·축사 냉난방·악취 관리 AI 개발·실증	'23	농진청

추진과제	추진시기	소관부처
· 양식 수산물 全과정 관리를 위한 스마트양식 시스템 구축	'23	해수부
· 자율주행·무인작업 농기계 통합관제 시스템 구축	'24	과기정통부
· AI 기반 병해충 진단 및 처방정보 서비스 제공	'23	농진청
· 사과·양파·벼 재배 지원을 위한 농업용 로봇 실증·보급	'23	농진청
▶ 산업 생산구조를 혁신하는 AI 확산 가속화		
· 수요기업('24년70개社) AI 솔루션 최적화·제공	'23	과기정통부
· 지역 제조 혁신을 위한 AI 오픈랩 구축·운영	'24	과기정통부
· 제조 AI 플랫폼 운영·고도화	'23	해수부
· AI·5G 융합 기반의 다종 로봇 실증, 국가로봇테스트필드 구축	'23	산업부
· 주요항만 스마트 공동물류센터 구축, AI 물류플랫폼 구축	'23	해수부·과기정통부
· 공공 AI 신약개발 플랫폼 고도화, AI 항체 설계 플랫폼 구축	'24	과기정통부
· 신약·바이오 연합학습 기술개발, 치료 후보물질 발굴 지원	'23	과기정통부
· 전기로 제강공정 효율화, 철스크랩 성분분석 AI 솔루션 개발	'23	산업부
· 지능형 스마트홈 시범단지 조성 및 제품개발 지원 검토	'25(잠정)	과기정통부

③ AI를 가장 잘 사용하는 똑똑한 정부를 만들겠습니다

추진과제	추진시기	소관부처
▶ 고품질 대국민 공공서비스 제공		
· 수입식품 위험성 예측·분석 AI 솔루션 개발·활용	'23	식약처
· 상수도 시설 'AI 정수장' 구축 검토	'25(잠정)	환경부
· 공공입찰 등 기업 맞춤형 정부사업 안내	'23	과기정통부
· 강수예측 및 폭염·강풍·호우 예보지원 AI 개발·활용	'23	기상청
· 구직자가 원하는 일자리 정보 및 24시간 직업상담 서비스 제공	'23	고용부
· 초거대AI 기반 지자체 민원응답 서비스 지원	'23	과기정통부

추진과제	추진시기	소관부처
▶ 재난·사고 대응 국민안전 확보		
· 실시간 산불감시 AI 시스템 도입 확대	'23	산림청
· 화학물질 화재사고 대응을 위한 AI 솔루션 개발·실증	'23	과기정통부·소방청
· 전국 223개 지점에 AI홍수예보 플랫폼 구축·운영	'24	환경부
· 지자체 대상 도시침수 스마트 대응 시스템 실증	'23	과기정통부
· AI 기반 지능형 CCTV 관제시스템 구축 제공	'23	행안부
· 주요 산업·생활시설, 도심공원 AI 안전관리 시스템 개발·실증	'23	과기정통부
· 인파밀집 및 위험상황 분석 시스템 구축·고도화	'23	행안부
· 미아·치매노인 등 실종자 탐색 시스템 개발·실증	'23	과기정통부
· 119 신고대응 AI 플랫폼 개발	'24	소방청
▶ 행정기관 내부업무 효율화		
· 특허전용 초거대 AI 언어모델 구축 및 특허심사 업무 지원	'23	특허청
· AI·OCR 기반 특허심판 방식심사 자동화	'23	특허청
· 산림해충 발생 탐지·예측 AI 개발 및 모니터링 센터 실증	'23	과기정통부·산림청
· 통관 검사업무 지원 AI 개발 및 인천공항 특송센터 실증	'23	과기정통부·관세청
· AI 기반 국가통계 분류업무 자동화	'23	통계청
· 산재·고용보험 가입서류 분석 및 업종 분류 자동화	'23	과기정통부·고용부

④ AI 일상화 기반을 선제적으로 조성하겠습니다

추진과제	추진시기	소관부처
▶ AI 문해력 제고		
· AI 리터러시 함양 교수학습자료 개발 및 인정과목 개	'23	교육부·과기정통부
· 디지털 튜터 배치 및 디지털 문제해결센터 운영	'23	교육부
· SW 미래채움센터 운영('23년 13개 지역)	'23	과기정통부

· AI 선도학교 운영 및 신규 AI 교육 콘텐츠 제공	'23	교육부·과기정통부
· SW 중심대학 확대 및 전교생 대상 AI·SW 기초교육 실시	'23	과기정통부
· 의과대학 내 의료AI 이해·활용 정규강좌 확대	'23	과기정통부
· D-스텝 이노베이션 과정 운영	'24	과기정통부
· ICT이노베이션스퀘어와 빅테크 프로그램 연계	'24	과기정통부
· 중소기업, 재직자, 경력단절자 대상 AI 활용교육 제공	'23	과기정통부
· 디지털배움터를 통한 고령층·청년층 AI 교육과정 제공	'23	과기정통부
▶ AI 윤리·신뢰성 강화		
· AI 신뢰성 검·인증 체계 마련 및 민간 자율 시범인증 지원	'23	과기정통부
· AI 사업(고위험영역) 대상 신뢰성 검인증 실시 의무화	'24	과기정통부
· 민간 윤리위원회 구성·운영 표준지침 마련	'24	과기정통부
· 생성형 AI 규범체계 마련	'24	과기정통부
· 고위험영역 AI 정의 및 사업자 책무 해설서 마련	'24	과기정통부
· AI 개발과정의 기술적 요구사항, 신뢰성 검증절차 등 표준화	'23	과기정통부
· AI 설명가능성, 공정성 개선 핵심기술 개발	'23	과기정통부
· 거짓답변, 편향성 개선을 위한 기술개발	'24	과기정통부

디지털 공동번영사회의 가치와 원칙에 관한 헌장
: 디지털 권리장전

전문

지금 인류는 디지털 기술의 무한한 가능성이 이끄는 문명사적 변혁을 마주하고 있다. 이는, 인간의 삶과 사회 모습에 근본적인 변화를 유발하면서 자유와 평등, 인간의 존엄과 같은 보편적 가치를 지키기 위한 새로운 차원의 규범을 요구하고 있다.

이에 우리는 인간의 존엄과 가치에 대한 존중을 기본으로 디지털 향유권이 인간의 보편적 권리로 보장되는 새로운 디지털 질서를 정립하여, 국제사회와 함께 디지털 혁신을 추구하면서도 그 혜택을 모두가 정의롭고 공정하게 향유하는 디지털 공동번영사회를 실현하고자 한다.

디지털 모범국가를 지향하는 대한민국은 디지털 공동번영사회를 함께 이루어 나갈 것을 세계 시민 앞에 제안하며, 인류가 함께 추구해야 할 가치와 원칙을 아래와 같이 선언한다.

본문

제1장 기본원칙

제1조 (자유와 권리의 보장) 디지털 사회는 인간의 존엄과 가치에 대한 존중을 기본으로 하며, 모든 사람은 디지털 환경에서의 자유와 권리를 보장받아야 한다.

제2조 (공정한 접근과 기회의 균등) 디지털 사회에서 경쟁과 혁신의 기회는 누구에게나 공정하게 보장되어야 하며, 디지털 혁신의 혜택은 공동체가 함께 향유하여야 한다.

제3조 (안전과 신뢰의 확보) 디지털 사회에서 디지털 기술과 서비스는 개인과 사회의 안전에 위협이 되지 않도록 신뢰할 수 있어야 하고, 디지털 위험에 대비하는 수단과 절차가 마련되어야 한다.

제4조 (디지털 혁신의 촉진) 디지털 사회는 디지털 기술의 지속적인 발전과 이를 활용한 혁신을 장려하며, 개인의 자율적이고 창의적인 활동을 통해 디지털 혁신이 창출될 수 있도록 토대가 마련되어야 한다.

제5조 (인류 후생의 증진) 디지털 사회에서 국가는 디지털 기술이 인류의 후생 확대와 국가간 디지털 격차 해소에 기여할 수 있도록 보편적 가치와 상호 신뢰를 기반으로 국제사회와 연대하여야 한다.

제2장 디지털 환경에서의 자유와 권리 보장

제6조 (디지털 접근의 보장) 모든 사람은 안정적인 네트워크 환경을 보장받아야 하며, 이를 통해 다양한 디지털 서비스를 언제 어디서나 차별없이 접근하여 이용할 수 있어야 한다.

제7조 (디지털 표현의 자유) 모든 사람은 디지털 환경에서 자유롭게 자신의 의사를 표현할 수 있어야 한다. 다만, 타인의 명예나 권리 또는 공중도덕이나 사회윤리를 침해하지 않도록 책임있게 이루어져야 한다.

제8조 (디지털 다양성 존중) 모든 사람은 디지털 기술로 인한 불합리한 차별과 편견으로부터 보호받으며 사회적 · 문화적 다양성을 존중받아야 한다.

제9조 (개인정보의 접근 · 통제) 모든 사람은 디지털 환경에서 자신에 관한 정보를 열람 · 정정 · 삭제 · 전송할 것을 요구하는 등 이에 대해 접근하고 통제할

수 있어야 한다.

제10조 (디지털 대체수단 요구) 모든 사람은 공공영역에서 디지털 방식을 대체하는 수단을 요구할 수 있다.

제11조 (디지털 근로 · 휴식의 보장) 모든 사람은 디지털 기술의 발전으로 출현하는 다양한 노동환경에서 안전 · 건강하게 근로하고, 디지털 연결에서 벗어나 휴식을 보장받아야 한다.

제3장 디지털에 대한 공정한 접근과 기회의 균등

제12조 (공정경쟁의 촉진) 디지털 경제의 공정한 경쟁 환경을 조성하기 위해 정보와 기술의 독과점, 알고리즘의 불공정성 문제 등으로 인한 폐해가 해소될 수 있도록 적절한 조치가 이루어져야 한다.

제13조 (디지털 자산의 보호) 개인의 투자와 노력으로 형성된 디지털 자산은 정당한 보호를 받아야 하고, 그 거래에 관한 계약은 공정해야 하며 자유롭게 체결할 수 있도록 보장되어야 한다.

제14조 (디지털 리터러시 향상) 디지털 기술의 개발과 사용의 기회를 보장할 수 있도록 디지털 격차가 해소되어야 하고, 디지털 리터러시 향상을 위한 교육의 기회가 제공되어야 한다.

제15조 (데이터 접근 보장) 데이터의 개방은 촉진되어야 하며, 특히 공공 데이터는 접근과 이용의 기회가 공정하게 보장되고 그 이용권의 보편적 확대를 위해 필요한 조치가 이루어져야 한다.

제16조 (사회 안전망 강화) 디지털 혁신의 혜택을 사회 공동체가 함께 유할 수 있도록 디지털 심화에 따른 경제적 · 사회적 불평등 완화를 비롯하여 사회 안전망 강화를 위한 조치가 이루어져야 한다.

제4장 안전하고 신뢰할 수 있는 디지털 사회

제17조 (디지털 기술의 윤리적 개발과 사용) 디지털 기술의 개발과 사용은 안전과 신뢰를 확보할 수 있도록 윤리적인 방식으로 책임있게 이루어져야 한다.

제18조 (디지털 위험 대응) 디지털 위험은 적정한 조치가 이루어질 수 있는 수단과 절차를 통해 예방 · 관리되어야 하며, 그 위험에 관한 정보는 알기 쉽고

투명하게 공개되어야 한다.

제19조 (디지털 프라이버시의 보호) 디지털 환경에서 개인의 프라이버시는 디지털 감시, 위치추적 등을 비롯한 불법적인 식별과 추적으로부터 보호되어야 한다.

제20조 (건전한 디지털 환경 조성) 허위조작 및 불법·유해정보의 생산·유통이 방지되는 등 건전한 디지털 환경이 조성되어야 하고, 디지털 환경에서 발생하는 범죄로부터 피해자를 보호하기 위한 실효적인 수단과 절차가 마련되어야 한다.

제21조 (아동·청소년의 보호) 아동·청소년은 연령에 적합하게 설계된 디지털 공간을 선택하여 자유롭게 활동할 수 있어야 하며, 디지털 기술로 발생가능한 범죄로부터 특별히 보호받아야 한다.

제5장 자율과 창의 기반의 디지털 혁신의 촉진

제22조 (디지털 혁신활동의 자유) 모든 사람은 다양한 영역에서 디지털 혁신을 촉진하는 경제적·사회적·문화적 활동을 영위할 자유를 보장받는다.

제23조 (디지털 규제 개선) 디지털 혁신의 촉진을 위해 민간의 자율을 존중하는 합리적인 규제체계가 형성되어야 하며, 기술 발전 속도, 산업 성숙도, 사회적 수용성 등을 고려하여 불합리한 규제는 개선되어야 한다.

제24조 (디지털 혁신 지원) 디지털 혁신의 지속적 창출을 위해 민간과 정부 간 긴밀한 협력을 바탕으로 전문인력 양성, 연구개발 투자, 창업 활성화, 인프라 구축, 제도 정비를 포함한 다양한 지원이 이루어져야 한다.

제25조 (디지털 전환에 따른 갈등 조정) 디지털 전환의 과정에서 발생하는 사회 갈등을 관리 · 예방하고 다양한 이해관계자 간의 대화와 숙의를 통해 사회적 합의를 이루기 위한 제도적 기반이 마련되어야 한다.

제6장 인류 후생의 증진

제26조 (지속 가능한 디지털 사회) 국가는 국제사회와 연대하여 디지털 기술이 환경과 생태, 기후체계에 미치는 부정적 영향과 피해를 최소화하고, 디지털 기술을 활용하여 인류 공동체의 후생을 확대하는데 기여하도록 노력하여야 한다.

제27조 (국가 간 디지털 격차 해소) 국가는 국제사회와 협력하여 국가 간 디

지털 격차를 해소하고 세계 시민의 공동번영을 위해 디지털 국제개발협력을 확대하여야 한다.

제28조 (디지털 국제규범 등을 위한 협력) 국가는 국제사회와 협력하여 보편적인 디지털 국제규범의 형성과 집행, 디지털 위험에 대한 대응 등을 위한 글로벌 협력 거버넌스 구축을 위해 노력하여야 한다.